工业和信息化普通高等教育 "十三五"规划教材立项项目

"十三五"职业教育 电子商务类规划教材

电子商务
基础教程

宋俊骥 孔华 / 主编

Electronic Commerce Foundation

人民邮电出版社
北京

图书在版编目（CIP）数据

电子商务基础教程 / 宋俊骥，孔华主编. -- 北京：
人民邮电出版社，2018.8（2020.8重印）
"十三五"职业教育电子商务类规划教材
ISBN 978-7-115-47493-3

Ⅰ. ①电… Ⅱ. ①宋… ②孔… Ⅲ. ①电子商务－高
等职业教育－教材 Ⅳ. ①F713.36

中国版本图书馆CIP数据核字(2018)第148700号

内 容 提 要

　　本书作为电子商务专业的基础教材，全面地介绍了电子商务的基本内容，以帮助读者对电子商务的最新理论、技术与应用有清晰完整的了解。全书共 9 章，对电子商务基础知识、电子商务业务模式、电子商务技术基础、网络营销、电子商务物流基础、电子商务网络支付、电子商务法规、电子商务安全技术、移动电子商务和跨境电子商务进行了专题介绍。本书在编写时，重点突出了电子商务在商务活动中的最新实际应用，并结合大量典型实例深入浅出地阐述了电子商务的方法和原理。本书的理论内容和技术部分以够用为度，把突出技能应用、培养学生岗位实践能力放在第一位。

　　本书既可作为高等院校、高等职业院校电子商务、市场营销、商贸经营、财会等相关专业的电子商务基础教材，也可供广大企事业单位的相关人员作为参考书使用。

◆ 主　编　宋俊骥　孔 华
　　责任编辑　刘 琦
　　责任印制　马振武
◆ 人民邮电出版社出版发行　　北京市丰台区成寿寺路 11 号
　　邮编　100164　电子邮件　315@ptpress.com.cn
　　网址　http://www.ptpress.com.cn
　　三河市君旺印务有限公司印刷
◆ 开本：787×1092　1/16
　　印张：12.5　　　　　　　　　2018 年 8 月第 1 版
　　字数：271 千字　　　　　　　2020 年 8 月河北第 3 次印刷

定价：39.80 元

读者服务热线：(010)81055256　印装质量热线：(010)81055316
反盗版热线：(010)81055315
广告经营许可证：京东市监广登字 20170147 号

本书编委会

主　编　宋俊骥　孔　华

参　编　姚朝军　毛海英　吴　凡　解新华　黄　希　周婷婷

前言 —— FOREWORD

　　自从互联网商业化以来，电子商务得到了迅猛发展。截至 2017 年 6 月，我国网民数量达到 7.51 亿人，互联网普及率为 54.3%，超过了世界平均水平。2016 年，中国网络经济营收达到 14 707 亿元。企业因为电子商务的介入而改变了组织结构和运作方式，提高了生产效率，降低了生产成本，最终提升了集约化管理程度，从而得以实现高效经营。电子商务的快速发展带动了市场对电子商务及相关专业人才需求量的大幅上升。目前，很多高校都设置了电子商务专业，还有更多的学校开设了与电子商务相关的课程。

　　"电子商务概论"作为电子商务专业的专业基础课程，地位非常重要。开设本课程的意义在于帮助初学者快速建立电子商务的基本概念，熟悉专业知识体系，为后期深入学习电子商务知识打下基础。本书在编写过程中广泛听取了企业专家的建议，以系统性、新颖性、丰富性和实用性为目标，理论联系实际，紧跟电商发展前沿。本书具有以下几个特点。

　　（1）逻辑清晰。电子商务本身是一个多学科交叉融合的综合性专业，本书以电子商务交易流程为主线，分阶段介绍了电商交易活动中所涉及的知识要点。

　　（2）理论与实践相结合。本书参阅了大量相关的文献和最新的研究成果，保证选取的是最新的理论知识内容。另外，在案例的选取上，尽可能地从不同角度选取不同领域的实践案例。

　　（3）强调学习的延续性。"电子商务概论"课程涉及的知识很多，单纯的知识点介绍不能帮助学生建立完整的知识体系。本书在介绍知识点的基础上，通过实践任务让学生加强对知识点的应用，从而有效帮助学生形成较为系统的知识体系。

　　本书由宋俊骥、孔华任主编，负责设计全书的章节框架结构、编写详细的大纲以及对全书进行统筹、定稿。另外，姚朝军、毛海英、吴凡、解新华、黄希、周婷婷也参与了本书的编写，本书各章具体编写工作情况如下：第一章至第三章由宋俊骥、姚朝军编写，第四章由周婷婷编写，第五章由黄希编写，第六章由解新华编写，第七章和第八章由孔华、吴凡编写，第九章由毛海英编写。本书由江西外语外贸职业学院的教师团队联合 eBay、南昌友天腾科技有限公司共同编写。

　　由于编者的水平有限，书中的疏漏及不当之处在所难免，望各位专家批评指正。

编　者

2018 年 2 月

目录 —— CONTENTS

01 第一章 电子商务基础知识 ………………………… 1

  第一节 电子商务概述 …………………………… 2
    一、电子商务的形成与发展历程 ……………………… 2
    二、电子商务的发展趋势 ……………………………… 4
  第二节 电子商务的相关概念 …………………… 7
    一、电子商务的定义 …………………………………… 7
    二、电子商务的组成要素 ……………………………… 8
    三、电子商务的功能 …………………………………… 10
    四、新时代电子商务的特性 …………………………… 11
  思考与实践 ……………………………………… 13

02 第二章 电子商务商业模式 ……………………… 14

  第一节 商业模式及其要素 ……………………… 16
    一、商业模式及其设计要素 …………………………… 16
    二、传统商业模式及其局限 …………………………… 17
    三、电子商务商业模式 ………………………………… 18
  第二节 B2B电子商务商业模式 ………………… 20
    一、B2B电子商务的主要商业模式 …………………… 20
    二、B2B电子商务的业务流程及优势 ………………… 22
    三、B2B电子商务平台的盈利模式 …………………… 24
  第三节 B2C电子商务商业模式 ………………… 25
    一、B2C电子商务的主要商业模式 …………………… 25
    二、B2C电子商务的主要盈利模式 …………………… 26
    三、B2C电子商务的交易流程 ………………………… 26
  第四节 C2C电子商务商业模式 ………………… 31
    一、C2C电子商务的商业模式 ………………………… 31
    二、C2C电子商务的盈利模式 ………………………… 31

CONTENTS

三、C2C电子商务的优势 ···································· 32

四、C2C电子商务的新形式 ································· 33

🔲 思考与实践 ·· 34

03　第三章　电子商务技术基础 ································ 35

🔲 第一节　电子商务的技术体系 ··························· 36

一、电子商务与技术的关系 ······························· 36

二、电子商务实现技术的分类 ····························· 36

三、电子商务标准体系 ····································· 37

🔲 第二节　计算机网络技术基础 ··························· 38

一、计算机网络概述 ······································· 38

二、计算机网络的分类 ····································· 39

🔲 第三节　Internet技术基础 ······························ 40

一、Internet概述 ··· 41

二、Internet的应用 ······································· 42

🔲 第四节　Web技术基础 ································· 44

一、客户端技术 ··· 44

二、服务器端技术 ··· 44

三、Web编程语言 ··· 44

🔲 第五节　数据库技术 ··································· 45

一、数据库技术概述 ······································· 46

二、数据仓库、联机分析处理和数据挖掘 ··················· 46

三、数据库技术与电子商务 ································· 48

🔲 第六节　电子数据交换技术 ······························ 49

一、EDI的概念 ··· 49

二、EDI系统的操作过程 ··································· 50

三、EDI与电子商务的关系 ································· 51

四、智能信息处理技术 ····································· 51

🔲 思考与实践 ·· 53

目录 —— CONTENTS ——

04 第四章 网络营销 ·· 54

　第一节　网络营销概述 ································· 55
　　一、网络营销的含义 ································· 55
　　二、网络营销的特点 ································· 56
　　三、网络营销的职能 ································· 57
　第二节　网络市场调研 ······························· 59
　　一、网络市场调研的含义 ··························· 59
　　二、网络直接市场调研 ····························· 60
　　三、网络间接市场调研 ····························· 61
　第三节　网络营销常用的工具和方法 ················· 63
　　一、企业网站营销 ································· 63
　　二、搜索引擎营销 ································· 63
　　三、电子邮件（E-mail）营销 ······················ 64
　　四、病毒式营销 ··································· 66
　　五、社区论坛营销 ································· 68
　　六、社会化媒体营销 ······························· 69
　第四节　网络广告 ··································· 71
　　一、网络广告概述 ································· 71
　　二、网络广告的形式 ······························· 72
　　三、网络广告的成本 ······························· 75
　　四、网络广告的投放 ······························· 76
　第五节　网络营销策略 ······························· 77
　　一、4P营销策略 ··································· 77
　　二、4C营销策略 ··································· 89
　　三、4R营销理论 ··································· 90
　　四、4I营销理论 ··································· 91
　思考与实践 ··· 92

CONTENTS

05 第五章　电子商务物流基础 ……………………………… 94

第一节　电子商务物流概述 ……………………………… 95
第二节　电子商务物流的环节 …………………………… 98
　一、仓储管理 ……………………………………………… 98
　二、物流包装 …………………………………………… 100
　三、物流配送 …………………………………………… 104
第三节　电子商务的物流模式 ………………………… 106
　一、基本电子商务的物流模式 ………………………… 106
　二、国际电子商务的物流模式 ………………………… 112
思考与实践 ……………………………………………… 115

06 第六章　电子商务网络支付 ……………………………… 117

第一节　电子支付与电子货币 ………………………… 118
　一、电子支付的定义 …………………………………… 118
　二、电子货币概述 ……………………………………… 119
　三、电子货币的发行和运行 …………………………… 119
第二节　常用电子支付工具 …………………………… 120
　一、电子支票 …………………………………………… 120
　二、电子现金 …………………………………………… 122
　三、电子钱包 …………………………………………… 124
第三节　网上银行 ……………………………………… 125
　一、网上银行概述 ……………………………………… 125
　二、网上银行的特点 …………………………………… 126
　三、网上银行的业务功能 ……………………………… 127
　四、网上银行的框架结构 ……………………………… 128
第四节　第三方支付 …………………………………… 130
　一、第三方支付的概述 ………………………………… 130
　二、典型的第三方支付平台 …………………………… 131

目录 —— CONTENTS

思考与实践 ··· 132

07 第七章 电子商务法规 ······················· 134

第一节 电子商务法概述 ·························· 135
一、电子商务法的含义 ···························· 135
二、国际电子商务相关法律法规 ·················· 135
三、国内电子商务相关法律法规 ·················· 136

第二节 电子合同法律制度 ························ 138
一、电子合同概述 ································· 138
二、电子合同的订立 ······························ 139
三、电子合同的履行、违约责任与违约救济 ········ 140

第三节 电子签名与电子认证法律制度 ·········· 144
一、电子签名的概念 ······························ 144
二、电子签名的法律规定 ·························· 145
三、电子认证的概念 ······························ 147
四、电子认证的法律规定 ·························· 149
五、电子认证活动中的侵权行为 ·················· 152

第四节 电子支付法律制度 ························ 154
一、电子支付概述 ································· 154
二、电子支付当事人的法律关系 ·················· 155

第五节 电子商务中的知识产权问题 ············ 157
一、网络著作权 ·································· 157
二、电子商务专利权 ······························ 158
三、域名权 ······································ 158

思考与实践 ··· 159

08 第八章 电子商务安全技术 ··············· 161

第一节 电子商务中的安全问题 ·················· 162

CONTENTS

一、与Internet相关的安全问题 ··· 162

二、与企业员工内部相关的安全问题 ······································· 163

三、商业交易数据传输中的安全问题 ······································· 163

四、保密文档和数据面临的安全问题 ······································· 163

第二节　电子商务安全技术 ·· 164

一、防火墙技术 ··· 164

二、加密技术 ··· 165

三、认证技术 ··· 165

四、数字签名技术 ··· 166

五、网络防病毒技术 ·· 167

第三节　电子商务交易中的安全协议 ····································· 168

一、电子商务的主要安全协议 ·· 168

二、SSL协议 ·· 169

三、SET协议 ·· 169

思考与实践 ·· 170

09　第九章　移动电子商务和跨境电子商务 ················· 171

第一节　移动电子商务 ·· 172

一、移动电子商务的概念 ··· 172

二、移动电子商务的特征 ··· 173

三、移动电子商务的应用 ··· 174

四、移动电子商务平台和移动支付 ·· 176

五、移动电子商务的发展趋势 ·· 178

第二节　跨境电子商务 ·· 181

一、跨境电子商务概述 ·· 181

二、跨境电子商务平台 ·· 182

三、跨境电子商务的发展趋势 ·· 185

思考与实践 ·· 186

01 第一章
电子商务基础知识

知识目标

1. 了解电子商务的发展过程与发展趋势；
2. 掌握电子商务的基本概念和组成要素；
3. 了解电子商务的功能。

能力目标

1. 能够正确认识电子商务，有学习电子商务知识的热情；
2. 能够结合网络购物过程说明电子商务流程。

引导案例

电子商务，发家之路

九月的南方，天气依然炎热，本是多肉植物的销售淡季，但在江西省贵溪市欧绿农业发展有限公司的种植基地，每天仍有两大卡车的多肉植物从这里运出，发往全国各地。

"自去年（2016年）3月基地投产以来，我们平均每天能收到1 000多个订单，销售额达到2 000多万元。"基地负责人万四华告诉记者，多肉植物的需求比较分散，但他们通过电商平台把这些分散的需求聚合起来，也能形成庞大商机。

几年前，在江西省吉安市峡江县，在网上销售家电和保健品的32岁返乡创业青年阮薪看到一位老人在路边摆摊卖板栗，但老人的板栗却卖不出去，于是阮薪决定帮老人在网上进行销售。没想到，几千公斤板栗几天便销售一空，而且价格也比在路边摆摊时高出许多。这次经历让阮薪看到了商机。2012年，他和别人一起组建了"赣农情"电子商务有限公司，卖起了土特产品。通过这一平台，当地的杨梅、蜜橘、莲蓬、红薯、辣椒酱等100多种原生态特色农产品成了热销品。

"想不到吧，去年，我们卖这些不起眼的土货，销售额竟达到1 200多万元，是以前卖家电和保健品收入的两倍多。"拿着厚厚一沓快递单，阮薪兴奋地笑道。

随着互联网经济的发展，以往仅限于区域农贸市场内交易的小宗农产品也和大宗农产品一样，逐步实现"全球买""全球卖"，其"长尾"效益也将进一步凸显。

在江西永新县，记者听到了罗琼的故事：两年前，大学毕业的他回到家乡，成立了日永月新农产品电子商务合作社，卖起了家乡的酱姜、狗肉、酱萝卜、陈皮、蜜茄等土特产品，深受顾客欢迎。2016 年以来，合作社陆续收到了一些来自马来西亚、美国等国的订单，这让罗琼倍感意外。

"他们订了水酒、陈皮、豆腐、熏牛肉、酱萝卜等货品，之后还多次追加订单。"罗琼说。真没想到，通过电商，这些山沟沟里的土特产品不仅能走出大山，还能卖到国外。

一个个小宗农产品大卖的故事，让人们越来越深刻地意识到，依托电子商务可能发家致富。

走进江西淘鑫电子商务有限公司，只听到一片噼啪敲击键盘的忙碌声音。这家成立于 2013 年的电子商务公司是淘宝"特色中国·江西馆"的运营方。

公司董事长张耀华告诉记者，2014 年开馆至今，江西馆入驻的商户已从最初的 200 户增加到 2 500 多户，增长 11 倍多；入驻的农特产品数量也从 300 多种增加到现在的 6 000 多种，增长近 20 倍；平台交易额更是突破了 20 亿元。

"这些入驻的商户以前大多是小打小闹，没有什么名气的；现在，通过电商平台，这些不起眼的小宗农产品也能产生'亮眼'的产值。"她说。

来自江西省商务部门的统计显示，2016 年，江西涉农电商销售额达 323.7 亿元，较 2015 年同比增长 75.6%。根据规划，江西将继续加快农村电子商务发展步伐，力争到 2017 年年底，实现农产品电商交易额超过 500 亿元。

江西省商务厅厅长王水平说，当前，江西农产品网销增速强劲，当地的茶叶、茶油、南丰蜜橘、广昌白莲、铜鼓竹制品等均成为网络热销产品。在他看来，电商不仅重塑了农产品流通模式，加速了城乡资源要素的流通和聚集，还为促进县域经济转型、加快农业现代化建设提供了新动力。

思考题：开展电子商务有哪些好处？说说你身边的电子商务故事。

第一节　电子商务概述

一、电子商务的形成与发展历程

在发明了电报和电话后，人类的经济活动中就存在着利用电子技术进行的部分商务活动。在商务活动中，人们使用电话和电报来互通商务交易中的信息，传递交易中的凭证、文件及合同，这其实就是电子商务的雏形，但当时却没有得到广泛的认可。原因是它未能成为商务活动的主流，电子商务交易的环境和条件还没有形成。而到了 20 世纪 80 年代，计算机和网络技术飞速发展，为电子商务构建了赖以存在的环境，并指明了未来商务活动的发展方向，人们此时才提出了电子商务这个概念。因此，电子商务的产生必然有以下几个基本条件。

（1）在商务活动中利用电子这种载体作为媒介来传递商务中的交易信息。

（2）开始形成有利于电子商务发展的社会大环境。

（3）商务的交易方式由于电子技术的使用而得以改变。

（4）越来越多的人采用或即将采用这种交易方式。

（5）全社会已经有一个电子商务交易的技术环境和平台。

（6）未来的经济增长将会以电子商务为新的热点。

（7）经济全球化的步伐加快。

正是在这样的背景下，计算机技术与通信技术结合产生的 Internet 技术在全社会得以普及和推广使用。在 Internet 上的商务应用，对经济的全球化产生了重大的作用和影响，电子商务这个新的概念应运而生。

我们大致可以将电子商务的发展分为以下几个阶段。

1. 基于电子资金转账和电子数据交换的电子商务形成阶段

20 世纪 70 年代，金融市场中出现了电子资金转账（Electronic Funds Transfer，EFT）的业务，其目标是通过安全的专用通信网络，在金融机构和少数大公司之间以电子形式实现资金的转移。到了 20 世纪 80 年代，出现了电子数据交换技术（Electronic Data Interchange，EDI），电子数据交换是电子商业贸易的一种工具，它将商业文件，如订单、发票、货运单、报关单和进出口许可证，按统一的标准编制成计算机能识别和处理的数据格式，在计算机之间进行传输。电子数据交换可以减少甚至消除贸易过程中产生的纸面文件，因此 EDI 也常被称为"无纸化贸易"。

电子数据交换技术将电子交易活动从单纯的金融领域扩展到其他交易领域，参与的企业也从金融机构拓展到制造企业、零售企业、服务商以及其他类型的企业，此外，该技术还有很多新的应用，如在股票交易系统和旅游预订系统中的应用。基于电子数据交换的电子商务已经具备了现在基于互联网的电子商务的主要特征：通过减少纸质工作和提高自动化程度实现流水线式的业务流程，传统的纸质文档都是由电子化手段传送的。由于完整的电子数据交换系统对软硬件基础设施和人员要求较高，费用也比较昂贵，因此电子数据交换技术主要在某些发达国家和地区的大型企业内部使用，很难在全世界得到普及和发展。但这的确标志着电子商务时代的初步形成。

2. 电子商务（Electronic Commerce，EC）即互联网电子商务初级阶段

20 世纪 90 年代，电子商务在美国也才刚刚兴起，之所以把电子商务列为一个划时代的商务活动，是因为互联网的主要商业用途，就是电子商务。同时反过来也可以说，若干年后的商业信息，主要是通过互联网传递的，互联网即将成为我们这个商业信息社会的神经系统。1997 年年底在加拿大温哥华举行的第五次亚太经合组织非正式领导人会议（APEC）上，美国提出敦促各国和地区共同促进电子商务发展的议案，其引起了全球领导人的关注，IBM、HP 等国际著名的信息技术厂商宣布 1998 年为电子商务年。

3. 全程电子商务阶段

随着"软件即服务"模式的出现，软件纷纷"登陆"互联网，延长了电子商务链条，形成了当下最新的"全程电子商务"概念模式。企业全程电子商务是指企业在进行商务活动的各个流程中都导入

电子商务。企业进行全程电子商务需要借助一些系统，用以实现资源、信息的有效整合。企业资源计划（Enterprise Resource Planning，ERP）系统可以帮助企业重塑内部管理流程和体系结构，能够解决企业内部各系统之间信息孤立、运作不协调等问题，从而提高整个企业的运作效率。但是，随着电子商务的兴起和企业重心从运作效率到以顾客为中心的转变，原有的 ERP 已不足以支撑整个供应链中所有商业流程的集成。供应链管理（Supply Chain Management，SCM）的出现，正是由于企业从内部的纵向集成转向了以顾客为中心和外延企业的横向集成。而电子商务是供应链集成的关键，它使供应链的许多核心概念和原理得以有效地实现，这些概念包括信息共享、多方协作、为供应链的设计、为大规模定制的延迟区分、外包和伙伴关系以及联合性能测量等。

全程电子商务以在线管理服务为核心应用，帮助企业将经营管理范围延伸到上下游业务伙伴处，对供应链上的经销商、企业、供销商、客户进行管理，并使其与电子商务完全融合。全程电子商务构建了新的电子商务生态系统，让缺乏 IT 基础的中小企业实现在线供应链管理，实现供应链上的经销商、企业、供销商、客户的商务协同，同时积极与社会公共服务体系对接，帮助中小企业建立以企业实时经营数据为基础的企业信用基础设施。

全程电子商务深度融合 Web 2.0 技术，通过在线管理服务交付模式和电子商务手段，借助互联网进行一站式的全程商务管理，通过管理模式变革来提高企业经营管理水平，促使企业向"下一代"企业转变。

4. 智慧电商（互联网+）阶段

2011 年，互联网信息碎片化以及云计算技术越来越成熟，主动互联网营销模式出现，i-Commerce（individual Commerce）顺势而出，电子商务摆脱将传统销售模式生搬上互联网的现状，以主动、互动、用户关怀等多角度与用户进行深层次沟通。2012 年 11 月，易观国际董事长兼首席执行官于扬在易观第五届移动互联网博览会的发言中首次提出"互联网+"理念，他认为，在未来"互联网+"公式应该是我们所在的行业的产品和服务，在与我们未来看到的多屏全网跨平台用户场景结合之后产生的化学公式。2015 年 3 月 5 日上午，第十二届全国人民代表大会第三次会议上的政府工作报告中提出，制订"互联网+"行动计划，推动移动互联网、云计算、大数据、物联网等与现代制造业结合，促进电子商务、工业互联网和互联网金融（ITFIN）健康发展，引导互联网企业拓展国际市场。至此，"互联网+"时代正式开启。

二、电子商务的发展趋势

Web 2.0、移动互联网、云计算、物联网等一系列新技术与应用的出现，进一步驱动了电子商务的模式创新，为电子商务注入了新活力。

1. 移动电子商务

随着无线通信技术进一步发展，智能手机、平板电脑等设备的进一步普及，移动终端现在已经成为媒体终端、工作端、主流终端，成为全新的生产、生活平台。移动电子商务展现出了极大的发展空间。移动电子商务有以下三大特点。

（1）利用移动终端进行购物、支付、商务活动、金融活动，以及相关的综合服务等活动。随着移动互联网的普及，各类移动微商务的市场规模不断扩大。2017 年 8 月阿里巴巴发布新一季的财报（2017 年 4 月 1 日至 2017 年 6 月 30 日），报告显示阿里巴巴 2017 年第二季度收入 501.84 亿元人民币，其国内零售平台移动月度活跃用户达 5.29 亿人。相当于每个用户一个季度就给马云贡献了 94 元。另外从腾讯公布的 2017 年第二季度财务数据中可以看到，腾讯这一季度收入则是 566 亿元人民币。今天，全中国有 7 亿互联网用户，几乎所有人都用微信，并且半数用户每天在上面花掉超过 90 分钟时间。算下来，每个用户一个季度给马化腾贡献了 80 元。

（2）移动支付。支付标准政策的出台、移动支付需求的快速增长、移动支付应用试点的市场拓展以及多样化解决方案的推出，直接促进了移动支付行业的快速成长。艾瑞咨询《2017 年中国第三方移动支付行业研究报告》对中国第三方移动支付行业进行了深入的研究，过去的一年，中国第三方移动支付行业依旧保持着快速增长的势头，其适用场景不断增加，关于垂直行业的解决方案不断丰富，市场上依托移动支付所建立的生态体系也因底层数据的不同呈现出差异化的趋势。2016 年中国第三方移动支付快速增长，交易规模达到 58.8 万亿元人民币，较 2015 年同比增长 381.9%。随着技术的进一步提升，移动支付以其便利性、快捷性优势覆盖了用户生活的各个场景，支付场景的丰富带来了支付数据规模与维度的扩增，对支付数据的挖掘和利用使支付的价值不仅限于其本身，支付作为标准化的服务，核心价值在于连接和积累数据。场景越全面，客户画像越精准。

（3）移动社交。通过网络移动平台快速发送语音短信、视频、图片和文字，通过微博、微信等平台，能够将产品、理念甚至行为进行"病毒式"传播。社交网络是一个低摩擦的信息传递平台，非常有价值。

移动设备用户长年在线对移动电子商务的应用程序具有重要影响，这是推动移动电子商务发展的最强动力。

2．大数据技术的应用

电商平台在长期的经营过程中，积累了大量的数据，如何挖掘、利用这些海量数据的经济价值是电商发展的未来，可以说，未来电子商务的竞争就是数据的竞争。大数据时代的电子商务应该具备如下特点。

（1）数据化服务

大数据背景下，电商平台把顾客分成很多群体，并对每个群体甚至每个人提供针对性的服务。消费行为等数据量的增加为电商提供了精准把握用户群体和个体消费行为模式的基础。电商通过应用大数据，可以探索个性化、精准化和智能化广告推送和推广服务，创立比现有推广形式更好的全新商业模式。另外，电商也可以通过运用大数据，寻找更多更好地增加用户黏性、开发新产品和新服务、降低运营成本的途径和方法。

（2）数据化运营

电商运营更多地转变为了数据驱动的运营，在企业内部所有环节都利用数据进行分析、评价，并利用数据视图进行管理。以阿里为例，它对旗下的淘宝、天猫、阿里云、支付宝、万网等业务平台进行资源整合，掌握了强大的电子商务客户群及顾客行为的全产业链信息，并利用这些信息进行运营分析、商品分析、营销效果分析、买家行为分析、订单分析、供应链分析、行业分析、财务分析和预测分析等。

（3）数据资产化

大数据背景下，"数据即资产"成为最核心的产业趋势。未来企业的竞争，将是规模和活性的竞争，数据的经济效益和作用将日渐引起企业重视，因而催生出许多关于数据的业务。"数据即资产"是互联网泛在化的一种资本体现，它让互联网的作用不仅仅局限于应用和服务本身，而且具有了内在的"金融"价值。数据的价值不再只是体现于产品的"使用价值"方面，而具有了实实在在的"价值"。

（4）数据产品服务

在大数据背景下，数据成为资产，所有电商企业都想获得并充分了解它们在运营中所获得的顾客的信息数据，但往往由于技术等原因无法对大数据进行分析、挖掘，因此，具有平台以及技术等优势的电商企业可以利用这样的优势，将获得的海量数据进行产品化的包装营销给需要的企业，从而开辟出一种新的电子商务服务模式。由于大数据背景下企业对数据有更深层次的需求，因此搭建数据构建需要与销售之间的桥梁，将会产生数据服务型的电子商务新模式。

（5）垂直细分领域服务

目前，淘宝等占据了国内的绝大部分电商市场份额。中小规模电商企业崛起难度很大。因此，在大数据时代，把握每一个垂直细分领域，然后做得更精更专，这样才能赢得自己的一席之地。而且垂直细分类的电商平台规模较小、成本较低，能更好地挖掘分析顾客的信息数据，从而能更专注于为特定的客户群体提供专业的产品和服务，更能了解产业链上客户的需求，也更容易完善自身的服务。

大数据背景下，爆发式的信息资源给电商企业带来了机遇和挑战，对数据的挖掘、分析运用必将带来更多的服务模式的革新，给顾客带来更好的消费体验。随着大数据的技术和运作的成熟，市场上必将涌现出更多、更好的新的服务模式，从而促进电子商务的发展

3．泛在化

以传感器、无线视频、智能感知等技术为核心的物联网已经逐步进入商务实践领域。物联网扩展了网络节点的类型，将所有物品纳入到网络节点，使其彼此之间能够进行信息交互，进而形成一个"无处不在"的网络环境。"无处不在"即所谓的"泛在"，如基于二维码的购物、移动支付等商业行为随处可见。这些商业活动推动物联网产业从技术理念走向日常公共应用服务。泛在化电子商务的应用可能包括：商品的自动识别、面向顾客的个性化营销与推荐、智能谈判议价、基于位置的商务服务等。

4．协同商务

在这个竞争异常激烈、客户需求变幻不定的信息时代，企业不仅需要依靠降低产品的成本和提高响应速度来确保在激烈的竞争环境下站稳脚跟，更需要不断地获取知识、提高创新能力和深化协同工作以获取成功。协同生产、协同设计、协同办公、协同政务……"协同"概念的产生及基于此思想设计的系统的应用将推动信息技术革命进入一个全新的阶段。电子商务环境下，单一组织难以具备满足顾客的所有条件，分工、能力核心化和协作是必由之路。企业不仅需要内部跨部门的协同，还要解决好价值链中和供应商、客户、合作伙伴的关系。企业要想在激烈的市场竞争中展现自己的优势，满足客户的要求，就必须建立协同的工作环境。企业建立现代企业制度，实现从金字塔型管理模式到扁平化管理模式的转变，更加强调企业内部与外部资源的整合，加深了企业员工与员工之间、部门与部门之间的协同工作。美国 Gartner Group 咨询公司在上述背景下提出了协同商务（Collaborative

Commerce，CC），当时它被誉为下一代的电子商务系统。

协同商务就是将具有共同商业利益的合作伙伴整合起来，它主要是通过整个商业周期中的信息共享，实现和满足不断增长的客户需求，同时也满足企业本身的发展需要。通过将各个合作伙伴的竞争优势整合，共同创造和获取最大的商业价值以及提升获利能力。

5．跨境电子商务

电子商务交易在很大程度上克服了地理空间对商业的限制。在全球经济一体化进程日益加快的今天，跨境电商成为推动国际贸易发展的重要手段。跨境电子商务不仅冲破了国家和地区间的障碍，使国际贸易走向无国界贸易，同时它也正引起世界经济贸易的巨大变革。对企业来说，跨境电子商务构建了开放、多维、立体的多边经贸合作模式，极大地扩宽了其进入国际市场的路径，大大促进了多边资源的优化配置与企业间的互利共赢；对顾客来说，跨境电子商务使他们非常容易地获取其他国家的信息并购买到物美价廉的商品。

近几年来，跨境电商爆发式增长，成为驱动贸易发展的新动能。特别是在"一带一路"倡议的引领下，沿线国家和地区已成为跨境电商平台重要的目标市场。数据显示，2016 年中国对"一带一路"沿线国家和地区进出口总额达 6.25 万亿元人民币，占当年进出口总额的 25.69%。2017 年，以跨境电商形式进行的进出口交易额达到 6.3 万亿元人民币，2018 年可能达到 8.8 万亿元人民币。在跨境零售电商快速发展大潮下，除了欧美等传统"海淘"热门市场外，"一带一路"沿线国家和地区的商品逐渐成为热捧对象。《网上丝绸之路大数据报告》显示，阿里巴巴旗下全球速卖通平台用户覆盖全球 220 多个国家和地区，海外买家累计超过 1 亿人。其中，"一带一路"国家和地区顾客占比 45.4%。由此可见，跨境电商是一片"大蓝海"，未来大有可为。

第二节　电子商务的相关概念

一、电子商务的定义

作为舶来品，电子商务最初是由 E-Commerce（电子交易）一词翻译而来的，后来随着电子商务涵盖范围越来越广，就由 E-Business 取代了。时至今日，电子商务就是指利用计算机技术和网络通信技术进行的商务活动。各国政府、学者、企业界人士根据自己所处的地位和对电子商务参与度的不同，对其给出了许多不同的定义。

联合国经济合作和发展组织在有关电子商务的报告中对电子商务的定义是：电子商务是发生在网络上的包含企业之间、企业和顾客之间的商业交易。

全球信息基础设施委员会电子商务工作委员会在报告草案中对电子商务的定义是：电子商务是以电子通信作为手段的经济活动，通过这种方式人们可以对带有经济价值的产品和服务进行宣传、购买和结算。

联合国国际贸易程序简化工作组对电子商务的定义是：采用电子形式开展商务活动，它包括在供应商、客户、政府及其他参与方之间通过任何电子工具，如 EDI、Web 技术、电子邮件等共享非结构化商务信息，并管理和完成在商务活动、管理活动和消费活动中的各种交易。

加拿大电子商务协会给出的电子商务的定义是：电子商务是通过数字通信进行商品和服务的买卖以及资金的转账，它还包括公司间和公司内利用 E-mail、EDI、文件传输、传真、电视会议、远程计算机联网所能实现的全部功能（如市场营销、金融结算、销售和商务谈判）。

中国电子商务协会对电子商务的定义是：电子商务是以电子形式进行的的商务活动。它在供应商、顾客、政府机构和其他业务伙伴之间通过电子方式（如电子函件、报文、Internet 技术、电子公告牌、智能卡、电子资金转账、电子数据交换和数据自动采集技术等）实现非结构化或结构化的商务信息的共享，以管理和执行商业、行政与消费活动中的交易。

由此可见，电子商务即使在各国或不同的领域有不同的定义，但其关键依然是依靠电子设备和网络技术进行的商业模式。随着电子商务的高速发展，它的主要内涵已不仅包括购物，还包括物流配送等附带服务。电子商务包括电子货币交换、供应链管理、电子交易市场、网络营销、在线事务处理、电子数据交换、存货管理和自动数据收集系统。在此过程中，利用到的信息技术包括互联网、外联网、电子邮件、数据库、电子目录和移动电话。

本书将电子商务划分为广义和狭义的电子商务。广义的电子商务的定义为：使用各种电子工具从事商务活动；狭义的电子商务的定义为：主要利用 Internet 从事商务或活动。无论是广义的还是狭义的电子商务，其概念都涵盖了两个方面：一是离不开互联网这个平台，没有了网络，就称不上为电子商务；二是通过互联网完成的商务活动。

二、电子商务的组成要素

电子商务的基本组成要素包括：网络、用户、认证中心、物流配送、网上银行、商家等，如图 1-1 所示。

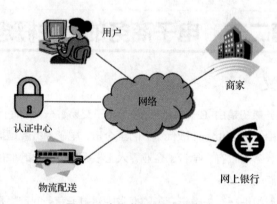

图 1-1 电子商务的组成要素

（1）网络。网络包括 Internet、Intranet、Extranet。Internet 是电子商务的基础，是商务、业务信息传送的载体；Intranet 是企业内部商务活动的场所；Extranet 是企业与企业以及企业与个人进行商务活动的纽带。

（2）用户。电子商务用户可以分为个人用户和企业用户。个人用户使用浏览器、电话等接入 Internet 访问电商平台进行购买活动。企业用户通过建立企业内联网、外联网和企业管理信息系统，对人、财、物、供、销、存进行科学管理。企业利用 Internet 网页站点发布产品信息、接受订单等，如要在网上进行销售等商务活动，还要借助电子报关、电子报税、电子支付系统与海关、税务局、银行进行有关商务、业务处理。

（3）认证中心（CA）。认证中心是受法律承认的权威机构，负责发布和管理数字认证，使网上交易的各方能互相确认身份。数字认证是一个包含证书持有人、个人信息、公开密匙、证书序号、有效期、发证单位的电子签名等内容的数字文件。

（4）物流配送。物流配送企业接受商家的配送要求，组织运送无法在网上直接得到的商品，跟踪商品的流向，将商品送到顾客手中。

（5）网上银行。网上银行在 Internet 上实现传统银行的功能，为用户提供实时服务；发放电子钱包，提供网上支付手段，为电子商务交易中的用户和商家服务。

（6）商家。商家指在网上从事商业活动的个人店铺或者各种组织。

电子商务是信息流、资金流和物流的集合，因此，从另一个维度来看，电子商务的组成要素就是信息流、资金流和物流。

（1）信息流是电子商务交易各个主体之间的信息传递与交流的过程。信息流的流通渠道如图 1-2 所示。

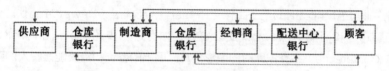

图 1-2　信息流的流通渠道

（2）资金流是指资金的转移过程，包括支付、转账、结算等，资金的加速流动能够创造财富，商务活动的经济效益是通过资金的运动来体现的。资金流的流通渠道如图 1-3 所示。

图 1-3　资金流的流通渠道

（3）物流是因人们的商品交易行为而形成的物质实体的物理性移动过程，它由一系列具有时间和空间效用的经济活动组成，包括包装、存储、装卸、运输、配送等多项基本活动。物流的流通渠道如图 1-4 所示。

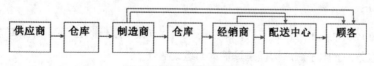

图 1-4　物流的流通渠道

其中，信息流最为重要，它对整个流程起着监控作用，而物流、资金流则是实现电子商务的保证，代表着货物所有权的转移，标志着交易的达成。

三者的关系可以表述为：以信息流为依据，通过资金流实现商品的价值，通过物流实现商品的使用价值。

物流应是资金流的前提和条件。资金流是物流的依托和价值担保，并为适应物流的变化不断进行调整。信息流对资金流和物流运动起指导和控制作用，并为资金流和物流活动提供决策依据。

在电子商务活动中，信息流、资金流和物流本身又是相互独立的。它们无论在时间上或渠道上都是可以分离的，流动的先后次序也没有固定的模式。

三、电子商务的功能

电子商务可提供网上交易和管理等全过程的服务，因此它具有广告宣传、咨询洽谈、网上订购、网上支付、电子账户、服务传递、意见征询、交易管理等多项功能。随着电子商务的发展，其功能也扩展到金融服务、智能物流和大数据服务方面。

1．广告宣传

电子商务企业可凭借企业的 Web 服务器在 Internet 上发布各类商业信息，商家利用网上主页（Home Page）和电子邮件（E-mail）在全球范围内做广告宣传。与以往的各类广告相比，网上的广告成本更低，而给客户的信息量却更为丰富。客户可借助网上的检索工具（Search）迅速地找到所需商品信息。

2．咨询洽谈

电子商务企业可借助非实时的电子邮件（E-mail）、新闻组（News Group）和实时的讨论组（Chat）来了解市场和商品信息、洽谈交易事务，如有进一步的需求，还可用网上的白板会议（Whiteboard Conference）来交流即时的图形信息。网上的咨询和洽谈能摆脱人们面对面洽谈的限制，提供多种方便的异地交谈形式。

3．网上订购

电子商务企业可借助 Web 中的邮件交互传送帮助客户实现网上的订购。网上的订购通常都是在产品介绍的页面上提供十分友好的订购提示信息和订购交互格式框。当客户填完订购单后，通常系统会回复确认信息单来保证订购信息的收悉。订购信息也可采用加密的方式以使客户和商家的商业信息不被泄露。

4．网上支付

电子商务要成为一个完整的过程，网上支付是重要的环节。客户和商家之间可采用信用卡账号进行支付。在网上直接采用电子支付方式将可省去交易中很多人员的开销。网上支付将需要更为可靠的信息传输安全性控制以防止欺骗、窃听、冒用等非法行为。

5．电子账户

网上的支付必须有电子金融来支持，即银行或信用卡公司及保险公司等金融单位要为金融服务提供网上操作的服务，而电子账户管理是其基本的组成部分。

信用卡号或银行账号都是电子账户的一种标志，而其可信度需配以必要技术措施来保证，如数字证书、数字签名、加密等手段的应用提高了电子账户操作的安全性。

6．服务传递

对于已付了款的客户，企业应将其订购的货物尽快地传递到他们的手中。而有些货物在本地，有些货物在异地，电子邮件能在网络中进行物流的调配。而最适合在网上直接传递的货物是信息产品，如软件、电子读物、信息服务等，它们能直接从电子仓库中将货物发到用户端。

7. 意见征询

电子商务企业能十分方便地利用网页上的"选择""填空"等格式文件来收集用户对销售服务的反馈意见,这样能使企业的市场运营形成一个封闭的回路。客户的反馈意见不仅能提高售后服务的水平,更是企业改进产品、发现商机的机会。

8. 交易管理

整个交易的管理将涉及人、财、物多个方面,也涉及企业和企业、企业和客户及企业内部等各方面的协调和管理。因此,交易管理是涉及商务活动全过程的管理。

9. 金融服务

小微型企业之所以选择电子商务,很大程度上是因为其发展过程中经常会遇到资金紧张问题,小微型企业贷款频率高、金额少、期限较短的特点不符合传统银行贷款业务的标准,有着"开放、平等、协作、分享"互联网精神的电子商务金融服务创新了小微型企业融资方式,拓展了小微型企业的融资渠道,对扶持小微型企业发展有着积极的意义。

10. 智能物流

在"互联网+"的创新驱动下,智能配送机器人、自动货物分拣系统、智能客服等新技术正引发物流行业新一轮的智慧化变革。未来物流行业的竞争将是自动化水平的竞争,智慧物流 2.0 时代正全面开启,数据化、智能化让物流正在发生从"笨重人力"到"数据优化"的变化。

11. 大数据服务

大数据时代给电子商务发展带来新的机遇与挑战,大数据技术帮助电子商务行业发现新的商业模式,购物行为预测分析和购物商品关联分析已经在电商领域得到了很好的应用,并已经帮助电商获得了巨大的利润。

电子商务将会为市场提供一个良好的交易管理的网络环境及形式多样的应用服务系统,从而保障电子商务获得更加广泛的应用。

四、新时代电子商务的特性

电子商务的特性可归结为以下几点:商务性、服务性、集成性、可扩展性、安全性、协调性。

1. 商务性

电子商务最基本的特性为商务性,即提供交易的服务、手段和机会。网上购物为客户提供一种所需要的方便购物途径。因而,电子商务对任何规模的企业而言,都是一种机遇。就商务性而言,电子商务可以扩展市场,增加客户数量;通过将互联网信息连至数据库,企业能记录下每次访问、销售、购买形式和购货动态以及客户对产品的偏爱,这样企业就可以通过统计这些数据来获知客户最想购买的产品是什么。

2. 服务性

在电子商务环境下,客户不再受地域的限制,不再像以往那样,忠实地只做某家邻近商店的老主顾,他们也不再仅仅将目光集中在最低价格上。因而，服务质量在某种意义上成为商务活动的关键。技术创新带来新的成果，互联网应用使得企业能自动处理商务活动，并不再像以往那样强调公司内部的分工。现在互联网上许多企业都能为客户提供完整服务，而互联网在这种服务中充当了催化剂。

企业通过将客户服务过程移至互联网上，使客户能以一种比过去简捷的方式完成过去他们较为费事才能获得的服务。例如，将资金从一个存款户头移至一个支票户头，查看一张信用卡的收支，记录发货请求，乃至搜寻购买稀有产品，这些都可以足不出户而实时完成。

显而易见，电子商务提供的客户服务具有一个明显的特性：方便，不仅对客户来说如此，对于企业而言，同样也是如此。我们不妨来看这样一个例子。比利时的塞拉银行通过电子商务，使得客户能全天候地存取资金账户，快速地阅览诸如押金利率、贷款过程等信息，这使得其服务质量大为提高。

3．集成性

电子商务是一种新兴产物，其中用到了大量新技术，但并不是说新技术的出现就必须导致老技术的死亡。互联网的真实商业价值在于协调新老技术，使用户能更加行之有效地利用他们已有的资源和技术，更加有效地完成他们的任务。

电子商务的集成性，还在于事务处理的整体性和统一性，它能规范事务处理的工作流程，使人工操作和电子信息处理集成为一个不可分割的整体。这样不仅能提高人力和物力的利用效率，也提高了系统运行的严密性。

4．可扩展性

要使电子商务正常运作，必须确保其可扩展性。互联网上有数以百万计的用户，访问企业电子商务平台的用户时不时地会出现高峰状况。倘若一家企业原来设计每天可受理 40 万人次访问，而事实上却有 80 万，就必须尽快配置一台扩展的服务器，否则客户访问速度将急剧下降，甚至系统还会拒绝可能带来丰厚利润的客户的来访。

对于电子商务来说，可扩展的系统才是稳定的系统。如果在高峰状况时能及时扩展，就可使得系统阻塞的可能性大为下降。在电子商务中，耗时仅 2 分钟的重新启动也可能导致大量客户流失，因而可扩展性可谓极其重要。

5．安全性

对于客户而言，无论网上的物品如何具有吸引力，如果他们对交易安全性缺乏把握，他们根本就不敢在网上进行买卖。企业和企业间的交易更是如此。

在电子商务中，安全性是必须考虑的核心问题。欺骗、窃听、病毒和非法入侵都在威胁着电子商务，因此电子商务要求网络能提供一种端到端的安全解决方案，包括加密机制、签名机制、分布式安全管理、存取控制、防火墙、安全互联网服务器、防病毒保护等。为了帮助企业创建和实现这些方案，国际上多家公司联合开展了安全电子交易的技术标准和方案研究，并发表了 SET（安全电子交易）和 SSL（安全套接层）等协议标准，使企业能建立一种安全的电子商务环境。

6．协调性

商务活动需要企业和客户，生产方、供货方以及商务伙伴间的协调合作。为提高效率，许多组织都提供了交互式的协议，电子商务活动可以在这些协议的基础上进行。

例如，利用互联网将供货方连接到客户订单处理，并通过一个供货渠道加以处理，这样企业就节省了时间，消除了纸张文件带来的麻烦并提高了效率。

电子商务是迅捷简便的、具有友好界面的用户信息反馈工具，决策者们能够通过它获得高价值的商业情报，辨别隐藏的商业机会和把握未来的趋势，因而，他们可以做出更有创造性、更具战略性的决策。

 **思考与实践**

一、复习思考题

1. 什么是电子商务？
2. 简述电子商务的发展状况。
3. 国内外知名电子商务网站有哪些？

二、实践题

实践题目： 电子商务平台现状调研。

实践目标：

（1）能够分析国内外主流电子商务平台现状（注册消费人群状况，注册商户状况，主营业务，近三年营业状况）。

（2）注册会员，体验各平台差异。

实训任务：

（1）了解国内外各主流电子商务平台发展历程及现状。

（2）收集各平台数据，撰写调查报告，分析各平台优势、劣势，并提出改善建议。

实训要求：

（1）能够全面收集相关数据。

（2）小组完成企业物流的调研报告。

评价标准：

调研内容是否全面、调研时间段是否合适、分析是否准确、建议是否合理。

02 第二章
电子商务商业模式

知识目标

1. 理解商业模式的含义及要素；
2. 掌握 B2B 电子商务的商业模式及其特点；
3. 掌握 B2C 电子商务的商业模式及其特点；
4. 掌握 C2C 电子商务的商业模式及其特点。

能力目标

1. 能够分析电子商务商业模式的要素在创造收益方面的具体运用；
2. 能够分析利用不同电子商务模式的相同点和差别。

引导案例

1 号店模式分析

研究发现，中国网络零售市场发展已进入成熟阶段，通过多种手段进行用户体验的优化与提升，形成自身的差异化竞争优势成为未来网络零售企业的重点。在探索新商业模式的同时，利用物联网、大数据等跨界方式对网络零售进行融合升级是大势所趋。各大电商纷纷大显神通，力求在网络零售市场上分得一杯羹。图 2-1 所示为 2016 年中国 B2C 网络购物市场份额的"蛋糕"图。

1 号店是国内首家网上超市，由世界 500 强 Dell 前高管于刚和刘峻岭联合在上海张江高科技园区创立。1 号店，为每一位顾客提供"满足家庭所需"的一站式网购体验。顾客不出家门，不出国门，即能享受到来自全国及世界各地的商品和服务，省力、省钱、省时间。1 号店一度在食品、快消品、医药等品类的零售方面处于行业领先地位。

1 号店在线销售涵盖食品饮料、酒水、生鲜、进口食品、美容化妆、个人护理、服饰鞋靴、厨卫清洁、母婴用品、手机数码、家居家纺、家用电器、保健用品、箱包珠宝、运动用品及礼品卡等近 300 万种商品。

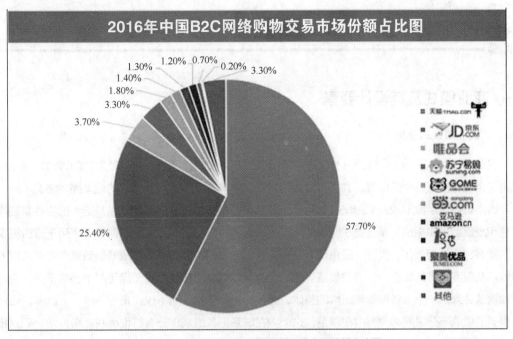

图 2-1　2016 年中国 B2C 网络购物交易市场份额占比图

1 号店为客户提供全方位的电子商务解决方案：从产品上线、订单接收和处理、仓储，到网络销售、配货、配送、客户服务、客户关系维护等，都由 1 号店负责全面服务。

1 号店之所以能够满足家庭所需的"一站式"购物需求，其独特的商业模式值得称道。1 号店的商业模式体现在如下几个方面。

❶ 信息系统和平台。1 号店的信息系统包括前台系统，产品展示、订单接收、订单处理、收款方式及后台系统等。1 号店不允许其内有各种各样独立的零散系统，在核心系统上面架构了供应商、采购、仓储、配送、客服、价格、类目管理和营销管理等各种大小模块。这样就能保证所有系统用的数据都是一样的，供应链和配送等各种信息也都是透明的。并且，系统要实时看到所有资源的使用情况，避免信息不同步带来的决策失误。系统一定是柔性的，允许商家不断地尝试新的商业模式，允许必要的扩展和修正。1 号店在武汉有一支 1 000 多人的 IT 团队，负责开发各种各样的系统。

❷ 采购。1 号店拥有庞大的采购团队，从供应商认证、产品质量保证到供应商管理。

❸ 仓储。1 号店在"北上广"三大城市有仓储中心，并已在武汉、成都、西安、沈阳四个城市新建仓储中心。

❹ 配送。1 号店已在数十个城市建有配送站。1 号店在摆放货品时，将顾客经常一起购买，聚合度较高的商品放在一起，如可乐和薯条，极大提高了拣货效率。1 号店最新的配送服务"一日四送，一日六送"，可以让顾客指定专门的配送时间。

❺ 顾客关系管理。1 号店对顾客行为做大量的数据分析，建立顾客行为模型，然后根据顾客的不同特点为他们做新品推荐。

思考题：调查当前主流电商平台的商业模式。

第一节　商业模式及其要素

一、商业模式及其设计要素

1. 商业模式的含义

商业模式（Business Model）也称业务模式、商务模式，通俗讲就是做生意的方法。商业模式规定了企业在价值链中的位置，并指导其如何赚钱。不同的学者对商业模式的概念描述略有不同。

西南财经大学罗珉教授（2005）认为，企业的商业模式是一家企业建立以及运作的那些基础假设条件和经营手段和措施，是企业在明确的外部假设条件、内部资源和能力的前提下，用于整合组织自身、顾客、价值链伙伴、员工、股东或利益相关者来获取超额利润的一种战略创新意图和可实现的结构体系及制度安排的集合。罗珉教授还认为，企业组织的商业模式至少要满足两个必要条件：企业的商业模式必须是一个由各种要素组成的整体，必须是一个结构，而不仅仅是一个单一的因素；企业商业模式的组成部分之间必须有内在联系，这个内在联系把各组成部分有机地串联起来，使它们互相支持，共同作用，形成一个良性的循环。从其研究思路上来看，罗珉教授沿用了彼得·F. 德鲁克（Drucker, 1994）的公司经营理论研究思路，力图从经济学理论视角对德鲁克的理论进行更进一步的演绎。

研究商业模式对企业发展具有积极的影响，了解商业模式的基本概念，有助于企业的管理者和决策者、资本市场的分析家们更好地选择和驾驭商业模式，使他们在自我认识的基础上，结合对新的市场条件和竞争环境的认识，做出正确的决策。

2. 商业模式的要素

电子商务商业模式是企业利用 Internet 优势创造价值的具体表现形式。要实现收益，企业所构造的电子商务商业模式必须包含八个要素：价值体现、盈利模式、市场机会、竞争环境、竞争优势、营销战略、组织发展以及团队管理。

（1）价值体现是确定一家企业的产品或服务是否能满足客户的需求。确定或分析一种产品和服务的价值体现，需要回答三个问题：首先，客户为什么选择与你的企业打交道，而不是与同类的其他企业打交道；其次，你能提供区别于其他企业的或其他企业不能提供的产品或服务是什么；最后，还需要明白，从顾客角度看，产品或服务的价值主要在于产品供应的个性化、产品搜寻成本的降低、价格发现成本的降低以及购买的便利性等。

（2）盈利模式是描述企业如何获得收入，产生利润，以及如何获得高额投资回报的。

（3）市场机会是企业所预期的市场以及企业在该市场中有可能获得的潜在财务收入机会。市场机会通常被划分为更小的市场利基，即利润基本点的分市场。实际的市场机会是由企业希望参与竞争的每个市场利基的收入潜力来决定的。

（4）竞争环境是指企业所在行业及其竞争者参与竞争的程度，它代表企业市场成本及进入壁垒的高低。具体表现在：竞争对手的规模大小、活跃程度，每个竞争对手的市场份额、盈利情况、定价情况等。竞争环境是企业生存与发展的外部环境，对企业的发展至关重要。竞争环境的变化不断地给企业带来威胁，也不断地给企业带来机会。对企业来说，如何检测竞争环境的变化、规避威胁、抓住机会就成为与企业休戚相关的重大问题。

（5）竞争优势是企业与竞争对手相比拥有的可持续性优势，主要体现在三个方面：优势资源、先进的运作模式、更适合市场需求的产品和服务。优势资源包括：社会资源、人力资源、自然资源、财力资源等，如石油、矿产；运作模式包括：管理模式、商业模式、创新模式等，如阿里巴巴开创性的商业模式；产品和服务包括：高价值的、有优势价格的、有独特性的等，如茅台、麦肯锡咨询等。

（6）营销战略是指企业在现代市场营销观念下，为实现其经营目标，对一定时期内市场营销发展的总体设想和规划。战略确定企业的长远发展目标，并指出实现长远目标的策略和途径。营销战略是企业在营销上的指导思想和思维方法，也是企业在经营活动中所形成的价值观、态度和行为准则，更是战略管理者确定生产经营的总目标和方向。

（7）组织发展是描述企业如何协同各个组织共同完成工作，从而实现企业的目标。一般来说，企业可以被划分为各个职能部门，各职能部门的业务范围相对明确，同时又相互协作，从而实现良好的组织发展目标。

（8）团队管理的主要职责是使企业迅速获得外界投资者的信任，准确捕捉市场信息，构建企业发展战略等。

二、传统商业模式及其局限

商业模式最为基本和关键的两点在于价值创造和盈利模式。传统的商业模式经历了长久的演进，在价值创造和盈利模式上获得了非常宝贵的经验，但在网络经济时代快速发展的形势下也表现出了一些局限性。

1. 价值创造

价值的创造起源于对顾客和顾客需求的理解。通常有五个基础领域，可以为顾客带来价值的增值，它们分别是购买、使用、销售、协作创造和集成。

（1）购买。包括购买一系列的产品或关系。购买者首先要明确自己的需求，评估供应商以及下订单，然后要支付相关费用并转移已购商品或服务。顾客在购买过程中，不仅要花费时间和金钱，还要承担一定的风险。

（2）使用。在购买商品或服务后，顾客接着对其进行使用。使用过程中可能需要花费时间和金钱，如进行专业培训、购买相关软件等。使用过程中也存在风险，这种风险是对时间和资金的投入，而且并不能够产生预期的利润。

（3）销售。顾客购买商品的主要目的有两个，即自用或出售。其要了解的问题是什么样的商品可能被循环利用或一次性消耗，怎么样存储、再出售以及如何实现商品价值的转移等。

（4）协作创造。顾客经常通过协作来创造或提高商品价值和服务水平。

（5）集成。顾客把来自供应商或其他顾客的信息、商品、服务综合起来以满足各种各样的需求。

这五个关键性的价值创造因素存在于每一家传统企业中，只是表现形式各有不同。在传统的商业模式中，如果某企业的这五个因素中的一个或者几个与众不同，那么该企业就将创造独特的商业模式。

2. 盈利模式

在传统的盈利模式中，盈利者除了有生产商之外，还有两个中间角色：批发商和零售商。它们在商业模式中主要起到以下几个方面的作用。

（1）为了创造购物便利，零售商或批发商尽可能地接近顾客。

（2）为了创造多样化的购物条件，集中各种商品和服务。

（3）在销售地储备商品以降低购销时间差。

（4）在当地建立销售和服务点以更好地为顾客提供服务和营销信息。

（5）生产商不能总是十分有效地满足顾客对小批量商品的需求，而批发商和零售商则可以。

基于上述这些实际情况，批发商和零售商这种渠道模式可以为商品增值，并且可以利用规模效应和范围效应创造出惊人的商业效率。例如，批发商和零售商利用范围经济效应，通过集中多样化的商品与服务，不仅为上游的供应商实现收益，还将利润延伸到下游购买者，同时它们还可以通过库存和销售规模化实现为销售渠道创造价值。

随着时代的发展，传统的销售渠道战略在目前的盈利模式中出现了新的问题：首先，越来越多的产品和服务呈现个性化的趋势；产品的个性化趋势意味着传统的销售渠道在很多时候不是在帮助顾客，而是起到了反作用。个性化的产品一般有两种销售途径：一种是大规模定制化生产，即把产品标准化后拆分成零部件组成单元，对这些组成部分进行顾客个性化设计，然后组合成新的产品销售；另外一种是降低生产成本和提高生产效率，这需要供应商和顾客之间有更多的直接交流，而传统渠道的批发商、零售商模式阻碍了这种交流。其次，物流和信息流成了商流的重要组成部分，流通环节的成本大大降低。因此，信息沟通和产品运输的廉价化趋势，使得生产者和购买者的直接交流变得更加经济，以往的管理商流的中间环节的价值也正在向管理信息流的中间环节转移，在新的销售渠道中，信息服务者的价值日益增加。

三、电子商务商业模式

电子商务商业模式是在电子商务创新条件下由传统商业模式发展而成的一个新形式。了解商务模式的含义是理解电子商务商业模式的基础。对于商务模式前文已经有比较详细的介绍，这里就不再重复了。关于电子商务商业模式的概念没有统一的定义，有许多专家学者将电子商务商业模式定义为企业利用互联网赢取利润的方式。例如，复旦大学黄丽华教授认为，电子商务商业模式是企业确定细分市场和目标顾客之后，通过企业内部特定的组织结构和在价值网中的定位，运用网络信息技术与价值网上的各合作成员整合相关的流程，最终满足顾客的需要，并使企业盈利的方式。西南交通大学叶乃沂教授指出，电子商务商业模式是企业在价值链系统一定位置上为目标市场提供价值和盈利的方式，它由电子化市场环境、客户关系、产品创新、财务要素、企业资源、业务流程六个要素构成，这些要素之间相互依赖和联系，共同确定商务模式的构成和特点。清华大学黄京华教授认为，电子商务的研究包括技术层面的研究和管理层面上的研究，电子商务商业模式涉及的是电子商务研究中的管理问题，它是指企业通过互联网获得收入的方式以及实现这种方式的方案。

电子商务商业模式的分类对电子商务企业选择一个或多个商业模式来开展经营具有重要意义。不同的分类标准会产生不同的分类结果，其中最常见的是按交易主体划分的电子商务商业模式。

1. 按交易主体划分的电子商务商业模式

目前，电子商务商业模式类型划分的依据主要是电子商务交易的主体，即企业（business）、顾客（customer）和政府（government），因此可以划分为以下几种。

（1）B2B——企业与企业之间的电子商务（Business to Business，B2B）。B2B 模式是在电子商务中应用最多和最受企业重视的模式，企业可以使用 Internet 或其他网络为每笔交易寻找最佳合作伙伴，完成从定购到结算的全部交易行为，其代表是马云的阿里巴巴电子商务商业模式。从目前来看 B2B 交易金额占整体电子商务市场份额的比例非常高。

（2）B2C——企业与顾客之间的电子商务（Business to Customer，B2C）。B2C 就是企业通过网络销售产品或服务给个人顾客。企业直接将产品或服务推上网络，并提供充足资讯与便利的接口吸引顾客选购，这也是目前非常常见的电商模式，如网络购物、证券公司网络下单作业、一般网站的资料查询作业等，都是属于企业直接接触消费者的电商模式。

（3）C2C——顾客与顾客之间的电子商务（Customer to Customer，C2C）。C2C 商务平台就是通过为买卖双方提供一个在线交易平台，使卖方可以主动提供商品上网拍卖，而买方可以自行选择商品进行竞价。其代表是 eBay 与 Taobao 电子商务商业模式。

（4）B2G——企业和政府之间的电子商务（Business to Government，B2G）。B2G 主要包括企业电子通关、电子报税和政府采购等。

（5）C2G——顾客和政府之间的电子商务（Customer to Government，C2G）。C2G 是电子政务的一种，包括政府网上采购和个人网上报关与报税等。

2. 电子商务商业模式的其他分类方法

基于价值链的分类。Paul Timmers 提出的分类体系是基于价值链的整合，同时也考虑到了商务模式创新程度的高低和功能整合能力的大小。按照这种体系，电子商务商业模式可以分为电子商店、电子采购、电子商城、电子拍卖、虚拟社区、协作平台、第三方市场、价值链整合商、价值链服务供应商、信息中介、信用服务和其他服务等。

基于原模式的分类。Peter Weill 认为，电子商务商业的模式从本质上来说都是属于原模式的一种或是这些原模式的组合。他所认为的原模式有以下八种：内容提供者、直接与顾客交易、全面服务提供者、中间商、共享基础设施、价值网整合商、虚拟社区和企业/政府一体化。

基于新旧模式差异的分类。Paul Bambury 从新商务模式与旧商务模式的差异角度出发，将电子商务商业模式分为两大类：移植模式和禀赋模式。移植模式是指那些在真实世界当中存在的、并被移植到网络环境中的商务模式。禀赋模式则是网络环境特有的、与生俱来的商务模式。

基于控制方的分类。麦肯锡管理咨询公司认为存在三种新兴的电子商务商业模式，即卖方控制模式、买方控制模式和第三方控制模式。这种分类在一定程度上反映了卖方、买方及第三方中介在市场交易过程中的相对主导地位，体现了各方对交易的控制程度。

基于 Internet 商务功用的分类。Crystal Dreisbach 和 Staff Writer 按照 Internet 的商务功用，将电子商务商业模式划分为三类：基于产品销售的商务模式、基于服务销售的商务模式和基于信息交付的商务模式。

还有一种是混合分类。Michael Rappa 将电子商务商业模式的对象分为经纪商、广告商、信息中介商、销售商、制造商、合作附属商、社区服务提供商、内容订阅服务提供商、效用服务提供商 9 大类。其中经纪商又可以分为买/卖配送、市场交易、商业贸易社区、购买者集合、经销商、虚拟商城、后中介商、拍卖经纪人、反向拍卖经纪商、分类广告、搜索代理 11 种；广告商又可以分为个性化门户网站、专门化门户网站、注意力/刺激性营销、免费模式、廉价商店 5 种。中国学者吕本富和张鹏将电子商务商业模式分为 B2B、网上金融、网上销售、网上拍卖/买、网络软服务、网络硬服务、数字商品提供者、技术创新、内容服务、网络门户、网上社区、旁观者 12 种，其中 B2B 模式根据职能的不同又被划分为采购、销售、物流、售后服务等类型，网上金融模式根据金融领域的不同又被划分为网络证券、网络银行、网上保险、个人理财与风险资本等类型。

电子商务发展至今，出现了诸多新的商业模式，常见的有 O2O、F2C 和会员制。

（1）O2O：线下（实体店）体验，线上（电商平台）购买，如苏宁易购。

（2）F2C：从工厂直接到顾客，省去中间流通环节，如宝洁、GUCCI 香氛、美即面膜、国窖 1573 等。

（3）会员制：一次性消费，就可终身享受会员折扣，并有机会参与市场利润分配，如有的超市为锁定客户，同意其购买一定数额的产品即可成为超市的会员，以后其再消费时，超市会给会员打 9 折，或当其达到一定积分时送点生活用品；在有些餐厅，客户消费时扫一下二维码就可以享 8 折优惠，如果你再帮餐厅介绍一些朋友来消费，餐厅就会再给你积分或下次你来消费时再给更低的折扣等。

第二节　B2B 电子商务商业模式

一、B2B 电子商务的主要商业模式

B2B 电子商务，即企业对企业的电子商务，是企业之间通过互联网进行的各种商务活动，如谈判、订货、签约、付款以及索赔处理等。目前，国内 B2B 电子商务商业模式包括两种类型：一种是大型企业自建 B2B 电子商务网站来开展电子商务，企业通过电子商务来降低成本，提高销售量，如格力、海尔、联想等推出的网上采购和网上分销；另一种是第三方电子商务平台，如阿里巴巴旗下的 1688 网（见图 2-2）、慧聪网、华南城网、中国化工网等。

在电子商务的几种模式中，B2B 是电子商务的一种重要模式，也是企业在激烈的市场竞争中改善竞争条件、建立竞争优势的主要方式。无论从交易额还是从交易范围来看，B2B 电子商务商业模式都具有举足轻重的地位。

目前，B2B 模式又可被细分为多种模式，其中应用较为广泛的模式主要有电子交易市场、电子分销商、B2B 服务提供商以及信息中介等。

1. 电子交易市场

电子交易市场有时又称 B2B 交易中心，其潜在的市场规模使其成为 B2B 电子商务中最为成熟和

最有前景的商业模式。一个电子交易市场就是一个数字化的虚拟市场，供应商和商业采购均可以在此进行交易。对于买方来说，电子交易市场是为其收集信息、检验供应商、收集价格并根据最新发生的变化进行更新的地方；另外，对于卖方来说，能够在跟各类潜在买方的广泛接触中不断积累客户数量，潜在的购买者越多，销售的成本越低，成交的机会和利润也就越高。由此可见，电子交易市场的出现，降低了交易成本，简化了交易手续，增加了交易概率。

图 2-2　1688 网首页

目前，全球电子交易市场主要分为了两种细分市场：综合型电子交易市场和垂直型电子交易市场。综合型电子交易市场又称水平型电子交易市场，主要针对较大规模的企业来销售产品和服务。在我国，阿里巴巴成为综合型交易平台最为成功的企业之一，慧聪网、环球资源网也是综合型电子交易市场的重要代表。而垂直型电子交易市场主要针对特定的行业，如钢铁、化工、汽车等。这些行业多为生产资料性行业，成交量大，专业性强，垂直型电子交易市场迅速成为行业信息的集成地，比较有代表性的有中国纺织网、中国化工网等。

2. 电子分销商

电子分销商是直接向各个企业提供产品和服务的企业。电子分销商与电子交易市场有所区别，电子交易市场是将许多企业放在一起，使它们有机会与其他企业做生意，而电子分销商则是由一家寻求为多个客户服务的企业。电子分销商在商品销售过程中缩短了销售周期，降低了销售成本，因此有着持续、稳定的利润来源。

3．B2B 服务提供商

B2B 电子商务服务提供商是指向其他企业提供业务服务的企业。目前以阿里巴巴为代表的 B2B 服务提供商所提供的服务主要以初级电子集市为主，与买卖双方是一种松散的供求关系。而随着电子商务的发展，尤其是行业电子商务（精细化的电子商务模式）的发展，也就是在 B2B 电子商务深度融入相应行业之后，就有可能把这种买卖双方松散的供求关系改变为紧密的供求关系。另一方面，B2B 电子商务门户利用初具规模的市场资源，能够扮演供应链资源整合者的角色，通过整合各方资源给客户提供包括物流服务、公共服务、信用保障服务、支付服务、咨询服务等在内的一站式服务与供应链运作整体解决方案，并对客户决策产生影响。

从本质上看，B2B 电子商务服务提供商就是为企业的采购、分销等供应链过程提供服务，而高效的供应链管理才能保证企业获得高效率的实物流动。因此，面向供应链过程，以深度服务与整体解决方案为基础的 B2B 电子商务门户将容易获得市场的青睐，并在短期内得到较快的发展。

4．信息中介

信息中介是以收集顾客信息并将其出售给其他企业为主的商业模式。信息中介一词最早是由 Hagel 和 Rayport 提出的，是一种新的企业形式。信息中介作为管理人、代理人和顾客信息的经纪人，代表顾客和企业进行交易，同时又保护顾客的隐私。中介将顾客信息收集起来并提供给供应商，供应商利用这些信息向特定的顾客有针对性地提供产品、服务和促销活动。

二、B2B 电子商务的业务流程及优势

1．B2B 电子商务的业务流程（见图 2-3）

第一步，商业客户向销售商订货，首先要发出"用户订单"，该订单应包括产品名称、数量等一系列有关产品的信息。

第二步，销售商收到"用户订单"后，根据"用户订单"的要求向供货商查询产品情况，发出"订单查询"。

第三步，供货商在收到并审核完"订单查询"后，回答销售商"订单查询"的问题。基本上是有无货物等情况。

第四步，销售商在确认供货商能够满足商业客户"用户订单"要求的情况下，向运输商发出有关货物运输情况的"运输查询"。

第五步，运输商在收到"运输查询"后，回答销售商运输查询的问题，如有无能力完成运输，及有关运输的日期、线路、方式等问题。

第六步，在确认运输无问题后，销售商即刻给商业客户的"用户订单"一个满意的回答，同时要给供货商发出"发货通知"，并通知运输商运输。

第七步，运输商接到"运输通知"后开始发货。接着商业客户向支付网关发出"付款通知"，完成支付和银行票据结算等流程。

第八步，支付网关向销售商发出交易成功的"转账通知"。

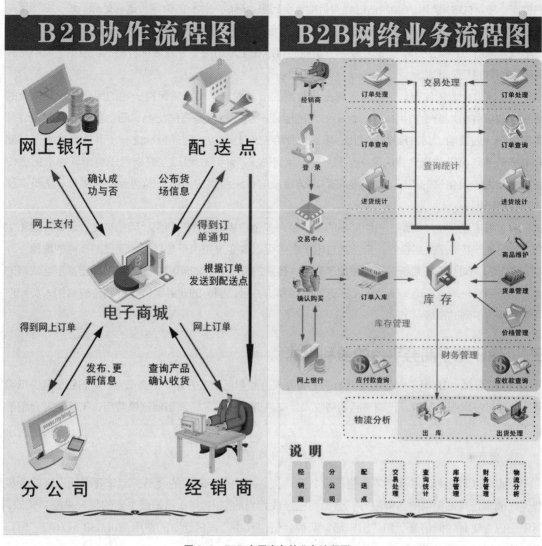

图 2-3　B2B 电子商务的业务流程图

2．B2B 电子商务的优势

（1）使买卖双方信息交流方便快捷。信息交流是买卖双方实现交易的基础。传统商务活动的信息交流是通过电话、电报或传真等工具，这与互联网信息是以网上超文本（包含图像、声音、文本信息）的形式传输不可同日而语。

（2）降低企业间的交易成本。首先对卖方而言，电子商务可以降低企业的促销成本。即通过互联网发布企业相关信息（如企业产品价目表、新产品介绍、经营信息等）和宣传企业形象，与传统的电视、报纸广告相比，可以更省钱、更有效。因为在网上发布企业的照片、产品档案等多媒体信息有时胜过传统媒体的"千言万语"。据 IDC 调查，在互联网上做广告促销的产品，其销量可以比使用传统销售方式的产品高 10 倍，而费用只是传统广告的十分之一。其次对买方而言，电子商务可以降低采购成本。传统的原材料采购是一个程序烦琐的过程。而利用互联网，企业可以加强与主要供应商之间的协作，将原材料采购和产品制造过程有机地结合起来，形成一体化的信息传递和处理系统。据通用电气公司的报告显示，它们利用电子商务采购系统，可以节约采购费用 30％，其中人工成本降低 20％，材料成本降低 10％。另外，借助互联网，企业还可以在全球市场上寻求最优价格的供应商，而不是只局限于原有的几个商家。

（3）减少企业的库存。企业为应对变化莫测的市场需求，通常需保持一定的库存量。但企业的高库存政策将增加资金占用成本，且不一定能保证产品或材料是适销货品；而企业低库存政策，可能使生产计划受阻，交货延期。因此寻求最优库存控制是企业管理的目标之一。以信息技术为基础的电子商务则可以改变企业决策中信息不确切和不及时等问题。通过互联网可以将市场需求信息传递给企业做决策生产的部门，同时也把需求信息及时传递给供应商而适时得到补充供给，从而实现"零库存管理"。

（4）缩短企业生产周期。一件产品的生产是许多企业相互协作的结果，因此产品的设计开发和生产销售可能涉及许多关联企业，企业通过电子商务可以改变过去由于信息封闭而无谓等待的现象。

（5）24 小时/天无间断运作，增加了商机。传统的交易受到时间和空间的限制，而基于互联网的电子商务则是一周 7 天、一天 24 小时无间断运作。并且，网上的业务可以延伸到传统营销人员和广告促销所达不到的市场。

三、B2B 电子商务平台的盈利模式

目前，各类 B2B 电子商务平台网站的主要收入来源包括很多方面，如会员费、广告费、竞价排名费用、信息技术服务费用、代理产品销售收入、交易佣金、线下培训和展览等费用。下面主要介绍前面四种。

1. 会员费

企业通过第三方电子商务平台进行商务活动，必须注册为网站的会员，每年要缴纳一定的会员费，才能享受网站提供的各种服务。会员费已经成为当前国内 B2B 网站最主要的收入来源。例如，阿里巴巴主要有"诚信通"和"出口通"两种会员，其中"诚信通"的费用是 6 688 元/年，"出口通"的费用是 2.98 万元/年。

2. 广告费

网络广告费是门户网站的主要盈利来源，同时也是 B2B 电子商务网站的主要收入来源。大部分网站的广告根据其所在首页位置及广告类型来收费。eMarketer 的数据显示，百度是 2016 年中国网络广告收入最多的企业，占中国网络广告收入的 28.0％，而阿里巴巴则占 24.8％。阿里巴巴广告收入达到了 120.5 亿美元左右，其中 B2B 平台广告的收入占据很大一部分比例。

3. 竞价排名费用

企业为了促进产品的销售，都希望在 B2B 网站的信息搜索中使自己的排名靠前，而网站在确保信息准确的基础上，根据会员交费的不同对排名顺序做相应的调整。例如，阿里巴巴的竞价排名是诚信通会员专享的搜索排名服务，当买家在阿里巴巴搜索信息时，竞价企业的信息将排在搜索结果的前 5 位，进而被买家第一时间找到。

4．信息技术服务费用

B2B 网站通过提供信息化技术服务来提高收入，如提供企业建站服务、产品行情资讯服务、企业认证、在线支付结算服务、会展、培训等。

第三节　B2C 电子商务商业模式

一、B2C 电子商务的主要商业模式

B2C 电子商务指的是企业针对个人开展的电子商务活动的总称，如企业为个人提供在线医疗咨询、在线商品购买等。B2C 电子商务是当前发展最为成熟的电子商务商业模式之一，其主要形式有综合商城、内容提供商、交易经纪人、社区服务商等。

1．综合商城

综合商城就如我们现实生活中的大商场一样，其中的产品相当丰富，也有庞大的购物群体。除此之外，综合商城平台的稳定性、完备的支付体系和诚信安全体系，也促进了商家进驻卖东西，买家进去买东西。综合商城的物流也很便捷，成本也较低，没有时间和区域的限制，扩大了转化率。2016年，我国网络零售市场继续保持中高速增长，B2C 模式的优势逐步显现，其零售交易额在网络零售交易额中的占比超过 55%。综合商城的竞争也在向良性发展，母婴、生鲜、跨境、家装、时尚等领域的小型电子商务平台开展差异化竞争，培养各自在行业和客户群体中的优势。

2．内容提供商

内容提供商是通过信息中介商向最终顾客提供信息、数字产品、服务等内容的信息生产商，或是直接给专门信息需求者提供定制信息的信息生产商。它通过网络发布信息内容，如数字化新闻、音乐等。内容提供商将市场定位在信息内容的服务上，因此优质的信息内容是内容提供商成功的关键因素。信息内容的定义很广泛，包含了知识产权的各种形式，即所有以有形媒体为载体的各种形式的信息表达，如书本、光盘或网页等。

内容提供商目前的最大问题是信息内容的版权问题。新兴的网络服务商很难拥有独一无二的信息源。在大多数情况下，信息服务市场主要由传统的内容提供商占领，如出版商、广播电台、电视台、音乐发行公司以及电影制片厂等，它们由于有传统而且稳定的信息来源，因此开展网上业务很有优势。另外，腾讯、搜狐、新浪、优酷、乐视等知名网站与传统的内容提供商的强力合作，推动了内容提供业务规模的进一步扩大，使其朝着良性健康的方向发展。

3．交易经纪人

交易经纪人是指通过电话或电子邮件为顾客处理个人交易的网站，采用这种模式最多的是金融服务、旅游服务及职业介绍服务等。在我国，在金融服务方面，招商银行、中国工商银行等推出的网上银行服务成了金融个人服务的新亮点；在旅游服务方面，以"携程网"和"途牛网"等为代表的旅游公司在"互联网+"概念推动下也纷纷通过网络为旅游者提供服务。旅游者通过访问这些旅游网站或

者手机 App，收集全国甚至全世界各地的旅游信息，制订自己出游的旅游线路，预订各种交通票证、住宿房位、娱乐项目，并在网站的帮助下完成"吃、住、行、游、购、娱"的旅游活动。这些以借助互联网技术为核心的旅游电子商务网其实就是交易经纪人。此外，以"中华英才网""前程无忧"为代表的职业介绍服务网站也是典型的网上职业经纪人。

4．社区服务商

社区服务商是指那些创建数字化在线环境的网站，有相似兴趣、经历及需求的人可以在社区中交易、交流并共享信息。

社区服务商的盈利模式较为多样化，包括收取信息订阅费、获得销售收入，收取交易费用、会员推荐费以及广告费等。从目前网络的发展来看，顾客对网络社区的兴趣不断提高，网络社区的市场机会相应增加，同时网络社区也不断增多，但面对同一个或相似市场的社区重复现象较为严重，网络社区的市场细分还没有得到深入应用。

二、B2C 电子商务的主要盈利模式

B2C 电子商务的经营模式决定了 B2C 电子商务企业的盈利模式，不同类型的 B2C 电子商务企业的盈利模式是不同的，一般来说，B2C 电子商务企业主要是通过以下几个方面盈利的。

（1）销售本行业产品。通过网络平台销售自己生产的产品或加盟厂商的产品。商品制造企业主要是通过这种模式扩大销售，从而获取更大利润的，如海尔电子商务网站。

（2）销售衍生产品。销售与本行业相关的产品，如中国饭网出售食品相关报告、就餐安全手册，莎啦啦除销售鲜花外，还销售健康美食产品和数字产品。

（3）产品租赁。提供租赁服务，如太阳玩具开展玩具租赁业务。

（4）拍卖。拍卖产品收取中间费用，如汉唐收藏网为收藏者提供拍卖服务。

（5）销售平台费。接收客户在线订单，收取交易中介费，如九州通医药网、书生之家。

（6）特许加盟费。运用该模式，企业一方面可以迅速扩大规模，另一方面可以收取一定加盟费，如当当、莎啦啦、E 康在线和三芬网等。

（7）会员费。收取注册会员的会费，大多数电子商务企业都把收取会员费作为一种主要的盈利模式。

（8）信息发布费。发布供求信息、企业咨询等，如中国药网、中国服装网、亚商在线、中国玩具网等。

（9）广告费。为企业发布广告，目前广告收益几乎是所有电子商务企业的主要盈利来源。这种模式成功与否的关键是其网页能否吸引广大顾客的注意。

（10）咨询服务费。为业内厂商提供咨询服务，收取服务费，如中国药网和中药通网站等。

三、B2C 电子商务的交易流程

B2C 电子商务的交易流程大致可以分为用户注册、选购商品、支付结算、物流配送和确认收货五个过程。首先是新用户的注册，然后用户登录电子商务网站，进行商品选购并选择送货方式和支付方式，最后由商家送货，顾客收货后验收，从而完成交易（见图 2-4）。

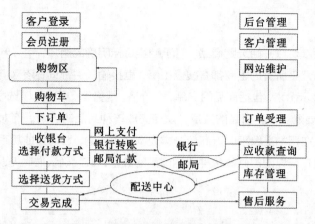

图 2-4　网上商店前后台业务流程图

1. 用户注册

顾客在开始网络购物前，必须先进行新用户注册。新用户注册时一般要输入一些基本信息，如登录名、登录密码、用户姓名、送货地址、送货电话等。每个电子商务网站的用户注册界面都大同小异，对于不同的网站，有些信息是用户注册时必须填的，有些信息是可选填的。一般来说，以上这几项信息是用户注册时必须输入的信息。另外，用户注册时还可以输入其他一些信息，如证件号、性别、文化程度、出生日期、收入、邮政编码等，这些信息一般允许用户有选择地输入。用户信息填写越详细，商户的个性化服务就会越周到（见图 2-5）。

图 2-5　京东注册界面

2．选购商品

用户注册好以后就可以开始选购商品，对于购买目标明确的用户，可以利用网站提供的查询功能来选购商品。当前几乎所有的电商都有搜索引擎，直接输入关键词，该网上商店销售的所有此类商品的信息都会被显示出来，包括商品的产品号、价格、规格等。顾客可以选中某商品直接放入"购物车"。然后输入需要购买该种商品的数量，从而完成该种商品的选购。而对于那些购买目标不明确的用户，他们可以在网站上像平时逛商店一样边浏览边选购，选购完成后系统可以显示所有选购商品的清单，并且用户可以随时修改每种选购商品的数量，最后确认准确无误后，就完成了整个商品选购的过程。

3．支付结算

当顾客在网上完成商品选购以后，电子商务网站就会显示顾客选购的所有商品的明细，包括商品的编号、名称、规格、单价、数量等，同时网页还会显示本次选购的商品的总价格，这时候顾客选择支付结算就可以进入网上支付流程。在 B2C 电子商务模式中，顾客可选择的支付方式有：货到付款、银行转账、第三方支付。因为安全性高，基本上所有的电子商务支付都使用第三方支付工具，第三方支付工具的出现打破了制约电子商务发展的瓶颈，推动着电子商务快速发展。阿里巴巴的支付宝是国内著名的第三方支付工具。据统计，截至 2017 年第二季度，支付宝用户数量达 4.5 亿，其中，月度活跃用户总人数达到 3.37 亿人。

4．物流配送

在 B2C 电子商务模式下，网上商品选购完成后，还必须通过物流配送环节将网上选购的商品送到顾客手上。近些年电商发展带动了物流快速进步，科技物流已经进入我们的生活，IT 系统、大数据、无人机派送等已经进入物流企业，配送时效大大提高。

5．确认收货

因为网上购物大多是利用第三方支付工具支付，因此，只有买家确认收货之后，商家才能从第三方支付平台拿走货款，整个购物过程才算基本完成。

案例阅读

知名 B2C 电商京东的发展历程

北京时间 2014 年 5 月 23 日凌晨，京东商城在纳斯达克挂牌上市，股票的代码为"jd"，收盘报价 20.90 美元，比发行价 19 美元上涨了 10%，市值达到了 286 亿美元。京东 CEO 刘强东更是进入了超级富翁行列。

京东的招股书显示，京东创始人兼 CEO 刘强东持股比例为 18.8%，老虎基金持股 18.1%，腾讯持股 14.3%，高瓴资本持股 13.0%，DST 持股 9.2%。在过去三年，京东已经累计融资人民币 109.46 亿元。2016 年的"胡润百富榜"显示，刘强东身价 455 亿元。

京东的上市可以说是经典的"老二"突围励志故事，国内的电商巨头是阿里巴巴，其老大地位可以说是稳如泰山。对于京东来说后面还有苏宁、国美等一批的竞争者，京东保持住了"老二"的特殊位置，书写了京东在"跑"的传奇。

我们来回顾一下京东的发展史。

2004 年 1 月，京东以京东多媒体网正式涉足电商。不过若论京东的发力时间节点，则是 3 年后的 2007 年。

这一年，阿里巴巴旗下的 B2B 业务在港交所上市，正式奠定了其在我国电商江湖中老大的位置。当年，线下的苏宁、国美们仍在以收购方式大举扩张。

当时，从今日资本手中拿到第一笔融资的京东，正式开启二次创业，在线上有阿里巴巴，线下有苏宁、国美包围的不利环境下，寻找一个品类作为切入点差异化活下去。

作为彼时电商市场上的一个后来者，备选品类需具备几大特点：聚焦式切入，从而集中有限资源做深该领域，以深度开拓作为自我生存利器；目标品类市场规模巨大，足够支撑公司的可持续发展；品类比较标准化，适合电商模式；选择当时阿里巴巴未重视的领域，以避免与市场上的巨无霸正面交锋。

最终刘强东差异化地选择了 3C（即 Computer 计算机、Communication 通信和 Customer Electronics 消费类电子产品）作为自己的主品类。

《O2O 进化论》作者板砖大余向《每日经济新闻》记者表示，京东以 3C 和 B2C 模式作为切入口发展垂直电商，主要缘于当时阿里巴巴的重点为阿里巴巴 B2B 和 C2C 的淘宝，且未在 3C 领域发力。"仔细观察可以发现，京东当时发力 B2C 时，行内创业者们都想做综合电商，而京东却做 3C 垂直电商。等京东以 3C 起家后开始想做综合电商平台的时候，其他电商都已经落寞了。因此可以说，除了品类选择外，京东在模式选择和时间选择上皆走了差异化的路径。"

值得注意的是，3C 品类是一个规模巨大且标准化甚高的品类，也适合京东的电商化创业。

此外，2007 年京东以 3C 品类切入，也与刘强东此前的从业背景存在极大的关联。

在模仿中创新

据《每日经济新闻》记者了解，刘强东起家于中关村。起初他以打工积累的 1.2 万元，背着家人私自在中关村创办了京东公司：一张小柜台、一台计算机及每月 2 000 多元的租金，刘强东开始了出售刻录机和光盘的生活。生意最好的时候，京东刻录机的月出货量可达到 5 000 多台，年销售额高达 6 000 多万元。

2000 年前后，当刻录机生意下滑的时候，他将目光投向了国美和苏宁。2001 年 5 月，国美电器在全国范围内一下子开了 13 家店。这种扩张速度让他怦然心动。他曾表示："做就要做全国性的连锁店，像国美一样，在全国开 1 000 家 ITSmallShop，让中关村电脑城消失。"

此后刘强东真的在线下开了 12 家 3C 产品连锁店。不过 2003 年突如其来的"非典"，让其线下生意崩溃。失落中的刘强东却看到了电商模式的机会，因而迅速从线下走入了电商江湖。

初涉电商时，刘强东将品类对准其熟悉的 IT 产品，后来以此为基础，顺延式扩展至 3C。

刘强东前助理、NOP 创始人刘爽曾在接受《每日经济新闻》记者采访时,将京东的成功因素之一归结于当时差异化地将 3C 作为品类选择突破口。

确定了主差异化的 3C 品类定位后,京东在 2007 年还以另两个副差异化策略作为辅助策略。自建物流和支付模式的差异化构建便被打上了深深的京东烙印。

营销模式突围

2007 年,当马云一边抱怨物流的短板,一边又带领以 B2B 和 C2C 两大业务为基础的阿里系狂奔的时候,弱小的京东却开始将首轮融资额的一部分用作自建物流体系,且以此为基础实行货到付款模式。

据《2006 年中国电子商务盈利模式研究报告》显示,2005 年中国 C2C 电商交易额超过100 亿元。截至 2006 年第三季度,中国 C2C 用户总数突破 6 000 万人。也正是在这两年内,阿里系的淘宝一举改变了国内电商格局,成为 C2C 领域的绝对领导者。依托淘宝的蓬勃发展,与电商相关的支付、物流等领域也获得了相应发展。

快速的发展使马云获得了"电商教父"的美誉及行业老大的位置,也带来了不规范下的种种质疑,网络购物一时间背上了假货、骗局等诸多骂名。

在这种背景下,对于 3C 产品,顾客习惯于在传统卖场体验产品,并当面付款取货。这种面对面的交易模式避免了不信任的问题。

基于这种情况,2007 年 10 月,京东在北京、上海、广州三地启用移动 POS 上门刷卡服务,从而将传统卖场内的这种模式复制到电商领域,同时为其后来推广的货到付款模式奠定了技术基础,而这种先人一步的举措,也成了京东当时差异化竞争的一大利器。

真正奠定京东"老二"位置的是京东自有物流体系,也就是京东的"211 限时达"配送。

还是 2007 年,在得到第一笔投资后,刘强东开始自建配送体系。在此之前的 3 年里,京东使用第三方快递,服务品质无法控制,用户很难满意。刘强东希望找一个最好的快递公司外包快递业务。他找到了顺丰快递,但合作很快被中止;顺丰可以实现满意的递送,但是不能满足京东的价格控制要求。

逆向地自建物流以及在此基础上的货到支付模式,为京东品牌的差异化区隔起到了至关重要的作用。

京东的钟声早已在纳斯达克敲响,在业界人士看来,这或许只是电商大佬们新一轮竞争的开始。

京东上市前,经历了以下几轮融资。

◆ 2007 年 8 月获得今日资本 A 轮融资 1 000 万美元。

◆ 2009 年 1 月获得今日资本、雄牛资本及梁伯韬私人公司共计 2 100 万美元的 B 轮联合注资。

◆ 2010 年 1 月获得由老虎环球基金领投的 C1 轮融资,金额超 1.5 亿美元。

◆ 2011 年 4 月获得俄罗斯 DST、老虎基金等 6 家基金和个人的 C 轮融资,共计 15 亿美元。

◆ 2012 年 11 月获得加拿大安大略教师退休基金、老虎基金共计 4 亿美元融资。

◆ 2013 年 2 月获得加拿大安大略教师退休基金和 Kingdom Holding Company 等共计 7亿美元融资。

◆ 2014 年 3 月获得腾讯 2.14 亿美元现金战略投资。

◆ 2014 年 1 月 30 日京东向 SEC 提交招股书，正式启动赴美上市计划，首次公开招股，主承销商为美银美林和瑞银。

◆ 2014 年 3 月 20 日京东更新招股书，增加了 2013 年全年财务数据。

◆ 2014 年 5 月 10 日京东更新招股书，预计 IPO 定价在每存托股（ADS）16 美元到 18 美元之间。

◆ 2014 年 5 月 19 日京东更新招股书，公布 2014 年第一季度净亏损为 37.95 亿元。

◆ 2014 年 5 月 22 日京东美国存托股票在纳斯达克证券交易所挂牌交易。

第四节　C2C 电子商务商业模式

一、C2C 电子商务的商业模式

C2C 同 B2B、B2C 一样，都是电子商务的模式之一，是顾客（Customer）与顾客（Customer）之间的电子商务。例如，一位顾客有一台旧计算机，通过网上拍卖，把它卖给另外一位顾客，这种交易类型就被称为 C2C 电子商务。2006 年之前，拍拍网的强势介入让 C2C 领域形成了四足鼎立之势，淘宝、易趣、拍拍、有啊四家各有千秋，而又强弱分明。时至今日，C2C 已是淘宝、易趣、拍拍的"三国"时代（见图 2-6）。

图 2-6　淘宝网首页

二、C2C 电子商务的盈利模式

1. 会员费

会员费也就是会员制服务收费，是指 C2C 网站为会员提供网上店铺出租、公司认证、产品信息推荐等多种服务组合而收取的费用。由于提供的是多种服务的有效组合，比较能适应会员的需求，因此这种模式的收费比较稳定，费用第一年缴纳，第二年到期时需要客户续费，续费后再进行下一年的服务，不续费的会员将恢复为免费会员，不再享受多种服务。

2．交易提成

不论什么时候，交易提成都是 C2C 网站的主要利润来源，因为 C2C 网站是一个交易平台，它为交易双方提供机会，就相当于现实生活中的交易所、大卖场，从交易中收取提成是其市场本性的体现。

3．广告费

企业将网站上有价值的位置用于放置各类型广告，根据网站流量和网站人群精度标定广告位价格，然后通过各种形式向客户出售。如果 C2C 网站具有充足的访问量和较高的用户黏度，广告业务会非常多。

4．搜索排名竞价

C2C 网站商品的丰富性决定了购买者搜索行为的频繁性，搜索的大量应用就决定了商品信息在搜索结果中排名的重要性，由此便引出了根据搜索关键字竞价的业务。用户可以为某关键字给出自己认为合适的价格，较前的排位最终由出价最高者竞得，在有效时间内该用户的商品可获得竞得的排位。只有商家认识到竞价能为他们带来潜在收益时，才愿意花钱使用。

三、C2C 电子商务的优势

1．交易成本低

C2C 电子商务通过减少交易环节使得交易成本大大降低。C2C 电子商务以互联网为交易平台，与传统商务活动相比，其办公成本、通信费用等大大降低。同时，在 C2C 电子商务模式下，由各个商家保存商品，从而最大限度地降低了库存。

2．经营规模不受限制

C2C 电子商务利用互联网提供的虚拟经营环境，可以轻松地通过网页来扩大其经营规模。

3．便于收集信息

基于互联网的电子信息技术使得 C2C 电子商务中买卖双方易于获知对方信息，这一点是传统的顾客市场所无法比拟的。

4．销售范围广

C2C 电子商务是基于互联网的商业模式，所面对的消费者遍布全国，甚至全世界。与传统的二手市场相比，它无疑扩大了销售范围。此外，其营运时间不受限制，方便了买卖双方之间的联系。

由此可见，C2C 电子商务模式为顾客提供了便利与实惠，迅速成为电子商务普及与发展的重要形式，具有广阔的市场前景与发展潜力。在 C2C 电子商务的发展中，其盈利模式也在不断地被探索和创新。国内目前发展较好的有淘宝、拍拍和微店等。

四、C2C 电子商务的新形式

微商，英语名称为 We business（全民创业）。微商是基于移动互联网，借助社交软件工具，以人为中心、社交为纽带的新商业。

2012 年年底，代购开始在朋友圈兴起，微商雏形开始形成。2013 年，随着微信支付和微信公众平台的上线和升级，微商做好了快速发展前的蓄力准备。2014 年，"爆品"面膜把微商推到了全国人民的视野中，"营业额达 10 亿元"的微商神话变为现实。这大大刺激了微商品牌的出现，思埠、韩束等大批微商品牌迅速占领市场。2015 年，一大批传统企业，如苏宁集团、白云山等开始进入微商领域。微盟、拍拍等企业则推出了独立专业的微商平台，拓展了微商分销渠道。

1. 微商的优势

（1）最主要的优势是流量完全免费。微商基本上是靠朋友圈、靠"一对一"的对话来实现销售的；流量来自社交平台或社交体系，只要你掌握一定的引流技巧即可，而不管是线下实体店还是电商平台，都需要流量成本。

（2）微商本身的资金回转速度很快。经营过企业的就知道，衡量一家企业是否健康，真正的标准不是利润率有多高，而是资金流转率有多高。微商实行款到发货策略，资金流转速度很快。

（3）进入门槛相对比较低。同样是销售护肤品，进入电商渠道的话，产品筹备的门槛在 300 万元以上，线下实体渠道会更高一些，所有成本大概要到五六百万元。而微商的门槛很低，只要几十万元甚至更低。

2. 微商的未来发展

微商经历了速度为王、产品为王、团队为王、品牌为王的阶段，接下来将朝着构建完整生态系统的趋势发展，将形成完整的商业闭环，上中下游相互协作与推进（见图 2-7）。

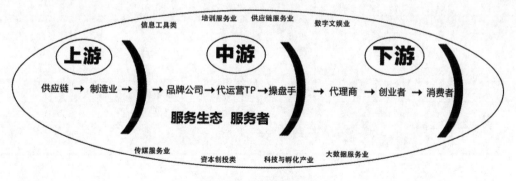

图 2-7 微商生态系统

未来的微商一定会从 C2C 端走向 B2C，随着加入微商的人日益增多，竞争也日趋激烈，B2C 微商拥有完善的基础交易平台、社会化分销体系、社会化客户关系管理系统和售后维权机制。C2C 微商如果解决不了上述问题，最终将会面临洗牌成为 B2C 微商的个人分销商。对于 B2C 微商来说，如何将线下和线上的渠道贯通，将线下渠道的客流量转化为线上业务量，建立企业专属的大数据库，是微商们赢得未来的关键。

思考与实践

一、复习思考题

1. 当前主要电子商务模式有哪些?
2. 国内外知名 B2B、B2C、C2C 电子商务网站有哪些?

二、实践题

1. 访问国内知名电子商务平台，并注册成为其会员，了解各平台之间的差异并形成报告。
2. 注册一个 C2C 电子商务平台商家账号，并开设店铺，尝试运营。

03 第三章
电子商务技术基础

知识目标

1. 了解电子商务实现技术的分类；
2. 掌握常用的 Internet 应用服务；
3. 知道常用 Internet 的接入方法；
4. 了解 Web 应用编程技术、数据仓库、数据挖掘和联机分析处理技术。

能力目标

1. 掌握简单的局域网组网技术；
2. 具备基本的 Web 语言编写能力。

引导案例

"双十一"：App "卡顿" 1 分钟，影响交易 10 亿元

23 岁的郭女士参加了 2015 年度 "双十一" 电商促销活动，她提前在某大型电商平台的 App 上选择了 6 件商品并放入购物车，并于 11 月 11 日当天 0 时开始进行支付，却一直未能支付成功，数次刷新均提示 "数据加载失败"，直至 00:15 左右才支付成功。

虽然商品支付成功了，但由于 15 分钟的 "卡顿"，付款时有两件郭女士为长辈选购的商品已经售罄，这让郭女士颇为遗憾。在她看来，"双十一" 部分商品虽然有着相当诱人的优惠，但是整体的购物体验却让人失望，眼看着心仪的商品售罄更是让人感到失落。

2015 年天猫 "双十一" 活动开场 1 分 12 秒之后，交易额冲到了 10 亿元，无线端占比为 81.82%；开场 12 分 28 秒之后，交易额冲到了 100 亿元，无线端占比 74.83%。截至当天 24:00，阿里 "双十一" 交易额为 912.17 亿元。但在当天零点开场后系统崩溃，朋友圈一度被刷图挤爆了，平台系统恢复时间为 15 分钟左右，假使按 1 分钟 10 亿元交易额计算，15 分钟就是 150 亿元，约占 "双十一" 成交总额的六分之一。

针对"双十一"，虽然阿里提前一个月就进行了各类测试，但几千万用户同时访问并进行购买操作，这样的访问量堪比黑客攻击。这种情况下，阿里在短短的十来分钟就完成修复，令人不得不佩服阿里的技术。但是对于很多中小型移动电商平台来说，它们没有强大的技术团队支持，出了问题时难道就只能默默地等着，眼睁睁地看着别人的交易量不断攀升吗？它们又该如何提前预防 App 在"双十一"当天出现"卡顿"呢？

思考题： 如何应对网络"卡顿"现象？

第一节　电子商务的技术体系

一、电子商务与技术的关系

电子商务是随着信息技术的发展而发展起来的，信息技术的每次突破都会深深影响电子商务活动的发展。Internet 的出现，使得网上的信息发布成为可能；现代安全技术、支付技术的发展，催生了网上银行、网上证券、网上保险等新兴业务；现代无线网络技术的突飞猛进，又使得无线互联、按需传送信息成为可能，移动电子商务这种新的电子商务模式应运而生。由此可见，技术是推动电子商务发展的强大动力。现代电子商务因为有了 Internet 及其相关技术的支持，才可能实现快速发展。

同时，我们也应该清楚电子商务的本质是追求利润，无论多么先进的技术，如果不能创造利润，那么一定不是成功的电子商务。电子商务的本质仍旧是商务，一切电子化的技术只是手段，好的电子商务信息技术背后隐藏着客户或企业的商务需求，电子商务的发展反过来又影响着相关信息技术的发展。因此，从商务需求出发，根据商务需求和商务目标选用合适的技术，才是正确的做法。

总之，电子商务的发展和信息技术的发展之间的关系是相辅相成的，电子商务的发展离不开信息技术的强大推动力，重大的信息技术突破也影响着电子商务的变革。

二、电子商务实现技术的分类

根据电子商务的发展和对电子商务技术的要求，我们可将电子商务技术划分为以下五大类。

1. 计算机网络技术和数据通信技术

自从世界上第一个计算机网络 ARPA 网（美国国防部高级研究计划网，简称阿帕网）投入运行以来，计算机网络技术在全世界范围内发展迅速，各种网络纷纷涌现，计算机网络的出现促进了世界各国之间科技、文化和经济的交流。计算机网络作为基础设施，将分散在各地的计算机系统连接起来，使计算机之间的通信在电子商务活动中发挥了重要的作用。

2．EDI 技术

20 多年来，电子数据交换（EDI）技术在工商业界中的应用不断得到发展和完善，在现在电子商务支持技术中占据着重要的地位。EDI 应用于万维网之后，其应用领域得到了拓展，并逐渐形成了标准化的 EDI 技术。标准化 EDI 技术具有开放性和包容性，在开发 EDI 网络应用时，无须改变现行标准，只需扩充标准内容即可。

3．电子商务安全技术

电子商务安全技术是保证电子商务系统安全运行的最基本、最关键的技术。其利用密码技术、数字签名技术、报文鉴别技术、防火墙技术、VPN（虚拟专用网络）技术及计算机病毒防御等技术，在保证传输信息安全性、完整性的同时，可以使交易各方完成身份认证和防止交易中的抵赖行为发生。

4．电子支付技术

电子支付，顾名思义就是指参加电子商务活动的一方向另一方付款的过程。在这个过程中，会涉及各种技术。随着 Internet 的发展和商业化，网络金融服务也已经在世界范围内展开。以 Internet 为基础的网上银行 E-Bank（电子银行）开始出现，用户可以不受时间、空间的限制享受全天候的网上金融服务，包括网上消费、家庭银行、个人理财、网上投资、网上保险以及网上纳税等支付与结算服务。电子支付方式包括电子现金、电子信用卡和电子支票等。在电子商务活动中，用户通过计算机终端上的浏览器访问商家的 Web 服务器信息，完成商品或服务的订购，然后通过电子支付方式与商家进行结算。

5．数据库技术

数据库是企业管理信息系统中管理信息的工具，数据库技术早已渗透到了企业的各种应用中。电子商务作为新型的商务模式，得到了数据库技术全方位的支持，从底层基础数据的存储到上层数据仓库和数据挖掘技术的应用都涉及数据库技术，数据库技术主要包括 Web 数据库基本原理、数据仓库技术、联机分析处理技术、数据挖掘技术及数据层访问技术。

三、电子商务标准体系

电子商务是一个复杂的社会系统工程，为使电子商务信息系统的各个组成部分能够协调一致的工作，使整个系统的功能和效率得到保证，首先就要进行标准化的工作。标准化是确保电子商务系统能够建设和顺利运行的基本前提，同时也是实现"全球电子商务"的根本保证。

电子商务的标准体系是由一定系统范围内的、具有内在联系的标准组成的有机整体，标准体系应目标明确、整体性强、有序性好，并具有开放性、动态性和相对稳定性。电子商务的标准体系一般包括公共基础标准、网络标准、应用平台标准和电子商务应用标准等，是电子商务系统建设、运行和管理维护的重要的技术性基础标准。另外，电子商务的标准体系也将随着电子商务相关技术和应用的发展而不断地得到完善和更新。

2007 年 1 月，国家电子商务标准化总体组在北京成立，并提出了由基础技术标准、业务标准、支撑体系标准和监督管理标准构成的标准体系，如图 3-1 所示。

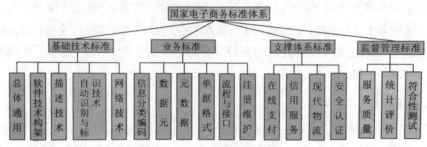

图 3-1　国家电子商务标准体系

第二节　计算机网络技术基础

一、计算机网络概述

1．计算机网络的定义

计算机网络是指将地理位置不同的、具有独立功能的多台计算机及其外部设备，通过网络介质连接起来，在网络操作系统、网络管理软件及网络通信协议的管理和协调下，实现资源共享和信息传递的计算机系统。

从上面的定义可以看出，计算机网络由三个要素组成：通信介质（网线、网络通信设备）、计算机和网络通信协议。

2．计算机网络的发展

自从阿帕网投入运行以来，计算机网络发展突飞猛进，不同国家的计算机网络相互连接，形成了跨国的计算机网络，最终形成了 Internet。计算机网络的发展大致经历了四个阶段：计算机终端网络、计算机通信网络、以共享资源为主的标准化网络、网络互联和高速计算机网络。

20 世纪 90 年代是 Internet 飞速发展和获得广泛应用的阶段，同时，高速网络技术也发展迅速，计算机网络呈现出高速化、综合化、全球化和智能化的特点。随着网络规模的不断增大与网络服务功能的增多，对智能化网络的研究开始在世界范围内广泛展开。

3．计算机网络的功能

计算机网络的功能有很多，其中最重要的三个功能是：数据通信、资源共享和分布处理。

（1）数据通信。数据通信是计算机网络最基本的功能。它用来快速传送计算机与终端、计算机与计算机之间的各种信息，包括文字信件、新闻消息、咨询信息、图片资料、报纸版面等。利用这一特点，可将分散在各个地区的单位或部门用计算机网络联系起来，进行统一的调配、控制和管理。

（2）资源共享。资源指的是网络中所有的硬件、软件和数据资源。硬件资源有超大型存储设备（如大型磁盘阵列）、外部设备（如打印机）以及巨型计算机的 CPU 处理能力等；软件资源有各种语言处理程序、服务程序和各种应用程序；数据资源有各种文档资料、数据文件和数据库等。

（3）分布处理。在同一网内的多台计算机可以通过协同操作和并行处理来增强整个系统的处理能力，并使网内各计算机负载均衡，避免计算机间忙闲不均的现象出现。分布式数据处理和分布式数据库的应用依靠计算机网络实现相互协作、有效调度，从而大大提高了效率。

二、计算机网络的分类

计算机网络的分类方法有很多，如按照网络拓扑结构分类、按照覆盖范围分类、按照传输技术分类、按照通信介质分类等。

1. 按照网络拓扑结构分类（见图 3-2）

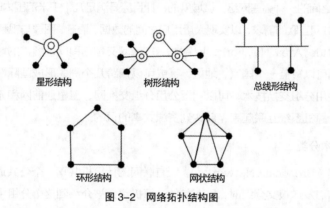

图 3-2 网络拓扑结构图

（1）星形结构。星形拓扑结构是以中央节点为中心的，其他节点均用一条单独的信道与中央节点相连。中央节点对整个网络实施控制，其他节点之间的通信必须通过中央节点转发。当中央节点有故障时，会引起全网瘫痪。

（2）树形结构。树形拓扑可以认为是由多级星形结构组成的，只不过这种多级星形结构自上而下呈三角形分布，就像一棵"树"一样，顶端的枝叶少些，中间的多些，而下面的枝叶最多。"树"的下端相当于网络中的边缘层，"树"的中间部分相当于网络中的汇聚层，而"树"的顶端则相当于网络中的核心层。它采用分级的集中控制方式，传输介质可有多条分支，但不形成闭合回路，每条通信线路都必须支持双向传输。

（3）总线形结构。总线形拓扑结构采用一条信道作为传输媒体，所有站点都通过相应的硬件接口直接连到这一公共传输媒体上，该公共传输媒体即为总线。任何一个站点发送的信号都沿着传输媒体传播，而且能被所有其他站点所接收。

（4）环形结构。在环形拓扑中，各节点通过环路接口被连在一条首尾相连的闭合环形通信线路中，环路上任何节点均可以请求发送信息。请求一旦被批准，其便可以向环路发送信息。环形网中的数据可以是单向传输的，也可以是双向传输的。由于环线公用，一个节点发出的信息必须穿越环中所有的环路接口。信息流中的目的地址与环上某节点地址相符时，信息被该节点的环路接口接收，而后面的信息继续流向下一个环路接口，一直流回到发送该信息的环路接口节点为止。

（5）网形结构。这种结构在广域网中得到了广泛的应用，它的优点是不受瓶颈问题和失效问题的影响。由于节点之间有许多条路径相连，网状拓扑可以为数据流的传输选择适当的路由，从而绕过失效的部件或过忙的节点。这种结构虽然比较复杂，成本也比较高，提供上述功能的网络协议也较复杂，但由于它的可靠性高，仍然广受用户的欢迎。

2. 按照覆盖范围分类

（1）局域网（Local Area Network，LAN）。局域网用于将有限范围（如一个实验室、一栋大楼、一个校园）中的各种计算机、终端与外部设备互联起来，覆盖范围通常为 10 千米以内。根据采用的技术、应用的范围和协议标准的不同，局域网可以分为共享介质局域网与交换式局域网。局域网技术发展非常迅速，应用也日益广泛，是计算机网络中非常活跃的领域。

（2）城域网（Metropolitan Area Network，MAN）。城市地区网络常被简称为城域网。城域网是介于广域网与局域网之间的一种高速网络。城域网的设计目标是满足几十千米范围内的大量企业、机关单位、公司等的多个局域网互联的需求，以实现大量用户之间的数据、语音、图像与视频等多种信息的传输。

（3）广域网（Wide Area Network，WAN）。广域网又称远程网，覆盖的地理范围为几十千米到几千千米。广域网可以覆盖一个国家、地区，甚或可以横跨几个洲，形成国际性的远程网络。广域网的通信子网主要使用分组交换技术，可以利用公用分组交换网、卫星通信网和无线分组交换网，将分布在不同地区的计算机系统互联起来，以达到资源共享的目的。

3. 按照传输技术分类

（1）广播式网络（Broadcast Networks）。所有联网的计算机共享一个公共通信信道。当一台计算机利用共享通信信道发送报文分组时，所有其他计算机都会被介绍到这个分组中。由于分组中带有目的地址与本地地址，计算机将检查目的地址是否与本地地址相同。如果分组的目的地址与本地地址相同，则接收该分组；否则丢弃该分组。在广播式网络中，分组的目的地址可以有三类：单节点地址、多节点地址与广播地址。

（2）点对点式网络（Point-to-Point Networks）。与广播式网络相反，点对点式网络中的每条线路只连接两台计算机。假如两台计算机之间没有线路直接使其相互连接，则它们之间的分组传输就要通过中间节点转发。由于连接多台计算机之间的线路结构可能很复杂，因此从源节点到目的节点之间可能存在多条路由，需要使用路由选择算法来决定分组从源节点到目的节点的路径。分组存储转发与路由选择机制是点对点式网络与广播式网络的主要区别之一。

4. 按照通信介质分类

（1）有线网。有线网是采用如同轴电缆、光纤等物理介质来传输数据的网络。

（2）无线网。无线网是采用卫星、微波等无线形式来传输数据的网络。

第三节 Internet 技术基础

目前，Internet 是世界上规模最大的计算机互联网络，任何一台计算机或一个网络，只要遵从

TCP/IP 就可以互联起来，成为 Internet 的一部分。

一、Internet 概述

1．Internet 的雏形阶段

1968 年，出于军事需要，美国国防部高级研究计划局（Advance Research Projects Agency，ARPA）开始建立一个名为 ARPANET 的网络。美国当局计划建立一个计算机网络，当网络中的一部分被破坏时，网络中的其他部分会很快建立起新的联系。人们普遍认为这就是 Internet 的雏形。

2．Internet 的发展阶段

1985 年，美国国家科学基金会（National Science Foundation，NSF）开始建立计算机网络 NSFNET。NSF 规划建立了 15 个超级计算机中心及国家教育科研网，用于支持科研和教育的全国性规模的 NSFNET，并以此为基础，实现同其他网络的连接。于是，NSFNET 成为 Internet 上主要用于科研和教育的主干部分，取代了 ARPANET 的骨干地位。1989 年，MILNET（由 ARPANET 分离而来）实现和 NSFNET 连接后，就开始采用 Internet 这个名称。自此以后，其他部门的计算机网络相继并入 Internet，ARPANET 就宣告解散了。

3．Internet 的商业化阶段

20 世纪 90 年代初，商业机构开始进入 Internet，使 Internet 开始了商业化的新进程，成为 Internet 大发展的强大推动力。1995 年，NSFNET 停止运作，Internet 已彻底商业化了。

4．Internet 应用与高速网络技术发展阶段

Internet 是一个大型广域计算机网络，对推动世界科学、文化、经济和社会的发展有着不可估量的作用。

在 Internet 飞速发展与被广泛应用的同时，高速网络的发展也引起了人们越来越多的注意。高速网络技术主要包括高速局域网、交换局域网与虚拟网络、宽带综合业务数据网 B-ISDN 和异步传输模式 ATM。

从 20 世纪 90 年代开始，世界经济进入了一个全新的发展阶段。世界经济的发展推动着信息产业的发展，信息技术与网络的应用已成为衡量综合国力与企业竞争力的重要标准。人们认识到信息技术的应用与信息产业的发展将会对各国经济的发展产生重要的影响，很多国家开始制订各自的信息高速公路建设计划。

建设信息高速公路就是为了满足人们随时随地对信息交换的需要，基于此人们相应地提出了个人通信与个人通信网的概念，从而最终实现全球有线网与无线网的互联，邮电通信网与电视通信网的互联，固定通信与移动通信的结合。人们在现有电话交换网 PSTN、公共数据网 PDN、广播电视网、B-ISDN 的基础上，利用无线通信、蜂窝移动电话、卫星移动通信、有线电视网等通信手段，最终实现"任何人在任何地方，在任何的时间里，使用任一种通信方式，实现任何业务的通信"。

以 ATM 为代表的高速网络技术发展迅速。目前，世界上很多发达国家都组建了各自的 ATM 网络。在我国，电信部门的骨干网和一些商业网也广泛采用了 ATM 技术。ATM 技术已经成为 21 世纪

电信网的关键技术。

二、Internet 的应用

1. 万维网

WWW（World Wide Web）也称万维网或 Web，它是把遍布全球的 Web 服务器集合在一起。每个 Web 服务器都包含一些信息资源，这些信息资源可以是文本、图像、影视和声音等多媒体信息。要访问 WWW 或把它的文档的全部特征都反映到用户的计算机上，必须使用专用的软件，这就是WWW 浏览器。WWW 浏览器实际上是运行于用户计算机上的一种软件，用户利用它可以遨游于WWW 中，并浏览有关信息。绝大多数浏览器都是免费的。另外，许多 ISP 通常都会给自己的用户提供某种浏览器。现在较流行的两个浏览器是网景公司的 Netscape Navigator/Communicator 和微软公司的 Internet Explore（IE）。

浏览 WWW 时是以页面为单位进行的，每个页面都是包含多媒体信息的文件，每个 Web 服务器（也称站点、网点）都是由多个页面文件有机地组成的。进入每个网站时显示的第一个网页为主页，主页是该网站所有网页的索引页，用户可通过单击主页上它和其他网页的链接点打开其他的网页。而链接点体现了从一个网页指向另一个目标的连接关系，被称为超链接。

通过超链接技术，就能够不分前后顺序地从一个网页跳跃到另一个网页或从一处跳跃到另一处，也就是采用了非顺序的文本结构即超文本技术。

支持超文本和超链接技术的是 HTML（Hyper Text Makeup Language）超文本标记语言，它是描述网页的一种规范，它通过标签定义了要显示的网页内容。当用户浏览 WWW 上的信息时，浏览器会自动解释这些标记的含义，将相应的内容显示给用户，HTML 的组成主要有两部分，即头部和文件体。

在 Internet 上传输 WWW 超文本或超媒体信息的协议是超文本传输协议（Hyper Text Transfer Protocol，HTTP），它是在 Internet 上能够可靠地交换文件（包括文本、视频、图片等各种多媒体文件）的重要基础。它包括从浏览器到服务器的请求和从服务器到浏览器的响应之间交互时必须遵循的格式和规则。

分布在整个 Internet 上的资源是如何被定位和检索的呢？WWW 采用了统一资源定位器（Uniform Resource Locator，URL）来识别资源的位置，这些资源包括文件目录、文件、文档、图像、声音等，是 Internet 上可以被访问的任何对象及与 Internet 相连的任何形式的数据。因此，可以认为 URL 是与 Internet 相连的 Web 服务器上的任何可访问对象的指针。

URL 一般是由以冒号隔开的两大部分组成的：协议：//主机域名/资源文件名。

冒号左边的协议常用的有：ftp（文件传送协议 FTP）、http（超文本传送协议 HTTP）、telnet（用于交互式回话）、file（特定主机的文件名）等。主机域名表示资源所在服务器的域名。资源文件名用于表明资源在机器上的位置，包含路径和文件名。

用户在客户端通过 Web 浏览器（如目前使用广泛的 Internet Explorer）和相应的通信软件提出查询要求，就可以从一个 Web 服务器跳到另一个 Web 服务器，从而在 Internet 中漫游了。

2. 电子邮件服务

电子邮件（E-mail）是 Internet 上一种被广泛使用的应用。电子邮件有自己的规范格式，包括两个部分：第一部分是头部，包括发送方、接收方、发送日期和主题等信息；第二部分是正文，包括承载信息的文本。

用户的邮箱是邮件服务器提供给该用户的私人空间，用户要想成功地发送或接收电子邮件，必须给出正确的收方或发方的电子邮件地址。电子邮件地址由两部分组成：第一部分为信箱名，用于表示用户的邮箱；第二部分为邮件服务器的主机域名，这两部分中间用@隔开。例如，电子邮件地址 jiabin5918@163.com，前面是用户的邮箱 jiabin5918，后面表示提供该邮箱的邮件服务器的计算机域名为@163.com。

电子邮件中涉及的主要协议有：简单邮件传输协议（Simple Mail Transport Protocol，SMTP）和邮局协议（Post Office Protocol，POP），以及这两个协议的扩展协议——多用途网际邮件扩展协议（Multipurpose Internet Mail Extension，MIME）和 Internet 邮件控制协议（Internet Mail Access Protocol，IMAP）。

SMTP 是只负责发送电子邮件的协议；POP 是只负责提供接收电子邮件的协议，目前使用的 POP 协议为第 3 版，故其又被称为 POP3 协议。

SMTP 虽然是非常流行的电子邮件协议，但标准 SMTP 不支持非文本信息，MIME 扩展了 SMTP，实现了在标准 SMTP 消息中封装多媒体（非文本）消息的功能。POP 的缺点在于用户在收取邮件的时候，必须把邮件下载到本地才能获知邮件的主题和来源，然后判断是打开还是删除。

3. 文件传输服务

将文件从一个系统发送到另一个系统是网络的重要功能，用户可以使用 E-mail 完成这一任务。但是如果传输量很大，就可以使用文件传输协议（File Transfer Protocol，FTP）进行文件传输。它从一个主机上将文件复制到另一个主机上。FTP 采用客户/服务器模式，需要将一台计算机作为 FTP 服务器提供文件传输服务，另一台计算机充当 FTP 客户端提出文件服务请求并得到授权。

在 FTP 服务器端，需要提供并启动 FTP 服务，而客户端在需要文件传输服务时，就需要与 FTP 服务器建立连接。连接时，服务器通常具有访问权限，用户需要注册（即服务器要求客户端提供合法的登录名和密码）才可使用服务器上的资源。

在 FTP 应用中，需要建立两个 TCP 连接。一个是控制连接。控制连接是指服务器以响应的方式打开端口等待客户连接，客户则以请求的方式打开端口建立连接。二是数据连接。数据连接是指服务器通过端口与客户进行数据传输。

4. 远程登录服务

Telnet 是 Internet 远程登录服务的一个协议，该协议定义了远程登录用户与服务器交互的方式。Telnet 允许用户在一台联网的计算机上登录到一个远程分时系统中，然后像使用自己的计算机一样使用该远程系统。

要使用远程登录服务，必须在本地计算机上启动一个客户应用程序，指定远程计算机的名字，并通过 Internet 与之建立连接。一旦连接成功，本地计算机就像通常的终端一样，直接访问远程计算机系统。远程登录软件允许用户直接与远程计算机交互。通过键盘或鼠标操作，客户应用程序将有关的信息发送给远程计算机，再由服务器将输出结果返回给用户。用户退出远程登录后，用户的键盘、鼠标控制权又回到本地计算机。一般用户可以通过 Windows 操作系统的 Telnet 客户程序进行远程登录。

5. IIS 服务

Microsoft Internet Information Server（IIS）是可以在服务器上构架 Internet 和 Intranet 的基本组件。目前，Windows 系列的操作系统已经集成了 Internet Information Server。IIS 有许多强大的功能，主要提供的服务有 WWW 服务（Microsoft IIS 的 WWW 服务支持 HTTP，并且允许用户通过服务器向 Internet 发布信息）和 FTP 服务（Microsoft IIS 支持 FTP 协议）。

第四节　Web 技术基础

Web 已成为 Internet 上非常重要的服务之一，其目的是提供一个简便且相容的接口来利用 Internet 上的巨大资源。

Web 是一种把所有 Internet 上现有资源全部连接起来的，采用图形界面的，融网络技术、超文本技术及多媒体技术于一体的信息服务系统。它是建立在客户/服务器（client/server）模型之上，以 HTML 和 HTTP 为基础，能提供面向各种 Internet 服务的并且用户界面一致的信息浏览系统。

一、客户端技术

客户端技术主要包括客户端脚本技术、Cookies 技术、多媒体技术、DHTML 技术、ActiveX 控件技术、Java Applets 技术、JavaScript 技术和 VBScript 技术等。

二、服务器端技术

动态页面是由 Web 服务器根据客户的请求（可能包含一些参数）在运行时产生的 Web 页面。静态页面通常事先被存放在 Web 服务器的文件系统中，而不是在客户发出请求后才产生的。与静态页面相比，动态页面的生成需要服务器做更多的工作。在电子商务应用系统中，许多情况下都需要 Web 服务器提供动态内容，如某商品的价格查询等。生成动态页面的服务器端技术主要有公共网关接口、服务器端脚本技术、插件技术、Servlet 技术、PHP 和 JSP 技术。

三、Web 编程语言

1. HTML 简介

HTML 是 Hyper Text Markup Language（超文本标记语言）的缩写，WWW 所使用的出版语言就是 HTML，它是构成 Web 页面的主要语言，是用来表示网上信息的符号标记语言，是 SGML

（Standard Generalized Markup language，标准通用标记语言）的一个简化实现。通过 HTML，将所需要表达的信息按某种规则写成 HTML 文件，通过专用的浏览器来识别，并将这些 HTML "翻译"成可以识别的信息，也就是我们所见到的网页。

HTML 作为一种标志性的语言，是由一些特定符号和语法组成的，在所有的计算机编程语言中，HTML 是非常简单易学的，它在浏览器中是用来解释执行的，无须编译，因而用 HTML 编写的文档适合在各种浏览器中被运行浏览。

组成 HTML 的文档都是 ASCII 文档，创建 HTML 也十分简单，任何字符编辑器均可，而许多图形化的 HTML 开发工具，也使得网页的制作变得非常简单。例如，Adobe 公司推出的 Dreamweaver 等编辑工具，被称为"所见即所得"的网页制作工具，这些图形化的开发工具可以直接处理网页，而不用用户手写复杂的编码。

2. XML 技术简介

XML（Extensible Markup Language，可扩展标记语言）是专为 Web 应用设计的，它是 SGML 的一个优化子集，是由 W3C 于 1998 年 2 月发布的一种标准，它以一种开放的自我描述方式定义了数据结构，在描述数据内容的同时能突出对结构的说明，从而体现数据之间的关系，这样组织的数据对于应用数据和用户来说都是友好的和可操作的。

XML 是一种标记语言，使用者可按需创建新的标记，XML 的可扩展性就在于此，这些标记通过 XML DTD（Document Type Definition，文档类型定义）来加以定义。

XML 的精髓是允许文档的编写者制定基于信息描述、体现数据之间逻辑关系的自定义标记，确保文档具有较强的可读性、清晰的语义和易检索性。

3. ASP 开发技术简介

ASP（Active Server Pages）被称为动态服务器端网页。ASP 程序是以.asp 作为扩展名的，通过在标准的 HTML 网页中嵌入和使用 ASP 内建对象和可安装的 ActiveX 组件，结合 VBScript（或 JavaScript）脚本编程，建立动态和交互的 Web 页面。ASP 文件与 HTML 作为扩展名的网页文件一样，也是纯文本文件，因此用户可以用任何一种标准的编辑器来编写。

ASP 程序只能在 Web 服务器端运行，当客户端浏览器（IE）向服务器端请求调用 ASP 文件时，就启动了 ASP。Web 服务器通过 HTTP 响应了该请求后，调用 ASP 引擎，解释被请求调用的文件，对文件中包含的脚本进行处理，动态地把执行结果生成一个 HTML 页面返回 Web 服务器端，与页面中非脚本的 HTML 合成一个完整的 HTML 页面送到客户端浏览器。

由于 ASP 脚本是在服务器端被执行的，程序代码较为安全。另外，在服务器端执行也减轻了网络传输的负担，便于交互。

第五节　数据库技术

对数据的组织、分类、编码、存储、检索和维护被称为数据管理。对于电子商务来说，数据管理技术是电子商务平台建设的一项支撑技术。

一、数据库技术概述

数据库是以一定的组织方式长期存储在计算机内，独立应用并可被多用户、多应用程序共享的数据集合。其主要特点是：①数据结构化，采用一定的数模型来组织数据，数据不再面向应用而是面向系统；②数据共享性高，程序独立于数据，数据的冗余少，减少了数据的不一致性，易扩充；③数据独立性高，提供了数据的完整性、数据的安全性、数据的并发控制和数据的可恢复性等功能；④数据由 DBMS 统一管理和控制。

数据库系统主要由数据库管理系统（DBMS）、数据库（DB）、应用程序（AP）、计算机系统（CS）和数据库管理员（DBA）构成。数据库管理系统是为数据库的建立、使用和维护而配置的软件，是数据库系统的核心。它建立在操作系统的基础上，对数据库进行统一的管理和控制。用户使用的各种数据库命令及应用程序的执行，都要通过数据库管理系统。数据库管理系统还承担着数据库的维护工作，按照数据库管理员的要求，它要保证数据库的安全和完整。

随着代表结构化信息的数据库与数据仓库技术的迅速发展，除了目前被广泛应用的关系型数据库管理系统（Sybase、Oracle 等），还出现了一些新的数据库，如面向对象的数据库（OODB）、多维数据库（MDDB）、主动数据库和多媒体数据库等。数据库技术还与其他多学科技术有机组合，形成面向专门应用领域的数据库技术，如数据挖掘（Data Mining, DM）、数据库中的知识发现（Knowledge Discovery in Database, KDD）、智能代理、智能信息检索技术等。

二、数据仓库、联机分析处理和数据挖掘

数据库技术是一种帮助企业进行决策的体系化解决方案，包括三个方面：数据仓库（Data Warehoused, DW）技术、联机分析处理（On-Line Analytical Processing, OLAP）技术和数据挖掘（DM）技术。这三者当中，数据仓库用于数据的存储和组织，联机分析处理侧重于数据分析，数据挖掘则致力于知识的自动发现，三者既独立又互相关联，共同构成一种决策支持系统的构架，即"DW+OLAP+DM"。

1. 数据仓库

传统的事务处理环境不支持 DSS 处理，用户必须把分析型数据从事务型处理环境中提取出来，按照 DSS 处理的需要进行重新组织，建立单独的分析处理环境，数据仓库正是为了构建这种新的分析处理环境而出现的一种数据存储和组织技术。

数据仓库是一种只读的、用于分析的数据库，常常作为决策支持系统的底层。它从大量的事务型数据库中抽取数据，并对其进行清理，将其转化为新的存储格式，即为了决策目标而把数据聚合在一种特殊的格式中。

"数据仓库之父"比尔·恩门对数据仓库的定义是这样的：数据仓库是支持管理决策过程并且面向主题的、集成的、随时间变化的但信息本身相对稳定的数据集合。上述定义的解释如下：①"主题"是指用户使用数据仓库辅助决策时所关心的重点问题，每一个主题对应一个客观分析领域，如销

售、成本、利润等。"面向主题"是指数据仓库中的信息是按主题组织的，按主题提供信息。②"集成"是指数据仓库中的数据不是业务处理系统数据的简单拼凑与汇总，而是经过系统的加工整理，是相互一致的、具有代表性的数据。③"随时间变化"是指数据仓库中存储的是一个时间段的数据，而不仅仅是某一时间点的数据，所以主要用于进行时间趋势分析。一般数据仓库内的数据时限为 5 年以上，数据量一般为 10GB 左右。④"信息本身相对稳定"是指数据一旦进入数据仓库，一般情况下将被长期保留，变更很少。

2. 联机分析处理

联机分析处理（OLAP）也称在线分析处理，是利用多维结构的专用数据结构对数据仓库中的数据进行复杂分析的。该处理系统对数据仓库的数据加以筛选、分析、汇总而产生物理数据，以各种数据模式展现给用户，用户可以从不同的主题和角度，通过处理系统的复杂的查询能力、数据对比、数据挖掘和报表等得到各种层次的分析结果。使用 OLAP，用户无须编程，通过简单的操作就可以得到想要的数据。

3. 数据挖掘

（1）数据挖掘的概念。数据挖掘就是从大量的数据中筛选出隐含的、可信的、新颖的、有效的信息的高级处理过程。

在数据挖掘中，数据被分为训练数据、测试数据和应用数据。数据挖掘力求在训练数据中发现事实，并以测试数据作为检验和修正理论的数据，最后把知识应用于数据中。

数据挖掘通过分析企业原有的数据，为决策者寻找数据间潜在的关联。数据挖掘通过发现被忽略的要素，做出归纳性的推理，挖掘潜在的模式，因此可用于预测客户行为，帮助企业决策者调整策略，降低风险，做出正确决策。

随着数据仓库的出现，原有的数据库工具已无法满足用户的需求，用户不仅需要一般的查询和报表工具，更需要数据挖掘这样的工具，它能够从数据的海洋中提取有效信息。

（2）数据挖掘与联机分析处理。数据挖掘与联机分析处理都可以在数据仓库的基础上对数据进行分析，以辅助决策，但两者之间又存在差别。一般来说，联机分析处理还可以作为一种传统的决策支持方法，即需要在某个假设的前提下通过数据查询和分析来验证或否定这个假设，所以联机分析处理是一种验证型的分析方法。作为验证型的分析方法，它一是要依赖于用户的假设能力；二是需要用户对需求有全面而深入的了解；三是抽取信息的质量依赖于用户对结果的解释。

联机分析处理是用户驱动的，需要通过与用户交互式的数据查询，呈现数据的真实情况，它在很大程度上受到用户水平的限制。与联机分析处理不同，数据挖掘是数据驱动的，是一种真正的知识发现方法。使用数据挖掘工具，用户不必提出确切的要求，系统就能够根据数据本身的规律，自动地挖掘数据潜在的信息，或通过联想，建立新的业务模型，帮助决策者做出正确的决策。从数据分析的角度来看，联机分析处理位于较低的层次，数据挖掘则处于较高的层次。所以，联机分析处理和数据挖掘的主要差别就在于是否能自动地进行数据分析。

近几年，越来越多的联机分析处理产品开始融入数据挖掘技术，所以联机分析处理也体现出越来越强大的智能性。

三、数据库技术与电子商务

数据库技术对电子商务的支持是全方位的，从底层的数据基础到上层的应用都涉及数据库技术。数据库技术对于电子商务的支持可以概括为数据的收集、存储和组织，对决策的支持，对 EDI 的支持及 Web 数据集成。

1．数据的收集、存储和组织

数据库技术是数据管理技术，它是对数据的收集、存储和组织，数据管理是传统数据库系统的主要功能。DBMS 主要被用于信息的管理与应用领域，如企业内部的管理信息系统，主要针对企业事务进行处理。

对于参与电子商务的企业而言，数据不仅来自企业内部的管理信息系统，还有大量数据来自于外部。数据是企业的重要资源，是决策的依据，是进行各类生产经营活动的基础及结果。因此，我们必须使用科学的方法，对数据进行全面、及时的收集，合理、正确的存储和有效的组织、管理，以便充分利用这一重要资源。

2．对决策的支持

在传统的决策支持系统中，数据库、模型库和知识库往往被独立地设计和实现，因而缺乏内在的统一性，而以数据仓库为中心、事务处理和数据挖掘为手段的数据库解决方案具有高度的协调统一性。

3．对 EDI 的支持

EDI 是电子商务重要的组成部分。要想成功地实现 EDI，企业的基础设施建设是关键，而数据库系统的建设是基础设施建设中重要的一环。

EDI 的一大特点就是把各种贸易单证电子化和标准化，而数据库系统也通过数据管理将数据规范化和标准化。这样就可以比较容易地实现数据系统的业务数据与 EDI 的单证之间的自动转换。一家企业如果有良好的数据库系统的支持，就可以实现从应用到应用的 EDI 过程。这一过程中，企业内部的管理信息系统依据业务情况自动产生 EDI 单证，并传输给贸易伙伴；而对方传来的 EDI 单证也可以由系统自动解释，并存入相应的数据库，整个过程无须人工干预。

4．Web 数据集成

随着 WWW 的广泛应用，绝大多数的企业已经通过在 Web 上建立自己的主页来介绍自己的产品和服务了。

Web 数据库是 Web 和数据库相结合的产物，其产生的原因主要是基于两者之间的优势互补。

Web 上数据量大、类型多，并且在以很快的速度增长，但因为 Web 的链接资源是非官方的，所以 Web 上的数据缺乏有效的结构化组织和规范化管理。目前 Web 上的数据主要由静态 HTML 表达，其优点是表现能力强，链点跳转灵活，与平台无关。但由于 Web 页面结构自由性大，这使得 Web 上的信息又多又混乱。就管理角度而言，Web 的数据管理水平只相当于是 20 世纪 70 年代的文件管理水平，而且 HTML 文件动态更新性能差，用户很难得到最新的消息反馈。

与 Web 相比，数据库系统显得严谨有余而灵活不足。

Web 与数据库结合，可以集 Web 和数据库的诸多优点于一身，前端有界面友好的 Web 浏览器，后台有成熟的数据库技术做支撑，这样无疑会带给企业一个良好的应用环境。

数据库是企业管理信息系统中用来管理信息的工具，电子商务作为新型的企业经营管理模式，当然也离不开数据库技术的支持。如今，数据库技术正在为推进电子商务应用而发挥巨大的作用。

数据库的操作可以通过两种方式来实现：一种是通过数据库自身提供的专用驱动接口来实现；另一种是通过公用数据操作接口来实现。

针对面向 Web 的应用系统，对数据库的访问大多数是通过 ODBC 通用接口进行的。ODBC 是一种用于访问数据库的同一界面标准。由于 SQL 只是数据库语言，擅长处理数据操作，但逻辑计算和处理能力不强，往往要嵌套在其他的编程语言中，因此有很多 DBMS 厂商都提供应用编程接口（API），把对数据库的一系列操作方法看成宿主语言的特殊函数库，但这导致所有的 API 都不一样，难以互操作，而且由于应用程序的代码需要依赖于 DBMS 的 API，因此不利于改动代码。

为了使各应用程序能使用相同的 API 访问数据库，微软公司制定了开放数据库互联（ODBC）标准，ODBC 技术提供了基于 SQL 访问异构 SQL 数据库的公共界面，实现了一个应用通过一组公共代码访问不同的数据库，使得开发 Web 应用时不必针对某一个特殊的 DBMS，提高了开发与应用的灵活性、通用性及可靠性。

第六节　电子数据交换技术

电子数据交换（EDI）是将计算机和通信网络高度结合、快速处理和传递商业信息的一项电子应用技术，它于 20 世纪 80 年代在世界范围内蓬勃发展起来，并形成遍及全球的"无纸贸易"冲击波，对现代商业贸易产生了深远的影响。EDI 作为企业之间交易活动的主要技术，已经成为实施电子商务的重要手段之一。

一、EDI 的概念

由于 EDI 应用的领域不同，EDI 技术的实施所达到的目的也各不相同，因此 EDI 的定义也不统一。

从权威认识及权威机构对 EDI 的解释中，可以归纳出对 EDI 的解释有以下五点。

（1）EDI 是计算机系统之间进行的电子信息传输。

（2）EDI 是标准格式的结构化电子数据的交换。

（3）EDI 是基于发送者和接受者达成一致的标准所进行的电子数据交换。

（4）EDI 是由计算机自动读取而无须人工干预的电子数据交换。

（5）EDI 是为了满足商业用途的电子数据交换。

因此，从技术的角度来看，我们将 EDI 的概念概括为：EDI 是参加商业运作的双方或多方按照协议，对具有一定结构的标准商业信息，通过数据通信网络，在参与双方或多方计算机之间进行的传输和自动处理。它是一种在企业之间传输订单、发票等作业文件的电子化手段。它通过计算机通信网络将贸易、运输、保险、银行和海关等行业信息，用一种国际公认的标准格式，在各有关部门或企业之间进行数据交换与处理，并完成以贸易为中心的全部处理过程。

二、EDI 系统的操作过程

当今世界通用的 EDI 通信网络，是建立在 MHS 数据通信平台上的信箱系统，其通信机制是信箱间信息的存储和转发。具体实现方法是在数据通信网上加挂大容量信息处理计算机，在计算机上建立信箱系统，通信双方需申请各自的信箱，其通信过程就是把文件传到对方的信箱中。文件交换由计算机自动完成，在发送文件时，用户只需进入自己的信箱系统即可。EDI 通信流程如图 3-3 所示。

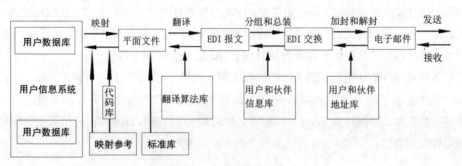

图 3-3　EDI 通信流程图

1. 映射（Mapping）——生成 EDI 平面文件

用户的 EDI 系统将用户的应用文件（如单证、票据等）或数据库中的数据取出，转换成一种标准的中间文件，这一过程被称为映射，也就是格式转换。平面文件是用户通过应用系统直接编辑、修改和操作的单证和票据文件，它可直接被阅读、显示和打印输出。

2. 翻译（Translation）——生成 EDI 标准格式文件

这个过程是将平面文件通过翻译软件生成 EDI 标准格式文件。EDI 标准格式文件就是所谓的 EDI 电子单证，或电子票据。它是 EDI 用户之间进行贸易和业务往来的依据。EDI 标准格式文件是一种只有计算机才能阅读的 ASCII 文件。它是按照 EDI 数据交换标准（即 EDI 标准）的要求，将单证文件（平面文件）中的目录项加上特定的分隔符、控制符和其他信息，生成的一种包括控制符、代码和单证信息在内的 ASCII 码文件。

3. 通信

这一步由计算机通信软件完成。用户通过通信网络，接入 EDI 信箱系统，将 EDI 电子单证投递到对方的信箱中。EDI 信箱系统则自动完成投递和转接，并按照 X.400（或 X.435）通信协议的要求，为电子单证加上信封、信头、信尾、投送地址、安全要求及其他辅助信息。

4. EDI 文件的接收和处理

接收和处理过程是发送过程的逆过程。首先接收用户通过通信网络接入 EDI 信箱系统，打开自己的信箱，将来函接收到自己的计算机中，然后系统经格式校验、翻译、映射将其还原成应用文件，最后用户对应用文件进行编辑、处理和回复。

在实际操作过程中，EDI 系统为用户提供的 EDI 应用软件包包括应用系统、映射、翻译、格式校验和通信链接等全部功能。

三、EDI 与电子商务的关系

EDI 与电子商务是两个不同范畴的概念。EDI 是一种技术、方法或手段，而电子商务则是一种广泛意义上的商务活动。电子商务实质上包含了 EDI，而 EDI 是现代电子商务的前身和雏形，是电子商务的组成部分，是企业对企业电子商务的基础，是实施电子商务的一种技术手段。

从技术的角度来看，EDI 是建立在一定数量企业间专用的增值网上的一种贸易方式；而电子商务则是建立在 Internet、Intranet 及 Extranet 等网络基础上的一种贸易方式。

EDI 注重数据结构的标准化，目的是实现业务过程的自动化，减少手工劳动，降低成本，提高效率，尤其适用于减少交易循环中的重复工作；而电子商务则注重经济活动的电子化、网络化，目的是解除传统经济活动中时间、空间对人们的限制，减少不必要的中间环节，以促进经济活动的开展，它适合于所有的业务活动。

从应用领域和应用角度来看，EDI 一般发生在企业与企业之间，主要应用于那些具有合作基础的贸易伙伴之间；而电子商务则涉及更广阔的领域。

但电子商务和 EDI 又是相辅相成的。新兴的基于 Internet 的电子商务有效地解决了传统 EDI 的成本高、使用者少等问题，将商务应用的电子化推向了一个新的阶段。而 EDI 的应用势头同样有增无减，随着 Internet 的发展，EDI 必将突破原有增值网的限制，向 Internet 发展。EDI 不会因电子商务的出现而消亡，相反它必将随着电子商务的发展而得到更加广泛的应用。同时，EDI 的发展将对电子商务的发展起到规范和推动作用，基于 Internet 的 EDI 技术应用已成为电子商务的一个重要组成部分。

四、智能信息处理技术

一般来说，智能信息处理可以被划分为两大类：一类为基于传统计算机的智能信息处理，另一类为基于神经计算的智能信息处理。基于传统计算机的智能信息处理系统包括智能仪器系统、自动跟踪监测仪器系统、自动控制制导系统、自动故障诊断系统等。在人工智能系统中，它们能模仿或代替与人的思维有关的功能，通过逻辑符号处理系统的推理规则来实现自动诊断、问题求解及专家系统的智能化。这种智能化实际上体现了人类的逻辑思维方式，主要应用于串行工作程序按照一些推理规则一步一步进行计算和操作。

本书所指的智能信息处理技术主要是指支持商务智能（Business Intelligent，BI）的有关技术，如数据挖掘（DM）、数据库中的知识发现（KDD）、智能代理和智能信息检索技术等。

这里以智能代理为例，智能代理在许多领域都有重要的应用。

1. 信息服务

信息服务是用户接触网络环境的重要前提，如今，网络上的信息量非常巨大，信息内容非常庞杂，进一步提高信息服务的质量，解决目前信息服务中存在的"信息过载"和"资源迷向"的问题，是信息服务行业所面临的紧迫任务，智能代理正好可以满足这方面的需要，用于信息服务的智能代理可以实现以下功能。

（1）导航，引导用户找到所需要的资源。

（2）释疑，为用户解答与网络信息资源有关的问题。

（3）过滤，根据用户的要求，从网上大量的信息中筛选符合条件的信息，以不同级别（全文、详细摘要、标题）呈现给用户。

（4）整理，有效地帮助用户把已经下载的信息分门别类地组织起来。

（5）发现，从大量的公共原始数据（如股票行情）中筛选和提炼有价值的信息，向用户发布。

这些都是使信息服务走向个性化和提高主动性服务不可缺少的功能。目前在信息服务方面已经有了一些能够使用的系统，但智能化的程度还远远不够，而且主动有余、过滤不足，已经造成一些负面影响，尽快发展更先进的人工智能技术已成为非常迫切的需求。

2. 系统与网络管理

计算机系统本身也需要管理。尽管系统管理目前还有不少复杂工作需要由经验丰富的系统管理员完成，但系统管理的整体发展日趋简单，其中有很大一部分手工工作已被计算机代替。系统管理的界面变得更加友好，在系统本身的复杂性不断提高的情况下，驾驭系统资源的复杂性反而在不断降低，代管系统的自主性也在逐步提高。在网络管理方面，随着客户机/服务器计算成为主流，完成固定功能的代理已经产生并投入使用。许多网管系统中都有代理功能，代理分布在不同设备上监视设备运行状态，并随时向主机报告。但是，目前这些从事部分系统/网络管理的代理还不能被称为智能代理，因为它们的智能化程度还不高。另外，普通用户可能也会有为系统和网络设定常规服务、向系统或网络预约特殊服务的需要，智能代理是满足用户这些需求的非常合适的方式。

3. 协同工作

现在，正在兴起把 Internet 引入企业、在大企业内部建立 Internet 的热潮。网络改变了人们的工作方式、企业和组织机构的运作方式，企业已经可以把一些具有信息属性的、可以电子化的过程在网络计算环境下实现。在这样的大目标下，企业机构的相当一部分管理职能，完全可以由网络上自主工作的一组智能代理来协同实现。许多工作（如设计、写作、数据操纵、软件开发等）在电子化后就可以通过智能代理的协调实现协同工作。"虚拟企业""虚拟车间""电子秘书""虚拟协同工作平台"等新鲜事物已经或正在网上出现。

4. 远程教育

远程教育是促进教育机会均等的重要手段，在网络环境下，可以调动多种教学手段，包括讲解、演示、练习、实验和考试等。其中，练习和实验是智能代理大有作为的地方。智能代理可以作为虚拟的教师、虚拟的学习伙伴、虚拟的实验室设备、虚拟的图书管理员等出现在远程教育中，这增加了教学内容的趣味性和人性化色彩，改善了教学效果。单击系统中各种软件的"帮助"项也可以设计出一个人性化的角色，该角色以比较生动的方式引导用户使用。

5. 娱乐

在网络娱乐系统中引入智能代理，可以增强娱乐效果，这是娱乐系统发展的一个方向。目前智能代理在娱乐方面可以实现以下几个方面的功能。

（1）个性化的节目点播服务。

（2）游戏和虚拟现实中更加人性化的机器角色的设计，如决策的智能化（战争和经济活动）、动作的人性化（体育比赛）和自然语言对话。

（3）网络社交场合中用来招徕用户或以假乱真的机器对话角色的设计。

6．电子商务

智能代理在电子商务领域的应用十分广泛，几乎贯穿了电子商务的全过程。智能代理可以帮助用户获取大量的有用信息。

企业可以通过智能代理收集所需信息，帮助企业进行产品开发决策；还可以通过智能代理找到合适的材料供应商或合适的产品买主，以求降低成本、提高效益。

对于客户来说，由于网上的商品众多，在网上找到合适的商品很困难，但智能代理系统可以帮助客户在网上查找所需的商品。基于智能代理的电子商务平台不仅能够分析现有的市场条件，并且还能对行业产品、客户爱好等做出预测。因此，智能代理对客户和企业双方都具有相当的诱惑力。

思考与实践

一、复习思考题

1．计算机网络是如何分类的？其功能有哪些？

2．计算机局域网和广域网的特点是什么？

3．局域网有哪几种常见的控制方式？简述其控制原理。

4．简述 Web 客户端技术及其服务器端技术。

二、实践题

组建一个局域网，并在局域网内设置共享文件和打印机。

04 第四章
网络营销

知识目标

1. 了解网络营销的定义、特点和职能；
2. 掌握网络调研的方法与内容；
3. 掌握并应用网络营销的方法与工具。

能力目标

1. 能够帮助企业策划并实施网络营销活动；
2. 能够培养团队合作意识，解决市场调研中的实际问题；
3. 能够运用新营销方式进行网络营销。

引导案例

韩都衣舍电商集团创立于 2006 年，是中国最大的互联网品牌生态运营集团之一。凭借"款式多，更新快，性价比高"的产品理念，韩都衣舍深受全国顾客的喜爱和信赖。

韩都衣舍作为中国最大的互联网时尚品牌运营集团，自 2012 年确立多品牌运营战略以来，相继推出了针对女装、男装、童装、中老年服装等不同类目的品牌。截至 2015 年 3 月，集团旗下拥有 70 个自有品牌（包括已孵化出及正在孵化的品牌），集团正向着基于互联网的时尚品牌孵化平台的目标不断迈进。韩都衣舍年销售额从 2008 年的 130 万元，发展至 2017 年的近 18 亿元，并于 2016 年 7 月获批成为互联网服饰品牌第一股。

在 2014 年之前，韩都衣舍就已经有了一定的知名度，但美誉度和品牌力量还不够，急需事件营销扩大品牌声誉。基于这个方向，韩都衣舍在 2014 年和某韩国名人合作，极大地推动了品牌销售并提高了声誉。

韩都衣舍整个 2014 年度的品牌营销主线应该算是 Star VC 营销。在 Star VC 通过逻辑思维发布了进入投资圈的信息后，韩都衣舍积极与国内名人任泉和李冰冰沟通，使其减少品牌距离感，认可韩都衣舍，促成双方合作。

2014 年 7 月 15 日合作谈拢之后，韩都衣舍就开始着力传播。因为事件内容本身有爆点，所以公关团队没有做太多颠覆性动作，而是联系国内比较有名的电商自媒体进行传播。另外，韩都衣舍也让名人录了一些祝福视频，通过品牌所能联系到的所有渠道进行低成本推送。

因为韩都衣舍是 Star VC 投资的第一个项目，名人不仅是代言人，更是投资者。因此消息公布后，大多数媒体都给予头条报道。在微博、微信、自媒体渠道，黄晓明、李冰冰与韩都衣舍及粉丝们进行互动。在 2014 年"双十一"之前，也就是 9 月 25 日公布签约起至"双十一"，韩都衣舍主打 Star VC 三位名人入股韩都衣舍，这产生了极强的明人效应，在 2014 年"双十一"活动开启的第 1 分钟，韩都衣舍的销售额为 1 000 万元，第 6 分钟破 2 000 万元，第 10 分钟破 3 000 万元，第 50 分钟实现破亿元，实现单天日销售额 2.79 亿元，拿下天猫女装品类冠军。

思考题：

1. 韩都衣舍是通过什么途径进行销售的？
2. 韩都衣舍在网络营销过程中主要运用了哪些手段促进销售？

第一节　网络营销概述

一、网络营销的含义

1. 网络营销的概念

网络营销是基于互联网和社会关系网络连接企业、用户及公众，向用户与公众传递有价值的信息和服务，为实现顾客价值及企业营销目标所进行的规划、实施及运营管理活动。网络营销不是网上销售，不等于网站推广，网络营销是手段而不是目的，它不局限于网上，也不等于电子商务，它不是孤立存在的，不能脱离一般营销环境而存在，它应该被看作是传统营销理论在互联网环境中的应用和发展。

广义来说，企业利用一切网络进行的营销活动都可以被称为网络营销。

狭义来说，凡是以互联网为主要营销手段，为达到一定营销目标而开展的营销活动，都为网络营销。

2. 网络营销与电子商务的关系

网络营销不等于电子商务，但是两者之间又密切相关。

电子商务描述的是一种商务模式、一类商务行为、一组应用技术；网络营销描述的是一组营销行为，它可以是为电子商务类企业服务的，也可以是为其他任何类型的企业服务的，它的本质是"将互联网人群当作营销对象，将互联网的各种功能当作工具，将互联网的传播特征和互联网人群的行为特征作为制定策略的依据所进行的营销行为"。

所以，开展网络营销不一定等于一定实现了电子商务，网络营销本身不是一个完整的商业交易过程，而是为了促成交易而提供的支持，因此是电子商务的一个重要环节，但是电子商务一定是以开展网络营销为前提的。网络营销是电子商务的重要组成部分。

二、网络营销的特点

随着互联网技术发展的渐趋成熟，以及联网成本的愈加低廉，互联网络像"万能胶"一样将企业、团体、组织以及个人跨时空联结在一起，使他们之间的信息交换变得易如反掌。市场营销中最重要也最本质的要素是组织和个人之间的信息传播和交换，如果没有信息交换，交易也就是无水之源。网络营销受到企业和营销人员的重视，是因为其具备如下特点。

1. 传播的超时空性

营销的最终目的是占有市场份额，由于互联网能够不受时间约束和空间限制进行信息交换，使得营销脱离时空限制进行交易变成可能，企业有了更多时间和更大的空间进行网络营销，可每周 7 天、每天 24 小时，随时随地地提供全球性的营销服务。

2. 交互的便捷性

互联网通过展示商品图像，商品信息资料库通过提供有关的查询服务，来实现供需互动与双向沟通。此外，互联网还可以进行产品测试与顾客满意度调查等活动。互联网为产品联合设计、商品信息发布以及各项技术服务提供了最佳的支持。

3. 个性化

互联网上的促销是"一对一"的、理性的、由顾客主导的、非强迫性的、循序渐进式的，而且是一种低成本与人性化的促销，避免了推销员强行推销给消费者造成的困扰，并通过网络提供交互式交谈服务，可与顾客建立长期良好的关系。

4. 成长性

互联网使用者的数量增长非常迅速，且使用者遍及全球，他们多为年轻且文化水平较高的中产阶级，由于这个群体购买力强而且具有很强市场影响力，因此互联网是一条极具开发潜力的市场渠道。

5. 整合性

互联网上的营销从商品信息发布开始到售后服务结束，是一条完整的营销链条。在网络营销过程中，企业可以借助互联网对不同的传播营销活动进行统一设计规划和协调实施管理，以统一的传播咨询向顾客传达信息，避免因传播中不一致而产生消极影响。

6. 超前性

互联网是功能强大的营销工具，它同时兼具渠道、促销、电子交易、互动、顾客服务以及市场信息分析与提供等多种功能。它所具备的"一对一"营销能力，非常符合定制营销与直复营销的未来趋势。

7．高效性

互联网可储存大量的信息供顾客查询，可传送信息的数量与精确度远超过其他媒体，并能因市场需求，及时更新产品或调整价格，因此能及时有效地了解并满足消费者的需求。

8．经济性

通过互联网进行信息交换，代替以前的实物交换，一方面可以减少印刷与邮递成本，可以无店面销售，免交租金，节约水电与人工成本，另一方面可以减少由于迂回多次交换而带来的损耗。

网络营销作为一种全新的营销理念，具有很强的实践性，它的发展速度是前所未有的。虽然现在很多公司上网淘金，大多数公司还未见收益，甚至出现亏损，但没有一家公司愿意放弃。因为人们知道 21 世纪是信息世纪、网络世纪，营销也必将是信息化与网络化的。只有加大投入的力度，搞好网络营销的基础设施建设，以积极的态度、饱满的热情投身其中，才能在竞争激烈的市场中争得一席之地。

三、网络营销的职能

网络营销到底能发挥什么作用，网络营销工作包含哪些内容，对这些问题人们在认识上有很大的差异。在 2002 年之前，说起网络营销，很多人以为网络营销就是网站建设，或者是开个网上书店之类的事情，现在，随着以搜索引擎营销为代表的网络营销服务市场的发展，人们对网络营销的理解又增加了新的内容。我们可以将冯英健博士对网络营销内容和作用的概括，作为实践导向的网络营销内容体系，它们对于网络销售具有重要的指导意义。他认为，网络营销的职能可以被总结为八个方面：网络品牌、网站推广、信息发布、销售促进、销售渠道、顾客服务、顾客关系和网上调研。下面是八项职能的详细解释。

1．网络品牌

网络营销的重要任务之一是在互联网上建立并推广企业的品牌，以及让企业在网下的品牌在网上得以延伸和拓展。网络营销为企业利用互联网建立品牌形象提供了有利的条件，无论是大型企业还是中小企业都可以用适合自己企业的方式展现品牌形象。网络品牌建设是以企业网站建设为基础的，通过一系列的推广措施，达到顾客和公众对企业认知和认可的目的。网络品牌价值是网络营销效果的表现形式之一，网络品牌的价值转化可以帮助企业维持持久的顾客关系，创造更多的直接收益。

2．网站推广

获得必要的访问量是网络营销取得成效的基础，尤其对于中小企业更是如此。中小企业由于经营资源的限制，发布新闻、投放广告、开展大规模促销活动等宣传的机会比较少，因此通过互联网手段进行网站推广显得更为重要，这也是中小企业对网络营销更为热衷的主要原因。即使对大型企业，网站推广也是非常必要的，事实上许多大型企业虽然有较高的知名度，但网站访问量不高。因此，网站推广是网络营销最基本的职能之一，是网络营销的基础工作。

3．信息发布

网络营销的基本思想就是通过各种互联网手段，将企业营销信息以高效的手段向目标用户、合作伙伴、公众等群体传递，因此信息发布就成了网络营销的基本职能之一。互联网为企业发布信息创造了优越的条件，利用互联网，企业不仅可以将信息发布在企业网站上，还可以利用各种网络营销工具和网络服务商的信息发布渠道在更大的范围内传播信息。

4．销售促进

市场营销的基本目的是为促进销售提供支持，网络营销也不例外。各种网络营销方法大都具有直接或间接促进销售的效果，同时还有许多有针对性的网上促销手段，这些促销手段并不限于对网上销售的支持，事实上，网络营销对促进网下销售同样很有价值，这也就是为什么没有开展网上销售业务的企业有必要开展网络营销的原因。

5．销售渠道

网上销售是企业销售渠道在网上的延伸，一个具备网上交易功能的企业网站本身就是一个网上交易场所。网上销售渠道建设并不限于企业网站本身，还包括建立在专业电子商务平台上的网上商店，以及与其他电子商务网站不同形式的合作等，因此网上销售并不仅仅是大型企业才能开展的，不同规模的企业都有可能拥有适合自己需要的在线销售渠道。

6．顾客服务

互联网提供了更加方便的在线顾客服务手段，从形式最简单的 FAQ（常见问题解答），到电子邮件、邮件列表，以及在线论坛和各种即时信息服务等，在线顾客服务具有成本低、效率高的优点，在提高顾客服务水平方面具有非常重要的作用，同时也直接影响网络营销的效果，因此在线顾客服务已成为网络营销的基本组成内容。

7．顾客关系

顾客关系对于开发顾客的长期价值具有至关重要的作用，以顾客关系为核心的营销策略成了企业创造和保持竞争优势的重要策略，网络营销为企业建立顾客关系、提高顾客满意和顾客忠诚度提供了非常有效的方法。通过网络营销的交互性和良好的顾客服务手段增进顾客关系成了网络营销取得长期效果的必要条件。

8．网上调研

网上市场调研具有调查周期短、成本低的特点，网上调研不仅为制定网络营销策略提供支持，也是整个市场研究活动的辅助手段之一，合理利用网上市场调研手段对于制定市场营销策略具有重要价值。网上市场调研与网络营销的其他职能处于同等地位，网上市场调研既可以依靠其他职能的支持而开展，同时也可以相对独立地进行，网上调研的结果反过来又可以为其他职能更好地发挥作用提供支持。

网络营销的各个职能之间并非是相互独立的，而是相互联系、相互促进的，网络营销取得的最终成果是各项职能共同作用的结果。网络营销的职能是通过各种网络营销方法来实现的，同一项职能可能需要多种网络营销方法的共同作用，而同一种网络营销方法也可能适用于多项网络营销职能。网络营销的八项职能也说明，开展网络营销需要用全面的观点，充分协调和发挥各种职能的作用，让网络营销的整体效益最大化。

 # 第二节　网络市场调研

一、网络市场调研的含义

1. 网络市场调研的概念

网络市场调研是指企业通过互联网系统有效地进行营销信息的收集、整理、分析和研究的营销活动。企业通过详细的网络市场调研，提出问题并找到解决的方法，为企业制订产品计划和营销目标、决定分销渠道、制定营销价格、采取促进销售的策略和检查经营成果提供科学依据；在营销决策的贯彻执行中，网络市场调研为调整计划提供依据，起到检验和矫正的作用。

和传统市场调研方式一样，网络市场调研也有两种分类，一种是网络直接市场调研，就是在网上直接收集一手资料，如在互联网上直接进行问卷调研、E-mail 调研等；另一种是网络间接市场调研，就是在网上间接收集二手资料，如在不同网站上查找已有的各种资料与数据等。

2. 网络市场调研的优势

和传统市场调研相比，网络市场调研充分利用互联网的开放性、自由性、平等性、广泛性和直接性，具有传统市场调研所不具备的特点和优势。

（1）网络调研信息收集的广泛性。互联网是没有时空、地域限制的，这与受区域制约的调研方式有很大不同。如果我们利用传统方式在全国范围内进行市场调研，就需要各个区域代理的配合，而在互联网中的调研活动却相当方便。

（2）网络调研方式的便捷性和经济性。在网络上进行市场调研，无论是调研者或被调研者，只需拥有一台能上网的计算机就可以进行。调研者在企业站点上发出电子调研问卷，提供相关的信息，或者及时修改、充实相关信息，被调研者只需在计算机前按照自己的意愿单击鼠标或填写问卷，之后调研者利用计算机对被调查者反馈回来的信息进行整理和分析即可，这种调研方式十分便捷。同时，网络调研非常经济，它可以节约传统调研中大量的人力、物力、财力和时间，省却了印刷调研问卷、派访问员进行访问、电话访问、留置问卷等工作；网络调研也不会受到天气、交通、工作时间等因素的影响；调研过程中最繁重、关键的信息收集和录入工作也将被分派到众多网上用户的终端上完成；信息检验和信息处理工作均由计算机自动完成。所以网络调研更经济、便捷。

（3）网络调研过程的交互性和充分性。网络的最大优势是具有交互性。这种交互性也充分体现在网络市场调研中。网络市场调研在某种程度上具有人员面访的优点，在网上调研时，被调研者可以及时就问卷相关的问题提出自己的看法和建议，这可减少因问卷设计不合理而导致调研结论出现偏差等问题。在传统调研中，顾客一般只能针对现有产品提出建议或表达不满，而对尚处于概念阶段的产品则难以涉足，而在网络调研中，顾客则有机会对从产品设计到定价和服务等一系列问题发表意见。这种双向互动的信息沟通方式提高了顾客的参与性和积极性，更重要的是能使企业的营销决策做到有的放矢，从而从根本上提高顾客的满意度。同时，网络调研又具有留置问卷或邮寄问卷的优点，被调研者有充分的时间进行思考，可以自由地在网上发表自己的看法。以上这些优点，都是网络调研的交互性和充分性的表现。

（4）网络调研信息的及时性和共享性。由于网络的传输速度非常快，网络信息能够快速地被传送到连接上网的任何网络用户，而且网上投票信息经过统计分析软件初步处理后，企业就可以看到阶段性结果。而传统的市场调研得出结论需经过很长的一段时间。同时，网上调研是开放的，任何网民都可以参加投票和查看结果，这又保证了网络调研的共享性。由于企业网络站点的访问者一般都对企业产品有一定的兴趣，他们一般都是对企业市场调研的内容作了认真的思考之后再进行回复的，而不像参与传统的调研是为了抽号中奖而被动地回答，所以网络市场调研的结果是比较客观和真实的，能够反映顾客的真实需求和市场发展的趋势。

二、网络直接市场调研

1. 网络直接市场调研方式

根据调研的途径不同，网络直接市场调研的方式分为以下五种。

（1）利用自己的网站。网站本身就是宣传媒体，如果企业网站已经拥有固定的访问者，那么企业完全可以利用自己的网站开展网络调研。这种方式要求企业网站必须有调研分析的功能，对企业的技术要求比较高，这种方式可以充分发挥网站的作用。

（2）借用别人的网站。如果企业自己的网站还没有建好，则可以利用别人的网站进行调研，其中包括从访问者众多的网络服务提供商（ICP）获取信息或直接查询需要的信息。这种方式比较简单，企业不需要建设网站和进行技术准备，但必须支付一定费用。

（3）混合型。如果企业的网站已经建设好但还没有固定的访问者，则可以在自己的网站上进行调研，并同时与其他一些著名的 ISP/ICP 网站建立广告链接，以吸引访问者参与调研。这种方式是目前常用的方式。调研表明，传统的优势品牌不一定是网络的优势品牌，它需要在网络重新发布广告吸引顾客访问网站。

（4）E-mail 型，即企业直接向潜在客户发送调研问卷。这种方式比较简单、直接，而且费用非常低廉，但要求企业必须积累有效的客户 E-mail 地址，而且顾客的反馈率一般不会很高。采取该方式时要注意是否会引起被调研对象的反感，最好能提供一些奖品作为对被调研对象的补偿。

（5）BBS 型。在相应的 BBS 中发布问卷信息，或者发布调研题目，这种方式与 E-mail 型一样，成本费用比较低廉而且是主动型的。在 BBS 上发布信息时，要注意网络行为规范，调研的内容应与讨论组主题相关，否则可能会引起调研对象的反感甚至抗议。

2. 网络直接市场调研的具体方法

网络直接市场调研是企业主动利用互联网获取信息的重要手段。与传统调研类似，网络直接市场调研必须遵循一定的方法和步骤。

（1）确定网络直接调研目标。互联网作为企业与顾客有效的沟通渠道，可以使企业直接与顾客进行充分的沟通交流，了解企业的产品和服务是否满足顾客的需求，同时了解顾客对企业潜在的期望和改进的建议。在确定网络直接调研目标时，企业需要考虑的是被调研对象是否上网，网民中是否存在被调研群体，规模有多大。只有网民中的有效调研对象足够多时，网络调研才可能得出有效结论。

（2）确定调研方法和设计问卷。网络直接调研的方法主要是问卷调研法，设计网络调研问卷是网络直接调研的关键。由于互联网的交互性特点，网络调研的调研问卷可以采用分层设计。这种方式适合过滤型的调研活动，因为有些特定问题只限于一部分被调研者，所以可以借助层次的过滤寻找适合的被调研者。

（3）选择调研方式。企业进行网络直接调研时采取较多的方法是被动调研方法，即将调研问卷放到网站上等待被调研对象自行访问和接受调研。采用这种调研方式，吸引访问者参与调研是关键。为提高受众参与的积极性，企业可提供免费礼品、调研报告等。另外，必须向被调研者承诺并且做到其个人隐私不会被泄露和传播。

（4）分析调研结果。分析调研结果是市场调研能否发挥作用的关键，它与传统调研的结果分析类似，也要尽量排除不合格的问卷，这就需要企业对大量回收的问卷进行综合分析和论证。

（5）撰写调研报告。撰写调研报告是网络调研成果的体现。撰写调研报告主要是在分析调研结果的基础上，对调研的数据和结论进行系统的说明，并对有关结论进行探讨性的说明。

（6）答谢被调研者。给予被调研者适当的奖励和答谢对于网上调研来说是十分必要的，这既有利于调动网上用户参与网上调研的积极性，又可以弥补因接受调研而附加到被调研者身上的费用（如网络使用费、市内电话费等）。企业可以采取抽奖的方法，来答谢被调研者，不过应注意中奖人数和奖品价值要与调研内容和企业规模相适应。另外，企业也可以在调研报告后面致谢，或以向被调研者免费发送完整调研报告的形式来鼓励用户填写调研报告。

三、网络间接市场调研

1. 网络间接市场调研的方式

二手资料的来源有很多，如政府出版物、公共图书馆、大学图书馆、贸易协会、市场调研公司、广告代理公司和媒体、专业团体、企业情报室等。许多单位和机构都已在互联网上建立了自己的网站，各种各样的信息都可通过访问其网站获得。再加上众多综合型 ICP（互联网内容提供商）、专业型 ICP 以及成千上万个搜索引擎网站，使得互联网上的二手资料的收集非常方便。

互联网上虽有海量的二手资料，但要找到自己需要的信息并不轻松。首先，必须熟悉搜索引擎（Search Engine）的使用；其次，要掌握专题型网络信息资源的分布情况。网上查找资料主要通过三种方法：利用搜索引擎；访问相关网站，如各种专题性或综合性网站；利用相关的网上数据库。

（1）利用搜索引擎查找资料。搜索引擎使用自动索引软件来发现、收集并标识网页，建立数据库，以网页形式给用户提供一个检索界面，供用户以关键词、词组或短语等检索项查询与提问匹配的记录，搜索引擎已成为网络上功能最突出的应用。

（2）访问相关网站收集资料。如果知道某一专题的信息主要集中在哪些网站，就可直接访问这些网站，获得所需的资料。

（3）利用相关的网上数据库查找资料。网上数据库有付费和免费两种。在国外，市场调研用的数据库一般都是付费的。我国的数据库业近十年来有较大的发展，近几年也出现了几个 Web 版的数据库，但它们都是文献信息型的数据库。

2．网络间接市场调研的具体方法

网络间接市场调研的具体方法有以下几种。

（1）收集竞争者信息。收集互联网上竞争者信息的途径主要有以下几个：访问竞争者的网站；收集竞争者在网上发布的信息；从其他网上媒体获取竞争者信息；从有关社群和 BBS 中获取竞争者信息等。

市场领导者可选择网络的各种信息传播途径，如网站或参与 BBS 论坛讨论，以发现潜在威胁者和最新竞争动态，然后有针对性地访问其挑战者的网站，了解其发展状况，以做好应战准备；挑战追随者主要是选择访问领导者的网站和扮作领导者的顾客来收集其信息，同时以一些公众性的网上媒体为辅助；补充者可能限于资金等因素，主要通过访问竞争者网站了解竞争动态。

例如，卓越亚马逊网站收集竞争对象当当网信息的方法是，登录当当的网站，了解其商品种类、价格水平、服务方式等信息。

（2）收集市场行情信息。企业收集市场行情信息，主要是收集产品价格变动、供求变化方面的信息。目前互联网上建有许多信息网，具体如下。

① 实时行情信息网。如东方财富网提供的是中国股市的实时行情信息。

② 专业产品商情信息网。如太平洋电脑网提供的是与计算机相关的硬件设备及部分 IT 产品的报价信息。

③ 综合类信息网。如淘宝网提供各种商品的零售价格信息。

（3）收集顾客信息。了解顾客偏好也就是收集顾客的个性特征，如地址、年龄、E-mail、职业等，为企业细分市场和寻求市场机会提供依据。企业可以登录提供顾客信息统计的网站，收集二手资料。二手资料的收集相对于一手资料的收集更加快捷，成本也更加低廉，如艾瑞咨询集团提供很多顾客信息的统计数据。

此外，企业可以在已经统计过的访问者计算机上放置 Cookie，记录访问者的编号和个性特征，这样既可以让访问者下次接受调研时无须填写重复信息，也可以减少对同一访问者的重复调研；企业也可以采用奖励或赠送的办法，吸引访问者登记和填写个人情况表，以获取访问者个性特征。必须注意的是，企业在收集访问者敏感信息时，应注意适度原则，避免收到虚假信息。

（4）收集市场环境信息。企业仅仅了解一些与其紧密关联的信息是不够的，特别是在做重大决策时，还必须了解一些政治、法律、文化、地理环境等宏观和微观环境的信息，这有助于企业从全局高度综合考虑市场变化因素，寻求市场商机。对于政治信息、经济信息，企业可以从一些政府、国际组织的网站中查找，如国家统计局的官方网站提供很多宏观环境的数据。

第三节　网络营销常用的工具和方法

网络营销职能的实现需要通过一种或多种网络营销手段，网络营销的工具也是随着互联网技术和应用的发展而不断发展的，随着人们掌握的网络营销技术越来越多，网络营销的工具也变得越来越多。常用的网络营销工具有企业网站、搜索引擎、电子邮件、网络广告、社交软件、社区论坛、H5 页面等。下面介绍几种常用的网络营销方法。

一、企业网站营销

在所有的网络营销工具中，企业网站是最基本、最重要的一个。没有企业网站，许多网络营销方法将无用武之地。企业网站一般具有下列一个或者多个作用。

（1）通过网站的形式向公众传递企业的品牌形象、企业文化等基本信息。

（2）发布企业新闻、供求信息、人才招聘信息等。

（3）向供应商、分销商、合作伙伴、直接用户等提供某种信息和服务。

（4）网上展示、推广、销售产品，如 GG 可视商务系统。

（5）收集市场信息和注册用户信息。

（6）发布其他具有营销目的或营销效果的内容。

从网络营销的信息来源和传递渠道来看，企业网站内容是网络营销信息源的基础，因此企业网站建设是网络营销的重要部分。

二、搜索引擎营销

搜索引擎营销（Search Engine Marketing，SEM）就是根据用户使用搜索引擎的方式，利用用户检索信息的机会尽可能将营销信息传递给目标用户。简单来说，搜索引擎营销就是基于搜索引擎平台的网络营销，利用人们对搜索引擎的依赖和使用，在人们检索信息的时候将信息传递给目标用户。

互联网具有很强的开放性和包容性，它的信息量是非常庞大的。用户要在这庞大的信息量中找到对自己有意义、有价值的信息，就需要依靠搜索引擎。因此，企业通过掌握搜索引擎的工作原理，让用户更便捷地发现企业信息，并通过单击进入网页，进一步了解所需要的信息，这也是搜索引擎营销的基本思想。

搜索引擎营销是目前最主要的网站推广营销手段之一，尤其是基于自然搜索结果的搜索引擎推广，因为是免费的，因此受到众多中小网站的重视。搜索引擎营销主要方法包括：自然排名搜索引擎优化、竞价排名、知识类问答营销推广等。

1. 自然排名搜索引擎优化

自然排名搜索引擎优化（Organic Search Engine Optimization，OSEO）就是通过对网站栏目结构和网站上的内容等基本要素的优化设计，提高网站对搜索引擎的友好性，使网站中尽可能多的网页被搜索引擎收录，并且在搜索引擎自然检索结果中获得好的排名，从而使企业网站通过搜索引擎的自然检索获得尽可能多的潜在用户。搜索引擎优化是如今最重要的搜索引擎营销模式之一。一些没有专门进行搜索引擎优化的网站，网站的要素也可能符合搜索引擎的收录要求，因而也可能通过搜索引擎获得一定的访问量，这也属于搜索引擎优化推广的范畴，这属于自然适应性优化。但是，只有通过系统的网站优化才可以获得长期的效果。

2. 竞价排名

竞价排名是指利用搜索引擎如百度、Google 等提供的竞价排名这类广告服务，将内容广告在搜索结果中通过关键词搜索显现出来。由于关键词广告信息出现在搜索结果页面的显著位置且与用户搜索的内容有一定的相关性，因而比较容易引起用户的关注和点击，这是快速提高搜索引擎可见度的有效方式。它通常按照关键词竞价高低获得广告位，然后按用户点击量付费。如果没有被用户点击则不需要付费，属于按效果付费的方式，可以最低成本获得最大效益。

3. 知识类问答营销推广

问答营销推广，顾名思义主要包括两大部分"问"和"答"，是一种以提问题和回答问题的形式进行在线互动的搜索平台。当用户碰到一些不懂的领域的问题（如新产品）或疑难问题时，会习惯性地在互联网上寻找第三方口碑推荐，且不自觉地影响自身的判断。因此，问答推广对企业互联网的营销、企业形象建设、品牌建设、产品推广等都有促进作用。

问答推广通常会选择一些网站的关键词，将其编辑成简短软文去回答别人的问题；或者自己提出一个相关的问题，然后自问自答，并将其采纳为最佳答案。目前国内大的问答平台有：百度知道、搜搜问问、360 问答、天涯问答、知乎等，还有一些行业网站，如健康 139 等。

三、电子邮件（E-mail）营销

E-mail 营销是互联网上出现的最早的商业活动。尽管最初的电子邮件营销在现今看来是制造垃圾邮件，但当初对互联网的冲击及启示，都是革命性的。

电子邮件营销（E-mail Direct Marketing）是指在用户事先许可的前提下，通过电子邮件的方式向目标用户传递有价值信息的一种网络营销手段，也被称为许可 E-mail 营销。如果所发送的邮件没有经过用户许可，或电子邮件的内容对用户无任何价值，则为垃圾邮件。

1. E-mail 营销的步骤

营销专家赛斯·高汀（Seth Godin）认为，实现许可 E-mail 营销有五个基本步骤。他把从吸引顾客的注意到许可形象地比喻为约会，从陌生人到朋友，再到终生用户。

第一，要让潜在顾客有兴趣并感觉到可以获得某些价值或服务，从而加深印象，并提高关注度，使其认为值得按照营销人员的期望，自愿加入许可的行列中去。

第二，当潜在顾客投入注意力之后，应该利用潜在顾客的注意，如可以为潜在顾客提供一套演示资料或者教程，让其充分了解公司的产品或服务。

第三，继续提供激励措施，以保证将潜在顾客维持在许可名单中。

第四，为顾客提供更多的激励从而获得更大范围的许可，如给予会员更多的优惠或者邀请会员参与调查，提供更加个性化的服务等。

第五，经过一段时间之后，营销人员可以利用获得的许可改变顾客的行为，也就是让潜在顾客变为真正的顾客。如何将顾客变成忠诚顾客甚至终生顾客，仍然是营销人员工作的重要内容，在这方面许可营销将继续发挥其独特的作用。

2. 邮件列表

开展 E-mail 营销的基础之一是拥有潜在用户的 E-mail 地址资源。这些资源可以是企业内部所有的内部列表，也可以是合作伙伴或者专业服务商所拥有的外部列表，因此 E-mail 营销的重要内容之一就是用户邮件地址资源的获取和有效管理及应用。常见的邮件列表有：电子刊物、新闻邮件、注册会员通信、新产品通知、顾客服务/顾客关系邮件、顾客定制信息等。

内部列表和外部列表由于在是否拥有用户资源方面有根本的区别，因此开展 E-mail 营销的内容和方法也有很大差别。这两种营销方式属于资源的不同应用和转化方式，内部列表以少量、连续的资源投入获得长期、稳定的营销资源。而外部列表则是用资金换取临时性的营销资源。内部列表在顾客关系服务方面的功能比较显著，外部列表由于比较灵活，可以根据需要选择向不同类型的潜在用户投放，因而在短期内即可获得明显的效果。表 4-1 对两种营销形式的功能和特点进行了比较。

表 4-1　内部列表与外部列表对比

主要功能和特点	内部列表 E-mail 营销	外部列表 E-mail 营销
主要功能	顾客关系、顾客服务、品牌形象、产品推广、在线调查、资源合作	品牌形象、产品推广、在线调查
投入费用	相对固定，取决于日常经营和维护的费用，与邮件发送数量无关，用户数量越多，平均费用越低	没有日常维护费用，营销费用由邮件发送数量、定位程度决定，发送数量越多费用越高
用户信任程度	用户主动加入，对邮件内容信任程度高	邮件为第三方发送，用户对邮件的信任程度取决于服务商的信用、企业自身的品牌和邮件内容等因素
用户定位程度	较准确	取决于服务商邮件列表的质量
获得新用户的能力	用户相对稳定，对获得新用户效果不显著	可针对新领域的用户进行推广，吸引新用户能力强

主要功能和特点	内部列表 E-mail 营销	外部列表 E-mail 营销
用户资源规模	需要逐步积累，一般内容列表用户数量比较少，无法在短时间内向大量用户发送信息	在预算许可的情况下，可同时向大量用户发送邮件，传播覆盖面广、效果佳
邮件列表维护和内容设计	需要专业人员操作，无法获得专业人员建议	由服务商专业人员负责，可对邮件发送和内容设计等提供相应建议
E-mail营销效果分析	由于是长期活动，较难准确评价每次邮件发送的效果，需要长期跟踪分析	由服务商提供专业分析报告，可快速了解每次活动的效果

3．邮件营销成功的关键

（1）明确 E-mail 营销的目标。如果 E-mail 营销目标不明确，营销时必定是无头苍蝇，前途光明却没有出路。通常，邮件营销的目标有以下几个：①促进销售；②维护客户关系；③增加网站的流量；④增强企业品牌或产品认知度；⑤配合销售进行的相关沟通。

（2）明确目标客户。E-mail 营销必须实现精准的目标客户群体细分。目标客户可以按性别、年龄等自然特征来抓取，也可以按照购买行为，甚至是网上浏览和交易行为来区分，也可以根据产生的其他业绩型指标来划分，如最有经济效益的客户（这是需要维护的优质客户）、对 E-mail 营销反应率最高的人群等。另外，别忘了查看收信人选择的收信频率和邮件类型，避免滥发。

（3）使用合适的沟通策略。细分的不同潜在客户必定具有不同的消费行为习惯，因此在邮件沟通时也应使用适当的沟通策略，如提供有针对性的、收信人关注的优惠；提供和收信人地理位置和兴趣相关的内容等。

（4）设计有吸引力的电子邮件。电子邮件的标题、正文内容必须具有足够的吸引力，才能吸引受众点击并查看。另外，还应注意在进行电子邮件设计时，图片的大小是否合适，下载速度是否允许，图片的文字说明是否完整（以免图片不能显示）等。

（5）分析效果，不断尝试和学习。电子邮件的效果如邮件送达率、邮件打开阅读率、邮件阅读平均时间、邮件链接点击率、注册转化率等都需要进行系统的统计分析和评估。对每一次邮件营销的打开率、点击率等指标都要做分析并在数据库中记录在案。只有在不断尝试和学习的过程中，企业才能把握对客户最有吸引力、最能提高销售额和利润率的优惠和内容、最佳投递时机等，才能在竞争中更胜一筹。

四、病毒式营销

1．病毒式营销的含义

病毒式营销并不是真的以传播病毒的方式开展营销，而是通过用户的口碑宣传网络，使信息像病毒一样传播和扩散，利用快速复制的方式将信息传向数以万计甚至数以百万计的受众。病毒式营销已经成为网络营销最为独特的手段，被越来越多的网站成功利用。病毒式营销不仅是一种实用的网站推广方法，也反映了充分利用各种资源传递信息的网络营销思想。

病毒式营销利用的是用户口碑传播的原理，在互联网络上，这种口碑传播更为方便，可以像病毒一样迅速蔓延，而且，这种传播是用户之间自发进行的，因此是几乎不需要费用的营销方式。

病毒式营销是一种营销思想和策略，并没有什么固定的模式。很多有创意的病毒式营销适合于小企业，如提供一篇有价值的文章、一部电子书、一张优惠券、一张祝福卡、一则幽默故事、一个免费下载的游戏程序等，只要是恰到好处地在其中表达出自己希望传播的信息，就可以在一定程度上发挥病毒式营销的作用。

2. 病毒式营销的传播途径

（1）即时通信工具。这个应是最易于传播的途径，通过 QQ、MSN、微信等即时通信工具很容易实现信息的快速传播，如 2008 年可口可乐公司的点亮奥运火炬活动推广。

（2）社区论坛。社区论坛已成为众多话题的源头，找到相对应的论坛进行推广是比较常见的方式。例如，王老吉公司在汶川地震中捐款 1 亿元，而"让王老吉从中国的货架上消失！封杀它！"的帖子则让全国网民认识了这家有社会责任感的企业。

（3）视频网站。现在有许多新兴的视频类网站，通过上传视频、让用户主动分享到社交网站的方式快速达到传播的效果。

（4）签名式传播。顾名思义，就是在传播本体的最后加上一个签名。最常见的如在线调查，最后生成调查报告时，通常会有一句"来自×××调查网站"；或者在你看到信息图中加一个"本信息来自×××"的小图标等。

3. 病毒式营销的特点

病毒式营销是利用公众的积极性和人际网络，让营销信息像病毒一样传播和扩散，营销信息被快速复制传向数以万计甚至百万计的受众。它具有一些区别于其他营销方式的特点。

（1）有吸引力的"病源体"。天下没有免费的午餐，任何信息的传播都要为渠道的使用付费。之所以说病毒式营销是无成本的，主要是指它利用了目标顾客的参与热情，但渠道使用的推广成本是依然存在的，只不过目标顾客受商家的信息刺激自愿参与到后续的传播过程中，使原本应由商家承担的广告成本转嫁到了目标顾客身上，因此对于商家而言，病毒式营销是无成本的。

目标顾客并不能从"为商家服务"中获利，他们为什么自愿提供传播渠道？原因在于第一传播者传递给目标群的信息不是赤裸裸的广告信息，而是经过加工的、具有很大吸引力的产品和品牌信息，而正是这一披在广告信息外面的漂亮外衣，突破了顾客戒备心理的"防火墙"，促使其完成从纯粹受众到积极传播者的转化。

网络上盛极一时的"流氓兔"证明了"信息伪装"在病毒式营销中的重要性。韩国动画新秀金在仁为儿童教育节目设计了一只新的卡通兔，这只兔子思想简单、诡计多端、只占便宜不吃亏，然而正是这个充满缺点、活该被欺负的弱者成了反偶像明星，它挑战已有的价值观念，反映了大众渴望摆脱现实中的限制所付出的努力与遭受的挫折。流氓兔的 Flash 出现在各 BBS 论坛、Flash 站点和门户网站，私下里网民们还通过聊天工具、电子邮件进行传播。如今由这个网络虚拟明星衍生出的商品已经达到 1 000 多种，这也是病毒式营销的经典案例。

（2）几何倍数的传播速度。大众媒体传播广告的方式是"一点对多点"的辐射状传播，实际上无法确定广告信息是否真正到达了目标受众。病毒式营销是自发的、扩张性的信息推广，它并非均衡地、同时地、无分别地传给社会上的每一个人，而是通过类似于人际传播和群体传播的渠道，使产品和品牌信息被顾客传递给那些与他们有着某种联系的个体。例如，目标受众看到一个有趣的 Flash，他的第一反应或许就是将这个 Flash 转发给好友和同事，无数个参与的"转发大军"就构成了成几何倍数传播的主力。

（3）高效率的接收。大众媒体投放广告有一些难以克服的问题，如信息干扰强烈、接收环境复杂、受众戒备抵触心理严重。以电视广告为例，同一时段的电视节目中有各种各样的广告同时投放，其中不乏同类产品"撞车"现象，大大降低了受众的接受效率。而对于那些可爱的"病毒"，是受众从熟悉的人那里获得或是主动搜索而来的，在接受过程中自然抢有积极的心态；其接收渠道也比较私人化，如手机短信、电子邮件、封闭论坛等（存在几个人同时阅读的情况，这样反而扩大了传播效果）。以上优势使病毒式营销尽可能地克服了信息传播中的"噪声"影响，增强了传播的效果。

（4）更新速度快。网络产品有自己独特的生命周期，一般都是来得快去得也快，病毒式营销的传播过程通常是呈 S 形曲线的，即在开始时很慢，当其扩大至受众的一半时速度加快，而接近最大饱和点时又慢下来。针对病毒式营销传播力的衰减，企业一定要在受众对信息产生免疫力之前，将传播力转化为购买力，方可达到最佳的销售效果。

五、社区论坛营销

论坛营销就是企业利用论坛这种网络交流的平台，通过文字、图片、视频等方式发布企业的产品和服务的信息，从而让目标客户更加深刻地了解企业的产品和服务，最终达到宣传企业品牌、加深市场认知度目的的网络营销活动。

1．社区论坛营销的特点

（1）利用论坛的超高人气，可以有效地为企业提供营销传播服务。由于论坛话题的开放性，几乎企业所有的营销诉求都可以通过论坛传播得到有效的实现。

（2）专业的论坛帖子需要经过策划、撰写、发放、监测和汇报等流程，才能在论坛空间进行高效传播，包括各种置顶帖、普通帖、连环帖、论战帖、多图帖和视频帖等。

（3）论坛活动具有强大的聚众能力，企业可利用论坛作为平台举办各类"踩楼""灌水""贴图"和"视频"等活动，调动网友与品牌之间的互动。

（4）通过组织网民感兴趣的活动，将客户的品牌、产品、活动内容植入传播内容，并展开持续的传播，引发新闻事件，导致传播的连锁反应。

（5）运用搜索引擎内容编辑技术，不仅使内容能在论坛上有好的表现，而且在主流搜索引擎上也能够被快速寻找到。

（6）适用于商业企业的论坛营销分析，能精确地预估未来企业的投资回报率以及资本价值。

2．社区论坛营销成功的关键

（1）选择适合产品的论坛。网站在实施论坛营销时，一定要根据网站产品的特性，选择合适的论坛，最好是能够直击目标客户的论坛。如定位"哈尔滨"消费、信息、生活的论坛，就应该根据这个论坛的特性——"哈尔滨"这个特定区域来推广。又如，各大门户论坛的城市频道。

（2）巧妙设计帖子内容。作为传递产品信息的载体，信息传达的成功与否主要取决于帖子的标题、主帖与跟帖三部分，如果一个帖子既能够吸引网民点击，又能巧妙地传递产品的信息，那么这个帖子就相当成功。

（3）及时有效地跟踪帖子。帖子发出后，如果不做后期跟踪维护，帖子很快就会沉下去，尤其是人气比较高的论坛，帖子一旦"沉帖"就不能达到营销的目的了，所以帖子的后期维护非常重要。

及时地顶帖，可以使帖子始终处于第一屏，会被目标用户所浏览。维护帖子时要把握好尺度，想办法把帖子"炒热"，从而引起更多网友的关注。

六、社会化媒体营销

社会化媒体营销是指利用社会化网络、在线社区、博客、百科或者其他互联网协作平台和媒体来传播和发布资讯，从而进行的营销、销售、公共关系处理和客户关系服务维护及开拓的一种方式。一般社会化媒体营销工具包括论坛、微博、微信朋友圈、SNS 社区等，文字、图片和视频可以通过自媒体平台或者组织媒体平台被发布和传播，如图 4-1 所示。

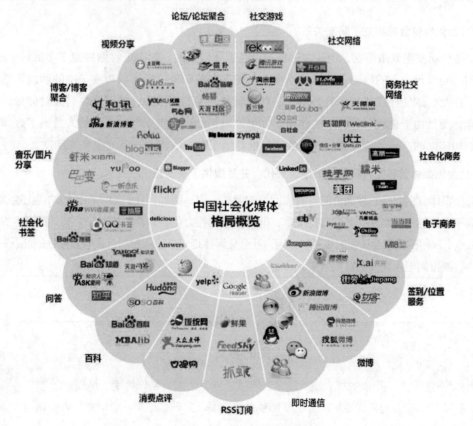

图 4-1 中国社会化媒体格局概览

社会化媒体营销因其一般借助社交化软件传播的特性，在营销上有其特有优势。

1. 社会化媒体营销能够将普通用户变成忠诚的粉丝

社会化媒体能够以非常自然的方式将营销的内容展示给数以百计的访问者，正是因为其内容具有较强的时效性和多样性，故能够把偶然的网络游客变成忠实的粉丝。和付费广告不同，付费广告是强加给网络用户的，而社会化媒体允许网络访问者浏览那些不一定与商业目的相关的内容。假设 A 用户喜欢一个站点，是因为它的营销内容时尚、真实而且新颖，那么他就会利用社会化媒体站点告诉他的同伴，同样，和 A 用户具有同样兴趣爱好的朋友，可能也会对这个站点的内容感兴趣，如果 A 用户所处的环境是学校或专业人士较集中的单位，则这些人可能都会对这个站点感兴趣。这样，在无须传统营销的介入下，这些站点的内容可能迅速被传播到数以千计的新用户面前，企业采用较为合适的社会化媒体营销策略，就会有机会将新用户变成忠诚的粉丝。

2. 社会化媒体营销毫无疑问能增加访问流量

现在，除了搜索引擎以外，很多社会化媒体站点，甚至微博、微信已成了很多网站的重要流量来源，这也是现在众多 PC 端网站增加微博、微信公众账号的原因。企业一旦拥有社会化媒体站点的众多粉丝，就可能使更多的人对你发布的内容感兴趣，并将你发布的内容通过社会化媒体进行传播，从而增加流量。甚至企业如果拥有一批忠实的粉丝，那么其通过社会化媒体获得的流量会超过从其他途径获取的流量。

3. 社会化媒体营销建立了朋友关系

无论是在朋友圈或微博圈，企业在进行社会化媒体营销时，如果足够重视圈子中的每个成员，能够花时间回答每个人的问题，就能够给所有人留下好的印象，就可以与圈子中的朋友建立稳固的关系。如此，即使在那些与你的公司、品牌或服务无关的圈子中，也可能会有人对你和你的产品感兴趣。而且由于在线口碑营销的作用，如果你真正给那些定期与你交流的人留下了好印象，并且他们相信你的产品，那么他们一定会将你推荐给正在寻找相关产品或服务的朋友。

4. 社会化媒体营销是传统营销的廉价替代，并且提供了高回报

社会化媒体营销就是一种廉价的且有高回报的营销投资。例如，我们如果在各类站点上购买数百个甚至数千个外链，可能要花费很高的成本，但如果你的社会化媒体营销策略行之有效的话，在社会化媒体站点上获得的回报会让你出乎意料，因为社会化媒体是一个粉丝参与且具有互动性的活跃圈子，传播更快，能带来更为直接的营销效果。

案例阅读

人民的名义

《人民的名义》之所以收视火爆，除了故事情节新颖大胆、制作精良、演员演技好之外，制作组的网络营销功底也不可忽视。那么从营销角度来说，为什么这部剧会"火"得一塌糊涂，能让众多名人争相宣传呢？

案例阅读

可口可乐昵称瓶

　　2013 年的夏天，仿照在澳大利亚的营销方式，可口可乐在中国推出可口可乐昵称瓶，昵称瓶即在每瓶可口可乐瓶子上都写着"分享这瓶可口可乐，与你的＿＿＿＿＿＿"。这些昵称有白富美、天然呆、高富帅、邻家女孩、大咖、纯爷们、有为青年、文艺青年等。这种昵称瓶迎合了中国的网络文化，广大网民喜闻乐见，于是几乎所有喜欢可口可乐的人都开始去寻找专属于自己的可乐。

　　可口可乐昵称瓶的成功显示了线上线下整合营销的魅力，品牌在社交媒体上传播，网友在线下参与购买属于自己的昵称可乐，然后再到社交媒体上讨论，这一过程使得品牌实现了立体式传播。当然，作为一个获得了 2013 年艾菲奖全场大奖的创意，可口可乐昵称瓶更重要的意义在于——它证明了在品牌传播中，社交媒体不只是传播的配合者，也可以成为传播的核心。

第四节　网络广告

一、网络广告概述

　　网络广告又称在线广告或互联网广告，是以网络为媒介、主要通过图文或多媒体方式发布的营利性商业广告。网络广告和传统广告有很多类似之处，只不过载体不同。网络广告具备的其传统广告属性的五个要素如下。

　　1. 广告主，是网络广告投放行为的发起者，是发布网络广告的企业、团体或个人。

　　2. 广告信息，是指网络广告所要传达的具体的商品、服务或信息。在网络中，信息可以是图、文、声、像等各种形式，且可以实时更新，长久保存，可以通过链接把广告和购买行为连在一起，广告效果迅速。

3. 广告媒介，网络广告的媒介就是互联网上成千上万的网络页面，与传统媒介不同，互联网可以实现广告受众自主观看广告，并能进行交互式操作。

4. 广告受众，是指广告信息的接受者，也就是广大网民。网络广告是以网民的偏好为导向的，所以企业做网络广告前必须研究网民的喜好和习惯。

5. 广告效果，就是网络广告被投放后产生的作用和影响。评价的指标有传播效果、社会效果和经济效果。

二、网络广告的形式

1. 横幅式广告（Banner）

横幅式广告又名旗帜广告，是企业最常用的广告形式。横幅式广告是位于网页顶部、中部或底部任意一处，可横向贯穿整个或者大半个页面的广告条。它是用来表现商家广告内容的图片，放置在广告商的页面上，一般是 GIF 格式的图像文件，可以使用静态图形，也可用多帧图像拼接为动画图像，如图 4-2 所示。

图 4-2　横幅式广告

2. 按钮式广告

按钮式广告有时也被称为图标广告，它以按钮形式被定位在网页中，比横幅式广告尺寸偏小，表现手法也较简单。按钮式广告显示的是公司或品牌的标志，如图 4-3 所示。

图 4-3　按钮式广告

3. 弹出式广告

弹出式广告也称插入式广告，它是指在网民浏览网页时，强制插入的一个广告页面或弹出式广告窗口，如图 4-4 所示。

图 4-4　弹出式广告

4．视频广告

视频广告是将广告客户提供的电视广告转成网络格式，实现在线播放，是目前比较流行的一种广告形式。与电视广告相比，视频广告更具深入性，用户只需要一个点击动作，便能了解到产品的全方位信息；更重要的是，视频广告可在用户等待视频播放的缓冲期内让广告毫无障碍地出现在客户面前。视频网站有着巨大的流量，加上与网友良好的互动沟通，其视频广告潜力十分巨大。

5．画中画广告

画中画广告位于新闻、娱乐、数据、研究等频道的文本窗口中，它的篇幅较大，视觉冲击力较大，有较大的吸引力，可以添加动态和声音效果，点击率比较高，如图 4-5 所示。

扩展阅读：**雷克萨斯IS 300 豪华版**

其实和小龙虾做对比只是应季的噱头，不过随着排放限制越来越严及市场竞争越来越激烈，我们看到越来越多的小排量涡轮增压车型，它们既有不错的经济性，又能保证较强的动力性能。只要能有优秀的油耗表现，对于我们老百姓就是最大的福音。

图 4-5　画中画广告

6．全屏广告

全屏广告可以将全屏覆盖，停留几秒自动消失，有强烈的感召力，如图 4-6 所示。

图 4-6　全屏广告图片

7．文本链接广告

文本链接广告是以一排文字作为一个广告，用以扩大企业或产品的知名度，用户点击其中的文字可以进入相应的广告页面的广告。文本链接广告大多以文字的形式呈现，这些文字广告放在网页上，整个网页都是广告内容。文本链接广告还可以通过电子邮件的形式定期传送给顾客，也可以在新闻组或电子公告板上发布，如图 4-7 所示。

图 4-7　文本链接广告

8．对联式广告

对联式广告位于页面中特别设置的广告版位，以夹带方式呈现，冲击力强，也是一种非常流行的广告形式。这种广告形式在浏览页面完整呈现的同时，在页面两侧空白位置呈现对联式广告，分隔广告版位，广告页面得以充分伸展，同时不干涉使用者浏览，瞩目焦点集中，如图 4-8 所示。

图 4-8　对联式广告

9. 浮动式广告

浮动式广告形式的图标可以跟随屏幕一起移动或自行移动，具有干扰度低、吸引力强的特点，是一种新型创意表现形式的广告。这种广告在整个屏幕里有规律地移动，始终浮在页面上，推广效果更明显。另外，它闪烁时还有颜色，这大大增强了广告的吸引力。

10. 富媒体广告

富媒体广告一般指使用浏览器插件或其他脚本语言、Java 语言等编写的具有复杂视觉效果和交互功能的网络广告。这些效果的使用是否有效一方面取决于站点的服务器端设置，另一方面也取决于访问者的浏览器是否配备相应的、可以浏览此广告内容的程序，同时还取决于网络速度与浏览者的计算机本身的运行速度，因为富媒体广告包含的数据远比一般的文字广告或图片广告要多。当然，富媒体广告相应地也能表现出更多和更精彩的广告内容。

三、网络广告的成本

企业要进行网络广告成本预算就一定要先了解网络广告的收费定价模式。下面介绍几种国际上较为普遍的收费模式。

1. CPM（Cost Per Thousand Impressions，每千人成本）

CPM 是指在广告投放过程中，广告主为它的广告每显示 1 000 次所付的费用。例如，某旗帜广告的单价是 5 元/CPM，意味着每 1 000 人次看到这个旗帜广告就收 5 元。网络广告的 CPM 取决于"印象"尺度，根据国际惯例，CPM 的"印象"标准是 Page Views（页面访问次数），而不是 User Sessions（用户会话）。假如有 1 000 人次访问某网站，而 Page Views（页面访问次数）是 1 500，则说明网页被一些人访问不止一次，即产生了广告效果，因此广告主要按 Page Views 付费。

2. CPC（Cost Per Thousand Click-Through，每千次点击成本）

CPC 是以广告图形被点击并链接到相关网站或详细内容页面 1 000 次为基准的网络广告收费模式。假如一个旗帜广告单价为 5 元/CPC，那么意味着此广告被点击 1 000 次时，网站经营者会收取广告主 5 元费用。广告主认为 CPC 能更好地反映受众是否真正对广告内容感兴趣，因此更倾向于选择 CPC 计费方式。

3. CPA（Cost Per Action，每行动成本）

CPA 是按广告投放实际效果，即按回应的有效问卷或订单来计费的，而不限广告投放数量。在 CPA 计价方式下，只有当网络用户点击广告链接到产品或服务页面后，网店经营者才按点击次数开始计算广告费用。因此，对于网站经营者而言，具有一定的风险，但广告一旦投放成功，其收益也比以 CPM 方式计价的要大得多。

4. CPP（Cost Per Purchase，每购买成本）

广告主为规避广告费用风险，只有在网络用户点击广告并进行在线交易后，才按销售笔数付给广告站点费用。在 CPA 和 CPP 计费形式下，广告主都要求发生目标顾客的"点击"，甚至形成购买才付费，而 CPM 则只要求发生"目击"，就产生广告付费。

四、网络广告的投放

1．确定网络广告的目标

广告的目的是通过信息沟通使顾客产生对品牌的认识、情感、态度和行为的变化，从而实现企业的营销目标。网络广告在确定广告目标过程中常使用 AIDA 法则，即注意（Attention）、兴趣（Interest）、欲望（Desire）和行动（Action）。网络广告首先要引起顾客的注意，使其对产品产生一定认识和了解，从而产生一定的兴趣；然后使顾客通过点击广告对产品有进一步了解，此时，感兴趣的顾客可能产生将产品"占为己有"的欲望，并仔细阅读网页内容；最后，通过广告刺激顾客开展行动，如在线注册、填写问卷甚至在线购买等。

2．确定网络广告的目标受众

简单来说，就是确定网络广告希望让哪些人来看，确定他们是哪个群体、哪个阶层、哪个区域的。只有让合适的用户来参与广告信息活动，企业才能实现投放广告的营销目标。

3．选择网络广告媒体

企业选择在什么地方投放广告去做宣传推广活动时，要考虑两个可量化的问题：一是网络覆盖的目标顾客；二是网络广告的针对性。常用的网络广告投放渠道和方式主要有：企业主页、网络内容服务商、专业网站、E-mail 服务、网络杂志、新闻组、企业名录等。

4．确定网络广告形式

在确定了发布网络广告的媒体后，就要确定网络广告的形式了，网络广告的形式多种多样，每一种形式都有自己的特点和长处，因此选择适当的广告形式对吸引网络浏览者、提高浏览率、树立企业品牌及产品形象、提高企业声誉并拉动销售起着重要的作用，适当的广告形式能帮助企业最终实现营销的目标。在选择网络广告形式时，我们通常要综合考虑广告目标、广告目标群体、广告费用预算、竞争对手情况等，并选择最适当的网络广告形式。

5．网络广告创意与策略选择

网络广告成功与否，最关键的还是广告本身的创意，同时，广告投放的策略也非常重要。一般要做到以下几点。

（1）要有明确有力的标题；

（2）要有简洁的广告信息；

（3）要有互动性，如增加游戏功能，提升访问者的兴趣；

（4）要合理安排网络广告发布的时间，如网络广告时限、频率、时序及发布时间等；

（5）要确定网络广告的费用预算；

（6）要设计好网络广告的测试方案。

第五节　网络营销策略

网络营销策略是企业根据自身所在市场中的地位而采取的一些网络营销组合，它包括网页策略、产品策略、价格策略、促销策略、渠道策略和顾客服务策略等。简单地说，网络营销就是以互联网为主要手段、为达到一定营销目的而进行的营销活动。目前，学术界公认的营销策略主要有 4P 营销策略、4C 营销策略和 4R 营销策略等。

一、4P 营销策略

4P 营销理论（The Marketing Theory of 4Ps）产生于 20 世纪 60 年代的美国，它是随着营销组合理论的提出而出现的。1953 年，尼尔·博登（Neil Borden）在美国市场营销学会的就职演说中创造了"市场营销组合"（Marketing mix）这一术语，其意是指市场需求或多或少在某种程度上受到所谓"营销变量"或"营销要素"的影响。1967 年，菲利普·科特勒在其畅销书《营销管理：分析、规划与控制》（第一版）中进一步确认了以 4P 为核心的营销组合方法，即：产品（Product）——注重开发的功能，要求产品有独特的卖点，把产品的功能诉求放在第一位。价格（Price）——根据不同的市场定位，制定不同的价格策略，产品的定价依据是企业的品牌战略，注重品牌的含金量。渠道（Place）——企业并不直接面对顾客，而是要进行经销商的培育和销售网络的建立，企业与顾客的联系是通过分销商来建立的。促销（Promotion）——它应当是包括品牌宣传（广告）、公关与促销等一系列活动的营销行为。

1. Product 产品策略

产品策略是指企业给目标市场提供的货物、服务的集合，主要包括产品的效用、质量、外观、式样、品牌、包装和规格，除了上述要素外，产品策略还包括服务和保证等因素。任何企业在制订网络营销战略计划时，首先要考虑的就是产品策略问题。因为企业只有提供满足顾客需求的产品和服务，才能实现获取利润的目标。此外，4P 营销组合中的其他三个要素：价格、渠道和促销，都是以产品策略为基础的。产品策略主要有产品组合策略、新产品开发、产品品牌策略和产品生命周期策略。

（1）产品组合策略。产品组合是指企业生产或经营的全部产品线、产品项目的组合方式，它包括四个变数：宽度、长度、深度和关联度。产品组合的宽度是企业生产经营的产品线的多少。例如，宝洁公司生产清洁剂、牙膏、肥皂、纸尿布及纸巾，有五条产品线，这表明其产品组合的宽度为五。产品组合的长度是企业所有产品线中产品项目的总和。产品组合的深度是指产品线中每一产品有多少品种。例如，宝洁公司的牙膏产品线中的产品有三种，佳洁士牙膏是其中一种，而佳洁士牙膏有三种规格和两种配方，佳洁士牙膏的深度是六。产品的关联度是各产品线在最终用途、生产条件、分销渠道和其他方面相互关联的程度。产品组合的四个维度为企业制定产品战略提供了依据。企业在调整产品组合时，可以针对具体情况选用以下产品组合策略。

① 扩大产品组合策略。扩大产品组合策略是指开拓产品组合的宽度和加大产品组合的深度。开拓产品组合宽度是指增添一条或几条产品线，扩展产品经营范围；加大产品组合深度是指在原有的产品

线内增加新的产品项目。具体方式有：

- 在维持原产品品质和价格的前提下，丰富该产品的规格、型号和款式。
- 增加同一产品的不同品质和不同价格的种类。
- 增加与原产品类似的产品。
- 增加与原产品毫不相关的产品。

扩大产品组合的优点有：

- 满足不同偏好顾客的多方面需求，提高产品的市场占有率。
- 充分利用企业信誉和商标知名度，完善产品系列，扩大经营规模。
- 充分利用企业资源和剩余生产能力，提高经济效益。
- 减小市场需求变动性的影响，分散市场风险，降低损失。

② 缩减产品组合策略。缩减产品组合策略是指削减产品线或产品项目，特别是要取消那些获利少的产品，以便集中力量经营获利多的产品线和产品项目。缩减产品组合的方式有：

- 减少产品线数量，实现专业化生产经营。
- 保留原产品线，削减产品项目，停止生产某类产品，外购同类产品继续销售。

缩减产品组合的优点有：

- 集中资源和技术力量改进保留产品的品质，提高产品商标的知名度。
- 生产经营专业化，提高生产效率，降低生产成本。
- 有利于企业的纵深发展，以寻求合适的目标市场。
- 减少资金占用，加速资金周转。

③ 高档产品策略。高档产品策略就是在原有的产品线内增加高档次、高价格的产品项目。实行高档产品策略的优点有：

- 高档产品容易为企业带来丰厚的利润。
- 可以提高企业现有产品声望，提高企业产品的市场地位。
- 有利于带动企业生产技术水平和管理水平的提高。

采用这一策略的企业也要承担一定的风险。因为，企业以前生产廉价产品的形象在顾客心目中不可能立即转变，这使得高档产品不容易很快打开销路，从而影响新产品项目研制费用的迅速收回。

④ 低档产品策略。低档产品策略就是在原有的产品线中增加低档次、低价格的产品项目。实行低档产品策略的优点有：

- 借高档名牌产品的声誉，吸引消费水平较低的顾客慕名购买该产品线中的低档廉价产品。
- 充分利用企业现有生产能力，补充产品项目空白，形成产品系列。
- 增加销售总额，扩大市场占有率。

与高档产品策略一样，低档产品策略的实行能够迅速为企业寻求新的市场机会，同时也会带来一定的风险。如果处理不当，可能会影响企业原有产品的市场声誉和名牌产品的市场形象。

（2）新产品开发。营销意义上的新产品含义很广，除了因科学技术在某一领域的重大发现所产生的新产品外，还包括：在生产销售方面，只要产品在功能或形态上发生改变，与原来的产品产生差异，甚至只是产品从原有市场进入新的市场，都可被视为新产品；在顾客方面，则是指能进入市场给顾客提供新的利益或新的效用而被顾客认可的产品。按产品研究开发过程来看，新产品可分为全新产品、改进型新产品、模仿型新产品、形成系列型新产品、降低成本型新产品和重新定位型新产品。

全新产品是指应用新原理、新技术、新材料，具有新结构、新功能的产品。该新产品在全世界首次被开发，能开发全新的市场。全新产品占全部新产品的比例为 10% 左右。

改进型新产品是指在原有旧产品的基础上进行改进，使产品在结构、功能、品质、花色、款式及包装上具有新的特点，产生新的突破。改进后的新产品，其结构更加合理，功能更加齐全，品质更加优异，能更好地满足顾客不断变化的需要。改进型新产品占全部新产品的比例为 26% 左右。

模仿型新产品是企业对国内外市场上已有的产品进行模仿生产，而生产出的新产品。模仿型新产品占全部新产品的比例为 20% 左右。

形成系列型新产品是指在原有的产品大类中开发出新的品种、花色、规格等，从而与企业原有产品形成系列，扩大产品的目标市场。形成系列型新产品占全部新产品的比例为 26% 左右。

降低成本型新产品是以较低的成本生产的具有同样性能的新产品，主要是指企业利用新科技，改进生产工艺或提高生产效率，削减原产品的成本，生产出保持原有功能不变的新产品。降低成本型新产品占全部新产品的比例为 11% 左右。

重新定位型新产品是指企业的老产品进入新的市场，继而被称为该市场的新产品。重新定位型新产品占全部新产品的比例为 7% 左右。

一个完整的新产品的开发过程要经历八个阶段：构思产生、构思筛选、概念发展和测试、营销规划、商业分析、产品实体开发、试销和商品化。

① 新产品构思的产生。进行新产品构思是新产品开发的开端。构思是创造性思维，即对新产品进行设想或创意的过程。缺乏好的新产品构思已成为许多行业新产品开发的瓶颈。一个好的新产品构思是新产品开发成功的关键。企业通常可从企业内部和企业外部寻找新产品构思的来源。公司内部的构思来源有：研究开发人员、市场营销人员、高层管理者及其他部门人员。这些人员与产品的直接接触程度各不相同，但他们的共同点是都熟悉公司业务的某一个或某几个方面，对公司提供的产品较外人有更多的了解与关注，因而往往能针对产品的缺点提出改进或创新产品的构思。企业可寻找的外部构思来源有：顾客、中间商、竞争对手、企业外的研究和发明人员、咨询公司、营销调研公司等。

② 构思筛选。新产品构思筛选是指采用适当的评价系统及科学的评价方法对各种构思进行分析比较，从中挑选出最有希望的构思的一个过滤过程。在这个过程中，力争做到除去亏损最多和必定亏损的新产品构思，选出潜在赢利多的新产品构思。构思筛选的主要方法是建立一系列评价模型。评价模型一般包括：评价因素、评价等级、权重和评价人员。其中确定合理的评价因素和给每个因素确定适当的权重是评价模型是否科学的关键。

③ 新产品概念的发展和测试。新产品构思是企业创新者希望给市场提供的一些可能新产品的设想，新产品设想只是为新产品开发指明了方向，必须把新产品构思转化为新产品概念才能真正指导新产品的开发。新产品概念是企业从顾客的角度对产品构思进行的详尽描述，即将新产品构思具体化，描述出产品的性能、具体用途、形状、优点、外形、价格、名称、提供给顾客的利益等，让顾客能一目了然地识别出新产品的特征。新产品概念形成的过程亦即把粗略的产品构思转化为详细的产品概念。任何一个产品构思都可转化为几个产品概念。新产品概念的形成来源于针对新产品构思提出问题的回答，一般通过对以下三个问题的回答，可形成不同的新产品概念。即：谁使用该产品？

该产品提供的主要利益是什么？该产品适用于什么场合？

④ 制订营销战略计划。对已经形成的新产品概念制订营销战略计划是新产品开发过程的一个重要阶段。该计划将在以后的开发阶段中不断被完善。营销战略计划包括三个部分：第一部分是描述目标市场的规模、结构和顾客行为、新产品在目标市场上的定位、市场占有率及前几年的销售额和利润目标等。第二部分是对新产品的价格策略、分销策略和第一年的营销预算进行规划。第三部分则描述预期的长期销售量和利润目标以及不同时期的营销组合。

⑤ 商业分析。商业分析的主要内容是对新产品概念进行财务方面的分析，即估计销售量、成本和利润，判断它是否满足企业开放新产品的目标。

⑥ 新产品实体开发。 新产品实体开发主要解决产品构思能否转化为在技术上和商业上可行的产品这一问题。它是通过对新产品实体的设计、试制、测试和鉴定来完成的。根据美国科学基金会的调查，新产品在产品实体开发阶段所需的投资和时间分别占开发总费用的30％、总时间的40％，且技术要求很高，是最具挑战性的一个阶段。

⑦ 新产品试销。试销是对新产品正式上市前所做的最后一次测试，且该次测试的评价者是顾客的货币选票。通过市场试销将新产品投放到有代表性地区的小范围的目标市场进行测试，企业才能真正了解该新产品的市场前景。市场试销是对新产品的全面检验，可为新产品是否全面上市提供全面、系统的决策依据，也为新产品的改进和市场营销策略的完善提供启示，有许多新产品是通过试销被改进后才取得成功的。新产品市场试销阶段面临的首要问题是决定是否试销，并非所有的新产品都要经过试销，可根据新产品的特点及试销对新产品的利弊分析来决定。如果决定试销，接下来要做的是选择试销市场，所选择的试销市场在广告、分销、竞争和产品使用等方面要尽可能地接近新产品最终要进入的目标市场。第三步是对试销技术的选择，常用的消费品试销技术有：销售波测试、模拟测试、控制性试销及试验市场试销。工业品常用的试销方法是产品使用测试，或通过商业展览会介绍新产品。对新产品试销过程进行控制是第四步，对促销宣传效果、试销成本、试销计划的目标和试销时间的控制是试销人员必须把握的重点。第五步是对试销信息资料的收集和分析。例如，顾客的试用率与重购率，竞争者对新产品的反应，顾客对新产品性能、包装、价格、分销渠道、促销等的反应。

⑧ 商业化。新产品的商业化阶段的营销运作，企业应在以下几方面慎重决策：何时推出新产品。针对竞争者的产品而言，有三种选择，即首先进入、平行进入和后期进入；在何地推出新产品；如何推出新产品，企业必须制订详细的新产品上市的营销计划，包括营销组合策略、营销预算、营销活动的组织和控制等。

（3）产品品牌策略。品牌策略是整个产品策略的一个重要组成部分。企业为了使品牌在市场营销中更好地发挥作用，必须采取适当的品牌策略。企业在实施品牌策略时，一般可以做出以下几种选择。

① 品牌化策略。即决定产品是否使用品牌。使用品牌对大多数产品来说有积极的作用，如规定品牌名称，有利于企业管理生产、订货和销售等一系列活动；通过商标注册，可以使企业的产品特色受到法律的保护，防止他人抄袭与假冒；良好的品牌有助于吸引更多的品牌忠诚者，树立良好的企业形象；同时，顾客通过品牌也可以了解各种商品质量的好坏，购物更有目的性。

② 品牌归属策略。一旦决定使用品牌策略，企业就必须决定是采用制造商的品牌还是采用中间商的品牌，或这两种品牌混合使用。（a）使用制造商的品牌。传统上，品牌是厂商的制造标记，产品的

设计、质量、特色都是由制造商决定的，所以绝大多数制造商都使用自己的品牌。（b）使用中间商的品牌（或称经销商品牌）。这是指制造商将产品大批量地卖给中间商，中间商再使用自己的品牌将产品转卖出去。一般来说，如果企业要在一个对本企业的产品不熟悉的新市场上推销产品，或者在市场上本企业的商誉远远不及销售商的商誉时，则适宜采用中间商的品牌。（c）制造商品牌和中间商品牌混合使用，例如，一部分产品使用制造商的品牌，另一部分产品采用中间商的品牌；或为了进入新市场，先采用中间商的品牌，待产品在市场上打开销路以后，再改用制造商的品牌。

③ 统一品牌策略。它是指企业对其全部产品使用统一品牌的策略。这一策略有利于企业利用已有的声誉迅速增强消费系列产品的声誉，消除顾客对新产品的不信任感，并能减少广告宣传等促销费用。同时，企业的统一品牌策略也更容易给公众留下深刻的印象，从而有利于企业树立鲜明的形象。但是，采用统一品牌策略应具备如下条件：企业采用的品牌在市场上已有一定的信誉，在市场上保持领先地位；采用统一品牌的各种产品具有相同的质量水平。如果各类产品的质量水平不一，则不宜使用统一品牌策略。

④ 个别品牌策略。它是指企业对不同产品采用不同品牌的策略。这种策略能严格区分高、中、低档产品，使顾客易于识别并选购自己满意的产品，而且不会因为个别产品的声誉不好而影响其他产品，甚至整个企业的声誉。当企业的产品类型不多，产品系列之间关系程度较小，企业的生产条件、技术专长在各产品上有较大差别时，采用个别品牌策略较为有利。个别品牌策略的缺点是，企业的广告费用开支较大，并且品牌较多，不利于管理。

⑤ 品牌扩展策略。它是指企业利用其成功品牌名称的声誉来推出改良产品或新产品，或推出不同功能特点、不同质量水平、不同规格甚至不同包装和造型的产品的策略。企业采用这一策略，可以节省宣传新产品的促销费用，使新产品能迅速顺利地进入市场。例如，海尔集团借助海尔冰箱在市场上的信誉，将彩电、空调、洗衣机等家电都用海尔品牌推向市场，取得了较大的成功。但是，如果推广的品牌已在市场上有较高的声誉，则推广的新产品也必须与其有同样良好的质量、服务等，否则不仅会影响新产品的销售，更重要的是会降低已有品牌的声誉。

⑥ 多品牌策略。它是指企业对同一种类产品使用两个或两个以上的品牌。采用多品牌策略的优点是：多种不同的品牌只要被零售商接受，就会占用较多的货架面积，而使竞争产品的陈列空间相对减少；采用多品牌策略可以吸引更多的品牌转换者，提高市场占有率。因为大多数顾客都不会只忠诚于一个品牌而毫不注意其他品牌。他们都是不同程度的品牌转换者，企业发展多个不同的品牌，就可以吸引更多的顾客，并有利于在企业内部形成激励机制，提高效率。但是，企业的品牌并不是多多益善。企业推出多个品牌时，可能每个品牌都只有极低的市场占有率，而没有利润率很高的品牌。这样，企业的资源就会过分分散，而不能集中于较成功的品牌。这时，企业就必须放弃一些较弱的品牌，将资源优势集中在保留下来的品牌上，以期夺取竞争对手的市场，而不是自相竞争。

（4）产品生命周期营销策略。一种产品在市场上的销售情况和获利能力并不是固定不变的，它将随着时间的推移而变化。这种变化规律是指产品从研制成功投入市场开始，经过成长、成熟阶段，最终被市场淘汰的整个过程，我们称之为产品生命周期。典型的产品生命周期共包括四个阶段：投入期、成长期、成熟期和衰退期。由于产品生命周期各阶段具有不同的特征，因此，企业可以针对不同阶段的产品，有的放矢地实施市场营销策略，以保证获得较好的经济效益。下面将对各阶段的市场营销策略进行分析。

① 投入期营销策略。企业的某种新产品上市即意味着投入期开始了。在这一时期，销售的增长往往比较缓慢，生产批量小，试制费用高，广告和其他营销费用开支大，企业一般没有什么利润，因此投入期的营销策略重在一个"短"字，即以最短的时间迅速进入市场和占领市场，为成长期打好基础。缩短投入期的主要途径是运用产品质量、价格、促销及分销渠道四个营销因素并加以适当的组合，以尽可能避免产生不必要的费用。

② 成长期营销策略。经过投入期，产品已为顾客所接受，产品设计和工艺基本定型，企业投入大批量生产，单位成本降低，销售量和利润都迅速增加。因此，这一阶段的营销策略应突出一个"快"字，尽快抓住市场机会，迅速扩大生产能力，迅速取得最大的经济效益。但这一时期的竞争加剧，企业必须克服盲目乐观的情绪，制定相应的策略，保持自己的竞争优势。常用的营销策略有：A. 提高产品品质；B. 树立产品形象；C. 开辟新市场；D. 调整产品价格；E. 拓宽销售渠道。

③ 成熟期营销策略。产品进入成熟期后，就进入了产品生命周期的黄金时代。在这一阶段，产品的销售量达到顶峰，给企业带来了巨额利润。但产品在成熟期的市场需求量趋于饱和，市场竞争十分激烈，企业的促销费用大幅度增加，不但影响眼前的利润，还有可能造成损失。因此，这一时期的营销策略要突出一个"长"字，制定和运用合适的产品战略以延长此阶段的时间，获得更多的利润。在这一阶段，企业可以采用的策略有以下几种：A. 市场改进策略；B. 产品改进策略；C. 市场营销组合改进策略。

④ 衰退期营销策略。产品进入衰退期时，销售额和利润通常急剧下降，大量替代品进入市场，顾客对老产品的忠诚度降低。企业过大的生产能力与萎缩的市场之间的矛盾突出。因此，衰退期的营销策略突出一个"转"字，企业应尽早把资本投入新产品的开发，制定适时的营销策略，避免出现"仓促收兵"和"难以割爱"两种情形。企业在这一阶段常采用的营销策略有以下几种：A. 集中资源于细分市场；B. 持续原有策略，让产品自然衰退，新老交替；C. 放弃衰退产品。

2．Price 价格策略

价格策略也叫定价策略，是网络营销组合中一个十分关键的组成部分。价格通常是影响交易成败的重要因素，同时又是网络营销组合中最难以确定的因素。企业定价的目的是促进销售，获取利润。这要求企业既要考虑成本的补偿，又要考虑顾客对价格的接受能力，从而使定价策略具有买卖双方双向决策的特征。

（1）低价定价策略。借助互联网进行销售比传统销售渠道的费用低廉，所以，在网上销售的产品价格通常比市场价格偏低。此外，调查显示，网民更青睐于网上购物，除了能够获得更多产品信息外，网上销售价格低于市场价格才是关键因素。因此，低价定价策略在网络营销中是对顾客最具有吸引力的定价方式。常见的低价策略主要有以下几种。

① 直接低价定价策略：大多企业在定价时采用成本加利润的方法，因此网络销售的产品价格就要比同类产品低，更有价格优势。它一般是制造企业在网上直销时的定价方式。

② 折扣策略：它是在商品原有价格上进行折扣定价。这种定价方式可以让顾客直接了解产品的降价幅度以促进顾客购买。这类价格策略主要用于网上商店，它一般按照市面价格进行折扣定价。

③ 网上促销定价策略：由于网上的顾客很多而且具有很强的购买能力，许多企业为打开网上销售局面和推广新产品，常常采用临时促销定价策略。

（2）使用定价策略。随着经济的发展和人民生活水平的提高，人们对产品的需求越来越多样化，而产品的使用周期却越来越短，许多产品被使用几次后就不再使用了，这会造成浪费，此时，采用类似租赁的按使用次数定价的定价形式就非常有必要了，即使用定价。

所谓使用定价，就是顾客通过互联网注册后可以直接使用某公司的产品，顾客只需要根据使用次数进行付费，而不需要将产品完全购买下来。这一方面减少了企业为完全出售产品进行不必要的大量生产和包装，另一方面还可以吸引过去那些有顾虑的顾客使用产品，扩大市场份额。顾客每次只是根据使用次数付费，节省了购买产品、安装产品、处置产品的麻烦，还可以节省不必要的开销。

（3）定制生产定价策略。作为个性化服务的重要组成部分，按照顾客需求进行定制生产是网络时代满足顾客需求的基本形式。定制生产根据顾客对象可以分为两类：一类是面对工业组织市场的定制生产，这部分市场属于供应商与订货商的协作问题，如波音公司在设计和生产新型飞机时，要求其供应商按照其飞机总体设计标准和成本要求来组织生产。这类属于工业组织市场的定制生产，主要通过产业链从下游企业向上游企业提出需求和成本控制要求，上游企业通过与下游企业进行协作设计、开发并生产满足下游企业的零配件产品。另一类是面对大众顾客市场、实现满足顾客个性要求的定制生产。由于顾客的个性差异很大，加上顾客的需求量又少，因此企业实行定制生产必须从管理、供应、生产和配送各个环节上都适应这种要求小批量、多样式、多规格和多品种的生产和销售变化。为适应这种变化，现在企业在管理上采用 ERP（企业资源计划）来实现自动化、数字化管理，在生产上采用 CIMS（现代集成制造系统），在供应和配送上采用 SCM（供应链管理）。

3. Place 渠道策略

所谓网络营销渠道，是指与提供产品或服务以供使用或消费这一过程有关的一整套相互依存的机构，它涉及信息沟通、资金转移和事务转移等。它借助互联网将产品从生产者手中转移到顾客手中。简单来说就是以互联网为通道实现商品或服务从生产者向顾客转移过程的具体通道或路径。

一个完整的电子商务活动在买方和卖方之间主要完成商流、资金流、信息流和物流的流通，为了更好地完成这些活动，我们要建立完善的网络营销渠道，它应该具备订货功能、结算功能和配送功能。

① 订货系统。它为顾客提供产品信息，同时方便厂家获取顾客的需求信息，以求达到供求平衡。一个完善的订货系统，可以最大限度地降低库存，减少销售费用。

② 结算系统：顾客在购买商品后，可以用多种方式方便地付款，因此商家也应该支持多种结算方式。目前，常用的结算方式有信用卡、网上银行、虚拟货币、电子现金、第三方支付工具、电子钱包与货到付款等。

③ 配送系统：一般来说，商品分为有形商品和无形商品，对于无形商品，如服务、软件、音乐、报告等，可以直接通过网络传输；而对于有形商品，要实现商品的转移就必须完成商品的运输和配送。目前，电子商务公司的物流形式主要有三种，分别为自营自建物流、物流联盟和第三方物流，其中尤其以第三方物流的最为常见，如国外的联邦快递、UPS、TNT、DHL；国内的韵达快递、顺丰快递、圆通快递、中通快递、申通快递、天天快递、京东快递、百世汇通等。另外，本着高效、低成本的原则，以知识、智力、信息和经验为资本，为物流客户提供一整套的物流系统咨询服务的第四方物流公司开始走出概念化，为电子商务物流服务，如我国的智能物流骨干网。

（1）网络分销渠道。网络营销中，互联网本身就是一个渠道，很多企业利用互联网递送产品，或利用互联网提高供应链成员的工作效率。根据企业提供的产品和服务的不同，分销渠道也不一样。如果企业提供的是信息产品，企业就可以直接在网上进行销售，中间不需要分销商，如互联网新兴的内容提供商，帮助中小电子商务企业提供相关服务。

如果企业提供的是有形产品，企业可以选择在互联网开设虚拟店铺直接销售，如淘宝网店铺；也可以将互联网看作信息渠道，作为间接网络分销渠道，使买卖双方在互联网电子集市发布买卖供求信息，通过互联网共享信息，打破信息地域边界，帮助企业实现网络营销。

（2）全渠道营销。全渠道是一个近几年才出现的词汇，它不仅包括全部商品所有权转移的渠道，也包括全部的信息渠道、全部的生产渠道、全部的资金（支付）渠道、全部的物流渠道，甚至还包括全部的顾客移动渠道等。

全渠道营销是指个人或组织为了实现目标，在全部渠道（商品所有权转移、信息、产品设计生产、支付、物流与客流等）范围内实施渠道选择的决策，然后根据不同目标顾客对渠道类型的不同偏好，进行有针对性的营销定位，并匹配产品、价格等营销要素的组合策略。全渠道营销管理就是对全渠道营销进行分析、规划和实施的过程。

① 全渠道营销的产生背景。现在市场上最具活力、最具购买力、最具影响力的恰恰是全渠道顾客群。他们不仅全渠道购买，全渠道参与设计、生产，全渠道收货，全渠道消费，还进行全渠道评价、反馈与传播。全渠道顾客已经渗透到业务活动的每一个环节，如果企业不进行全渠道销售变革，那绝对是"OUT"了。

- 顾客会全渠道地搜寻

当顾客决定购买一辆汽车时，下班途中就会留意马路上的汽车品牌和造型，走进自家电梯间会关注墙面上的平面汽车广告，进家后会习惯性地打开计算机进行网络搜索和查看评论，边做饭边用手机发微信了解好友的购车体验，饭后会坐在电视机前留意汽车广告，同时平板电脑浏览汽车网页，第二天上班时会与同事面对面地交流用车心得，有时间还要去汽车 4S 店逛一逛。因此，全渠道顾客群的全渠道信息收集，要求企业提供全渠道信息，否则将丧失被顾客发现和选择的机会。

- 顾客会全渠道地选择

全渠道顾客群在选择商品时有两个明显的特征：一是利用诸多渠道进行比较；二是其个性化特性会使他们参与商品的设计和制造，顾客期望新产品带来更多的好处，就会投入更多的精力参与产品的设计，如耐克的运动鞋、Cannondale 的自行车等。

- 顾客会全渠道地购买

在多屏幕的互联网时代，普遍存在着全渠道购买的现象。一个最为简单的例子是：一位女顾客在网上挑选自己满意的商品，然后去实体店铺进行实物查看和试用、试穿等，用手机拍照发给闺蜜征求意见，如果满意，再去网店下订单，用手机支付，通过快递公司将商品送达自己小区的便利店，自己下班后去便利店收取。这位顾客购买过程的完成，无论是下订单，还是付款、取货，都面临着多种渠道选择，每次选择都带有一定的随机性。

- 顾客会全渠道地消费

对于一些文化、教育和娱乐类型的商品，其呈现的商品形态为信息形态，可以不依赖物质实体而存在，这就催生了线上消费的模式，如我们可以通过 PC 机、iPad 和手机在网上读报刊、玩游戏、听课，也可以看电影、听歌曲等；同时为了有现场体验，也可以读实体报刊，到教室听课，去电影院看电影等。在地铁里我们会看到有人拿着报纸看新闻，但更多的人是用手机浏览网页或刷微信。而当人们回到家里时，手机、iPad、电视和实体书刊便会同时处于使用的状态。

因此，顾客群的全渠道消费，要求教育、出版、文化、艺术、影视等机构进行全渠道引导，否则会由于顾客的全渠道消费而被淘汰。

- 顾客会全渠道地反馈和传播

人类天生就有表达和分享的意愿，特别是对感到的好的和不好的，更会与他人分享，互联网和移动网催生的微博、微信、帖子、E-mail 等使人们的分享和传播变得简单、迅速和广泛。

因此，顾客群的全渠道反馈，要求企业必须考虑是否提供全渠道与顾客沟通的路径，如果是则要及时接受和处理他们的赞美和抱怨，否则会由于反应不及时而给企业带来灭顶之灾。

总之，今天的顾客处于全渠道的生活状态，他们进行全渠道的搜寻、选择、购买、消费和反馈，一家遵循以顾客为导向的公司必须考虑进行全渠道营销。

② 全渠道营销模式。从实践来看，全渠道营销模式是多种多样的，大多数涉及线上、线下渠道的交叉和融合，都涉及企业的信息提供、商品展示体验、接受订单、收款、送货、售后服务、反馈处理七个基本环节，甚至不同类型的商品和服务采取的模式也是有差异的，这里绝不是每一个环节都是全渠道或者多渠道的。例如：

- 凡客诚品：A．提供信息的方式为线上所有渠道及线下电视、路牌广告等方式（没有实体店铺）；B．商品展示体验在网店进行，且顾客可以在网上参与产品设计；C．接受订单在网店；D．收款方式为线下和线上支付两种方式；E．送货采取送货到门方式；F．售后服务采取线上方式；G．反馈处理采取线上或电话等线下方式。

- 苏宁云商：A．提供信息的方式是线上及线下所有渠道方式（包括实体店铺）；B．商品展示体验是在网店和实体店两大场所进行的（一般不鼓励顾客参与商品设计）；C．接受订单在网店和实体店；D．收款方式为线下（实体店交款）和线上支付两种方式；E．送货采取送货到门和顾客自提等方式；F．售后服务采取线上和线下实体店相结合的方式；G．反馈处理采取线上和线下方式等。

- 尚品宅配：A．提供信息的方式是线上（网站）及线下（实体店）渠道方式；B．商品展示体验是在网店和实体店两大场所进行的（鼓励顾客参与商品设计）；C．接受订单在网店和实体店；D．收款方式为线下（实体店交款）和线上支付两种方式；E．送货采取送货到门和顾客自提等方式；F．售后服务采取线上和线下实体店结合方式；G．反馈处理采取线上和线下方式等。

案例阅读

小米的全渠道营销

小米在营销周期的每一个环节，都使用了全渠道营销的战略思想。目标顾客选定为手机发烧友，属性定位于低价格的智能手机，利益定位于低成本地享受智能手机的体验。如何实现这些定位？就是根据目标顾客特征，通过全渠道战略与顾客购买过程的匹配进行营销要素的组合。

小米开发了小米手机、MIUI 系统（应用商店）和米聊三大业务板块，利用微博、微信、论坛、贴吧、空间等新媒体与顾客互动，让顾客参与手机和应用系统的设计，在线上线下（后者指移动运营商、小米之家和授权维修点）销售手机和应用系统，进行售后服务，接受正反两方面的使用评价，在小米论坛中也有谩骂小米的帖子，但是小米不去删除。小米有 50 万"发烧友"，通过口碑一个发烧友可以影响 100 人，如此就有了庞大的目标顾客群。小米由于采取全渠道（特别是线上渠道）开发客户的策略，节省了大量的顾客开发和广告成本；由于采取了全渠道（特别是线上渠道）分销产品的策略，节省了大量的分销成本。而线下分销的价格为 1 500 元手机的零售价格构成为：生产成本 500 元左右，代理商和零售商的加价分别为 300 元和 500 元，还有 200 元左右的广告费用。

小米采用全渠道营销节省了大量成本，可以将省下来的钱用于研发新的产品和给顾客提供低价的好产品，小米智能手机仅售 1 999 元，实现了省钱享受智能手机体验的定位。

再拿同样成功实现全渠道营销管理的 roseonly 玫瑰花来说。roseonly 的目标顾客是都市白领，锁定其中的 1 000 万人，满足他们用最美丽的玫瑰花传递爱的诉求，将营销定位于"爱"。

有趣的是在其粉丝达到 40 万时，80%是女性，但购买群体中 70%～80%是男性。目标顾客在购买玫瑰花时，会全渠道地搜集信息，选择最好的玫瑰花，全渠道完成购买过程，消费过程也会多渠道地与朋友分享，发微信，发微博，进行口碑传播等。

为了表达高贵、浪漫的爱情定位，公司在全世界选择最好的玫瑰花——厄瓜多尔玫瑰，而且选择最好的皇家玫瑰种植园，在园中百里挑一。为了避免交叉感染，每剪一支玫瑰换一把剪刀，空运进口。包装也是精心设计的，花盒上有提手便于携带。顾客可以根据自己的需求在网上和实体店铺定制。为了表达爱，公司采取了高价格策略，一支道歉的玫瑰零售价 399 元，表达爱的玫瑰平均零售价为 1 000 元。信息通过网站、网店、名人微博、微信、E-mail，以及实体花店等被全渠道的广泛传播，其诉求的主题为"一生只送花给一个人"。顾客下订单、交款也可以采取线上线下的全渠道形式，不过需要进行身份认证，一旦注册了，一生就只能给一个人送花，公司不会负责给第二个人送花，哪怕顾客已经移情别恋了，这凸显了"一生爱一个人"的价值定位。顾客可以到实体花店自提，也可以接受送花上门，与京东、天猫送货员不同，roseonly 的送花者都是时尚、帅气的小伙子，还有外国帅哥。最后，公司通过全渠道与顾客进行沟通、收集评论、解决抱怨等。

人们对小米和 roseonly 的成功有着不同的解释，但它们无疑都是全渠道营销管理的成功例证。因此，大变革时代要求企业进行全渠道营销管理，如果企业是一位"赛车手"的话，全渠道就是一辆加满油的等待快速奔跑的"赛车"，而营销和管理就是"赛车"的两个"车轮"，这意味着公司的全渠道营销管理，离不开对全渠道营销的有效管理。

4．Promotion 促销策略

网络促销是指利用现代化的网络技术向虚拟市场传递有关产品信息，以引起顾客购买欲望和购买行为的各种活动。在互联网上促销，对于任何企业及任何营销人员来说都是一个新挑战，企业需要在实践中不断学习和体会，不断地总结经验。

通常，企业开展网络促销活动的目的主要有以下几个：①树立企业形象；②刺激消费；③优化商品结构，调整库存结构，加强滞销产品的销售；④推介企业新商品。

网络促销主要有以下几种策略。

（1）打折促销。打折促销是目前网上最常用的一种促销方式，因为目前网民普遍认为网上商品的价格一般都要比以传统方式销售的要低。商家利用网民的这一心理对有价格优势或有比较好的进货渠道的产品采用打折促销，直接满足了网民对低价的需求，击中了网民的兴奋点，引爆了顾客的消费热情。另外，由于网上销售商品不能给人全面、直观的印象，不可试用、触摸等原因，再加上配送成本和付款方式复杂，因此，采用幅度比较大的折扣可以促使顾客进行网上购物的尝试并做出购买决定，如图 4-9 所示。

图 4-9　打折促销广告

选择这种促销方式的商品必须具有价格优势，这样才有更大的打折空间，一般名牌商品采取打折促销的居多。也有网店采用"会员制"，成为会员后便可以享受折扣特权。商家有时还可以采用线上线下相结合的打折方式，如线上派发折扣券、电子优惠券，线下给予折扣优惠。

（2）节日促销。每逢节假日各大商场里各种促销活动此起彼伏。而对于网商来说，这样的节日同样是促销的大好时机，节日促销已经成为网店的常用手法。节日促销与一般的促销意义不同，应注意与促销的节日关联，注重节日各种风俗、礼仪、习惯和文化等特色，这样才能更好地吸引用户的关注，提高购买转化率。图 4-10 所示为母亲节闪购活动。

（3）限时限量促销。这是大型网站最常用的一种方法，如淘宝、京东商城等大型网站每天都有一系列商品以限时限量的方式促销，其目的就是吸引广大顾客前来购买并建立消费习惯，提高销售业绩。目前流行的限时限量促销手法有闪购、秒杀和团购等。

图 4-10　母亲节闪购促销

① 闪购，即限时抢购。B2C 网店以限时特卖的形式，定期定时推出部分热销商品，一般以 1～5 折的价格供专属会员限时抢购，每次特卖时间持续 5～10 分钟不等，先到先买，限时限量，售完即止，同时顾客下单后必须在指定时间内付款，否则商品将重新被放回待售商品行列。

② 秒杀。所谓秒杀就是网络商家发布一些超低价格的商品，所有买家在同一时间进行网上抢购的一种销售方式。秒杀商品价格低廉，往往一上架就被抢购一空。联想、飞利浦、惠普等众多名牌产品也在大型购物网站推出秒杀，一些价格不菲的计算机只需 1 元，秒杀让网购一族为之疯狂。

③ 团购。团购即团体购物，指的是认识或不认识的顾客联合起来与商家谈判，以求得最优价格的一种购物方式。根据薄利多销、量大价优的原则，商家可以给出低于零售价格的团购折扣和单独购买得不到的优质服务。团购作为一种新兴的电子商务模式，通过顾客自行组团、专业团购网站、商家组织团购等形式，提高用户与商家议价的能力，并极大程度地使顾客获得商品让利，引起了顾客及业界厂商、甚至是资本市场的关注。团购一般会指定最低团购人数，如最低团购人数为 50 人，并限时限量销售，由于价格非常优惠，极具吸引力。

（4）赠品促销。赠品促销是指客户在买产品或服务时，商家可以给客户赠送一些产品或小赠品，其目的是促进主产品的销售。赠品促销目前在网上应用得还不算太多。一般情况下，在新产品上市、开辟新市场、产品更新、对抗竞争品牌等情况下进行赠品促销可以达到比较好的促销效果。赠品促销不仅可以提升品牌和网站的知名度，还可以鼓励人们经常访问网站以获得更多的优惠信息，同时根据顾客索取赠品的热情程度，还可以总结分析营销效果和产品本身的需求状况。

所选择的赠品一定要选择具有特色、客户感兴趣的产品，如买笔记本电脑赠送散热底座、鼠标等配件。

（5）积分促销。积分促销是很多网店都非常支持的一种促销活动，其操作比传统营销简单，且可信度高。客户每消费一次或参加网站上设置的在线活动，就可获得累计积分。当这些积分达到一定额度之后，可以兑换小赠品或在以后的消费中直接当现金使用。

积分促销不仅可以增加网站的访问量，还可以增加顾客对网站的忠诚度，以及提高活动的知名度等。

二、4C 营销策略

虽然 4P 理论流行了近半个世纪，但到了 20 世纪 90 年代，随着顾客个性的日益突出，加之媒体分化，信息过载，传统 4P 渐渐受到 4C 的挑战。从本质上讲，4P 的出发点是以企业为中心，是依据企业经营者要生产什么产品，期望获得怎样的利润而制定相应的价格，要针对产品怎样的卖点进行传播和促销、并以怎样的路径来销售。这其中忽略了顾客作为购买者的利益特征，忽略了顾客是整个营销服务的真正对象。以客户为中心的新型营销思路的出现，使以顾客为导向的 4C 理论应运而生。1990年，美国学者劳特朋（Lauteborn）教授提出了与 4P 相对应的 4C 理论。

4C 理论的核心是顾客战略，而顾客战略也是许多成功企业的基本战略原则，如沃尔玛"顾客永远是对的"的基本企业价值观。4C 的基本原则是以顾客为中心进行企业营销活动规划设计，从产品到如何实现顾客需求（Consumer's Needs）的满足，从价格到综合权衡顾客购买所愿意支付的成本（Cost），从促销的单向信息传递到实现与顾客的双向交流与沟通（Communication），从通路的产品流动到实现顾客购买的便利性（Convenience）。

1. Consumer's Needs 顾客需求

顾客需求有显性需求和潜在需求之分。显性的需求满足是迎合市场，潜在的需求满足是引导市场。营销人员的首要功课是要研究客户需求，发现其真实需求，再来制定相应的需求战略，以影响企业的生产过程。由于市场竞争的加剧，客户对于同质化产品表现出消费疲惫，而适度创新则是引导和满足客户需求的竞争利器。

顾客需求层次也是进行市场细分的依据之一。满足何种需求层次，直接决定了目标市场的定位策略。根据马斯洛的需求层次理论，顾客需求从基本的产品需求向更高的心理需求满足的层次发展，因此，企业不仅要做产品，还要做品牌做生活，通过创建品牌核心价值，营造新型生活方式，实现顾客在社会认同、生活品位等层次需求的满足。

2. Cost 顾客成本

顾客成本是顾客购买和使用产品所发生的所有费用的总和。价格制定是单纯的产品导向，而顾客成本除了产品价格之外，还包括购买和熟练使用产品所发生的时间成本、学习成本、机会成本、使用转换成本、购买额外配件或相关产品的成本。对于这些成本的综合考虑，更有利于商家依据目标客户群的特征进行相关的产品设计和满足顾客的真实需要。

3. Communication 顾客沟通

企业在进行顾客沟通时首先要明确企业传播推广策略是以顾客为导向而非以企业为导向或以竞争为导向。现在的许多企业以竞争为导向制定促销策略，结果陷入了迷茫的恶性竞争之中。顾客导向才更能使企业实现竞争的差异性和培养企业的核心竞争能力。顾客沟通也更强调顾客在整个过程中的参与和互动，并在参与互动的过程中，实现信息的传递及情感的联络。一方面，沟通要选择目标客户经常接触的媒介管道；另一方面，由于社会信息爆炸，顾客每天所接触的信息非常多，因而单向的信息传递会由于顾客的信息接收过滤而造成传播效率低下。而沟通所强调的客户参与，则使顾客在互动的过程中对于信息充分接收并产生记忆。当前的体验营销就是客户在体验的过程中，了解产品与自身需求的契合度，发现产品的价值所在，并在无形中领悟品牌文化，在潜移默化中深受感动。而在体验的过程中，顾客的心声被企业接纳，又为下一次创新指明了方向。

4. Convenience 顾客便利

可口可乐随处皆可买到，驾校提供上门接送服务，快餐店送餐上门……这些都是在通路设计上保证产品到达的便利性。便利顾客的目的是通过缩短顾客与产品的物理距离和心理距离，提高产品被选择的概率。

三、4R 营销理论

随着时代的发展，以顾客战略为核心的 4C 理论也显现了其局限性。当顾客需求与社会原则相冲突时，顾客战略也是不合适的。例如，在倡导节约型社会的背景下，部分顾客的奢侈需求是否要被满足。这不仅是企业营销问题，更是社会道德问题。同样，建别墅与国家节能省地的战略要求也是相背离的。于是 2001 年，美国的唐·E·舒尔茨（Don E Schultz）又提出了关联（Relevancy）、反应（Reaction）、关系（Relationship）和报酬（Rewards）的 4R 新说，"侧重于用更有效的方式在企业和客户之间建立起有别于传统的新型关系"。

与顾客产生关联（Relevancy）是指在竞争性市场中，企业通过某些有效的方式在业务、需求等方面与顾客建立联系，形成一种互助、互求与互需的关系，把顾客与企业联系在一起。顾客是具有动态性的，顾客忠诚度也是变化的，要提高顾客的忠诚度，赢得长期而稳定的市场，避免其忠诚度转移到其他的企业，企业必须与他们建立起牢固的关系，这样才会大大降低顾客流失的可能性。

反应（Reaction）是指企业的市场反应。在相互影响的市场中，对经营者来说最现实的问题不在于如何控制、制订和实施计划，而在于如何站在顾客的角度及时地倾听顾客的需求，并及时答复和迅速做出反应，满足顾客的需求。企业应该建立快速反应机制，了解顾客与竞争对手的一举一动，从而迅速做出反应。

而对于关系（Relationship）来说，则要求通过不断改进企业与顾客的关系，实现顾客固定化。同时企业要注意的是尽量对每一位不同的顾客的不同关系加以辨别。只有分清楚不同的关系，企业在进行市场营销时才不至于分散营销力量。只有与顾客建立起良好的关系，从而获得顾客的满意和忠诚感，才能维护顾客，进一步还能把满意的顾客变成亲密的顾客。

回报（Rewards）对企业来说，是指市场营销为企业带来短期或长期的收入和利润的能力。一方面，追求回报是市场营销发展的动力；另一方面，回报是维持市场关系的必要条件。企业要满足客户需求，为客户提供价值，同时也要获取利润，因此，市场营销必须注重产出，注重企业在营销活动中的回报，一切市场营销活动都必须以为顾客及股东创造价值为目的。

四、4I 营销理论

4I 理论即"整合营销"理论，产生和流行于 20 世纪 90 年代，是由美国西北大学市场营销学教授唐·舒尔茨提出的。整合营销就是"根据企业的目标设计战略，并支配企业各种资源以达到战略目标"。

4I 营销认为，网络营销应该从趣味原则（Interesting）、利益原则（Interests）、交互原则（Interaction）和个性原则（Individuality）四个方面去策划设计。

（一）趣味原则

趣味原则是指在营销活动中加入趣味性的内容，提升用户参与营销活动的主观意愿。在注意力稀缺的社交媒体时代，用户对"硬"广告已经产生了免疫，网络广告、网络营销也必须是娱乐化、趣味性的。在这种情况下，营销活动必须遵循兴趣原则才能吸引用户的注意力，这是营销成功的基本前提。

（二）利益原则

用打折、促销、返券等手段激励用户是电商最常采用的营销手段，这类手段都遵循 4I 的利益原则。在电商营销活动中，给用户提供的利益主要包括经济上的利益和心理上的利益。经济上的利益是指通过返现、抵现、打折等方式减少用户在交易过程中的花费；心理上的利益是用勋章、等级、称号等方式满足用户"希望能被特殊对待"的心理需求。总之，就是要让用户能从营销活动中感受到"收益"。

值得一提的是，网络营销中给顾客提供的"利益"外延更加广泛，物质实利只是其中的一部分，还可能包括：（1）信息或资讯。广告的最高境界是没有广告，只有资讯。顾客抗拒广告，但顾客需要其需求产品的相关信息与资讯。（2）功能或服务。（3）心理满足或荣誉。（4）实际物质或金钱利益。

（三）交互原则

交互是社交媒体时代网络营销最重要的特征，也是网络营销区别于传统营销最基本和最具革命性的优势。交互能够加强用户对品牌的了解程度、消除用户对品牌的疑问、增加用户的忠诚度，是有效的营销手段。加上网络媒体在传播层面上失去了传统媒体的"强制性"，如此的"扬短避长"，单向布告式的营销，肯定不是网络营销的前途所在，只有充分挖掘网络的交互性，充分利用网络的特性与顾客交流，才能扬长避短，让网络营销的功能发挥至极致。

网络营销活动的交互一般包括用户与用户之间的交互，以及用户与平台之间的交互。值得一提的是，这里的用户不单是指产品的用户，还指所有网民，因为在社交媒体中，信息传播范围广，一条信息理论上可以传播到每一位网民。用户与用户之间的交互是指用户在社交媒体平台中参与与营销活动有关的沟通交流等，这种交互能够帮助企业形成口碑传播。企业可以通过设置话题、建立社区等多种方式引导用户进行交互。用户与平台之间的交互指的是用户与电商企业之间的交互，这种交互能够缩短顾客与产品的距离感，主要有 SCRM（社交媒体客户服务）和社交媒体营销活动等方式。

（四）个性化原则

个性化的营销能让顾客心中产生"焦点关注"的满足感，个性化营销更能投顾客所好，更容易引发互动与购买行动。个性化的营销强调在观念上充分关注每位顾客的独一无二的个性，识别每位顾客的个性化需要，并做出相应的营销反应。从上面的描述可知，个性化包括两方面的内容，一是识别个性化需求，二是营销反应，对电商营销活动来说，个性化体现在对目标用户的个性化筛选和个性化的用户体验上。

在目标用户的个性化筛选方面，电商可以使用数据挖掘技术，对用户购买行为、地域信息、消费特征等数据进行分析，将用户分众化，并针对不同用户制定不同的营销方案。在最终用户体验方面，可以根据用户信息显示个性化的内容，让用户感觉到自己被特别对待。总的来说，不管是个性化筛选还是个性化体验，其目的都是满足用户的个性化需求，提高转化率，让营销有的放矢。

 思考与实践

一、复习思考题

1. 登录艾瑞调研社区网站或爱调研网，注册并参与一次调研活动，体验网络调研。
2. 网络营销常用的工具和方法有哪些？
3. 网络广告的形式有哪些？试图向企业了解他们的广告报价。
4. 讨论小米公司的网络营销策略。

二、实践题

vivo 为一个专注于智能手机领域的手机品牌，vivo 和追求乐趣、充满活力、年轻时尚的城市群体一起打造拥有卓越外观、愉悦体验的智能产品，并将敢于追求极致、持续创造惊喜作为 vivo 的坚定追求。

2016 年 12 月 12 日，vivo Xplay6 正式开售。它拥有高通骁龙 820 系列处理器，配备 2K 分辨率曲面屏幕，6G 运存，配备 4 080mAh 的电池，并支持双引擎闪充。外观上，vivo Xplay6 采用新一代 5.46 英寸 2K 分辨率 Super AMOLED 曲面屏、U 轨结构设计、四弧面玻璃设计，直观感觉较前作更加圆润。拍照上，vivo Xplay6 配备后置双摄像头，主摄像头采用索尼全新一代 IMX362 传感器，1 200 万全像素双核对焦，有 2 400 万个感光单元，搭配 500 万景深摄像头，协同拍照实现单反大光圈效果。

请同学们自行到网络上搜索信息，以 4P 营销理论分析 Vivo 公司此次网络营销策略组合，并完成分析报告。

实践题目： 调查 vivo 公司的 4P 营销策略。

实践目标： 能够分析企业的营销策略，并尝试通过 4P 策略进行企业网络营销策划。

实训任务：

（1）通过搜索引擎，了解企业网络营销的相关行为；

（2）以现有资料，分析企业网络营销的策略；

（3）分析企业网络营销成功的关键。

实训要求：

（1）能够全面收集企业网络营销的相关行为；

（2）能够独立分析企业的网络营销策略；

（3）针对企业现状，基于 4C 或者 4R 营销理论给出合适的建议。

评价标准：

收集信息是否全面，网络营销策略分析是否正确，能否给出相应合适的建议。

05 第五章
电子商务物流基础

知识目标

1. 理解物流的概念及电子商务和物流的关系；
2. 了解国内外电子商务物流的模式及优缺点；
3. 了解电子商务物流的基本环节，掌握电子商务物流服务的主要内容。

能力目标

1. 能操作完成电商流程中的物流环节；
2. 能分析企业的物流模式，发现问题并提出解决方案。

引导案例

2017 年中国电子商务与物流协同发展大会

2017 年 4 月 20 日，由中国电子商务协会指导，中国电子商务协会物流专业委员会主办，中国电子商务物流产业联盟承办，上海安能聚创供应链管理有限公司协办的"2017 第七届中国电子商务与物流协同发展大会暨电子商务物流技术装备创新峰会"（以下简称协同大会）在杭州开幕。中国电子商务协会、中国快递协会、中国电子商务协会农业食品分会等行业协会领导以及 400 余名企业代表出席本届大会。

本届协同大会以"协同创新 共建可持续发展的电子商务物流产业生态圈"为主题，分为主论坛、分论坛、企业展示、等级评定企业授牌等若干部分，针对行业热点及痛点，下设 B2B 互联网生态物流服务分论坛和绿色、智能电子商务物流供应链服务分论坛。

中国电子商务协会副理事长陈震、中国快递协会副秘书长杨骏分别为大会致辞。陈震副理事长就如何降低物流成本、提高物流组织管理水平与大家进行了交流。他表示，跟世界其他各国相比，我国物流成本仍然很高，科技创新是提质增效降低成本的根本，电子商务物流企业应把提高用户体验作为唯一的标准，众包物流等新兴业态是市场的最大亮点。如何降低物流成本、促进行业健康发展已经成为摆在全行业面前的重要课题。

　　我国快递业连续 6 年保持 50%左右的高速增长，成为发展最快的服务行业，有力支撑起国内消费领域增长的物流需求。但是，物流在高速发展的同时，还存在着物流成本高、快递包装垃圾污染严重、体系建设不健全、服务质量不高等难题。如何推进电商与物流协同发展已经成为全行业热议的话题。在下午的分论坛上，大会邀请了找钢网、工控网、易观亚太、银河传媒、京东、巨软科技、博科资讯、IBM、NEC、贯通云网和双壹咨询等企业专家为大家带来了精彩的主题演讲，并就"B2B 电子商务物流供应链的创新、协同发展"及"新零售时代，如何打造绿色、智能的电子商务物流供应链"两个话题展开高端对话。

　　思考题：为满足电商发展需求，物流领域提出了哪些方面的协同改进？

第一节　电子商务物流概述

　　电子商务物流目前并没有统一的定义，它通常会被理解为"电子商务+物流""电子商务的物流"或其他组合概念。电子商务的概念在相关章节已经介绍，下面来介绍物流的概念，以进一步了解电子商务物流。

　　大多数专家都认为物流（Physical Distribution）一词最早出现在美国。20 世纪初，一些发达国家出现生产过剩与需求相对不足的经济危机。市场竞争的加剧使人们开始关注分销工作，萌发了物流的概念。1915 年，美国的阿奇·萧在《市场分销中的若干问题》一书中，首次提出了"Physical Distribution"（PD）的概念，有人将它译成"实体分销"，也有人译成"物流"。第二次世界大战期间，美国军队围绕军需物资的供应建立了现代军事后勤（Logistics），即指战略物资的生产、采购、运输、仓储、配送等全过程的管理，形成了一门"后勤管理"（Logistics Management）学科。第二次世界大战后，"后勤管理"理论在很多经济活动中被引用，现在欧美很多国家定义物流概念时更多地使用（Logistics）而不是（Physical Distribution）。

　　物流概念引入中国大体历经了三个阶段。第一阶段，20 世纪 80 年代初至 20 世纪 90 年代初。一方面因欧美市场营销理论的引入，开始接触物流的概念；另一方面因日本市场营销理论的引入，开始接触物流的概念。尽管当时在中国还尚未形成"物流"的概念，但是类似物流的行业是客观存在的，如中国的"储运"业与国外的"物流"业就很相似。只是限于这个时期中国的经济体制正处于转轨时期，真正意义上的现代物流尚未形成，因此引入传统物流的概念更适合中国的国情。第二阶段，20 世纪 90 年代中期至 20 世纪 90 年代末期。一方面由于对外开放力度加大，大量跨国公司进入中国，将现代物流（Logistics）的理念传播给中国；另一方面大量"三资"企业的生产和制造活动开始本地化，对现代物流产生了需求。于是，一批传统储运企业开始向综合物流业务的现代物流企业转型。第三阶段，20 世纪末至今。一方面由于世界经济一体化进程的推进，国际政治、经济、技术和管理对中国经济产生了深刻影响，促进了中国物流业的发展；另一方面由于市场经济体制建设的进程加快，现代物流高速发展的市场环境已基本具备。现代物流开始在中国进入全面发展的新阶段。

物流的概念在不同国家、不同机构、不同时期均有所不同，目前我国广泛采用的物流概念是我国的物流术语标准对物流的定义：物流是在物品从供应地向接收地的实体流动过程中，根据实际需要，将运输、储存、采购、装卸搬运、包装、流通加工、配送和信息处理等功能有机结合起来实现用户要求的过程。在现代社会企业的传统物流业务流程中，能看到物流多种功能的实现，如图 5-1 所示。

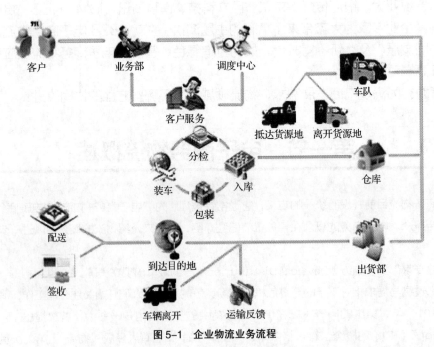

图 5-1　企业物流业务流程

如今，电子商务实践的快速发展进一步推动了物流的转变，电子商务物流的概念从而被提出并成为研究热点。电子商务物流的产生过程如图 5-2 所示。

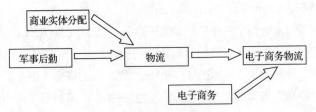

图 5-2　电子商务物流的产生

电子商务物流没有统一的定义，但可以从两个角度来理解：从宏观行业角度，电子商务物流是电子商务和物流两个行业的结合，是为与电子商务这一行业相配套、主要为电子商务客户提供服务的物流；从微观运作角度，电子商务物流是信息管理技术和物流作业环节的结合，是运用现代信息技术整合物流环节、实现高度信息化的物流。

如图 5-3 所示，电子商务物流与传统物流在基本功能和目的上并没有本质的区别，基本功能包括运输、储存、装卸、搬运、包装、流通加工、配送、回收与信息处理等，最终目的都是要把商品送到顾客手中。但是，电子商务物流主要接受电子商务企业的委托，最终用户主要是享受电子商务服务的企业或个人，所以订单的传输、处理都是电子化的，空间和时间上有很大的不确定性，而且每个订单都要送货上门，因此，电子商务的物流成本更高，配送路线的规划、配送时间的安排、配送车辆的合理调度难度更大。也就是说，电子商务物流是两个领域结合的产物，和传统物流相比，具有信息化、自动化、网络化、智能化和柔性化等特点。

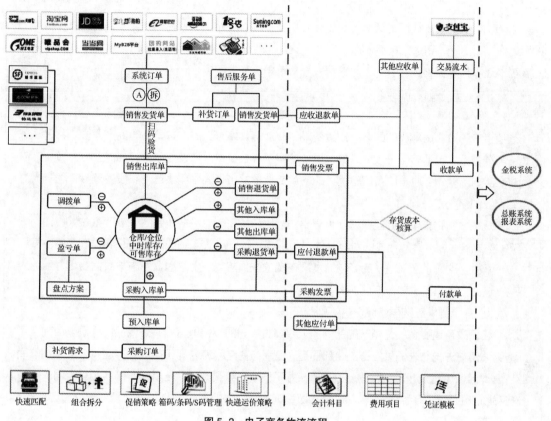

图 5-3　电子商务物流流程

97

知识链接

电子商务物流的四大发展趋势

2016 年，我国电子商务物流行业的发展趋势主要有以下四个。

（一）电子商务物流的移动化、数据化、平台化

在 2015 年，约 1.3 亿网购人员从 PC 端转移到移动端，移动端网购人群的占比已经逼近 70%。信息经济条件下的消费行为发生了本质改变，由固定位置、断点式在线转变为 24 小时在线，顾客可以随时随地下单、收包裹，电子商务物流的应用场景呈现指级数增长。同时平台化带来的分享经济和共享经济的变化，在整个 O2O 业态发展当中，快递物流也在快速跟进。

（二）电子商务物流正在以前所未有的速度全球化、农村化

技术在不断地改变着商业的形态，在拓展着商业的边界，也在拓展着物流快递的边界。2015年，跨境电子商务迅猛发展，一度成为行业热词。"双十一"期间，超过 3 000 万国人在当天购买了来自全球 100 多个国家的产品，同时有 232 个国家和地区的顾客参与了"双十一"狂欢，跨境出口物流规模同比增长了 224%。

在全球化的同时，电子商务物流的农村化、城市本地化也在快速演进。伴随这样一个过程，快递物流行业从骨干线路的覆盖，进一步走向支线、"毛细血管"的覆盖。物流快递"毛细"体系的建立是这一年最大的亮点。以"三通一达"为代表的快递公司，正在把"毛细"体系铺设到农村，让农村享受到跟北京、上海的居民一样普惠的商业服务。

（三）电子商务物流的园区化以及跨业态聚集

2015 年一年时间内，有 1 000 多个电商产业园成立，甚至有的不是新建的产业园，而是通过改造传统的过剩房地产的园区，使其变成了产业园，如著名的广东岭南电商产业园，就是从东莞一家鞋城批发市场转型升级而来的。类似的案例不在少数，随着互联网打通商业信息链，去中间化趋势日益明朗，原本依赖信息优势的各类专业批发市场面临巨大压力，很多开始转型升级为电商产业园。

物流需要货物集聚，而互联网让世界更加"比特"化，电商在园区的小集聚意味着货物的大流转、大集聚，园区聚焦形成的对等开放与大规模协作，使"互联网+产业园+物流园"的发展模式应运而生，这成了当前电子商务物流发展布局的一大趋势，也是线上生态与数据变化导致的线下物流产业空间集聚态势改变的新鲜商业场景。

（四）需求侧供应链再造促进供给侧改革

供给侧改革是要解决过剩产能的问题，要解决中国的高端顾客没有好商品的问题。目前电子商务物流仍在进行需求侧供应链的全新再造，电商与快递物流公司正在协力打造一个需求端的商业价值体系，并进行进一步的升级和改造。为了推动供给侧改革，一个全新的、覆盖全国的电子商务和物流的服务体系将会建立，这个基础设施的建立是非常重要的。

思考：

物流与电子商务存在什么样的关系？电子商务的发展给物流带来了什么样的变化和新的需求？

第二节　电子商务物流的环节

电子商务的发展离不开物流的支持，除了虚拟产品以外，实物商品的运输和配送环节必须通过与线下各物流公司的合作完成。我们将从货物的仓储管理、装箱打包、物流配送等环节来讲解电子商务的物流工作流程。

一、仓储管理

我国国家标准《物流术语》对仓储的定义是：利用仓库及相关设施设备进行物品的进库、存储、

出库的作业。

当供货商将商品运抵仓库时，仓库中担任收货工作的人员必须严格认真地检查：一看商品外包装是否完好，若出现破损或临近失效期（保质期）等情况，要拒收此类货物，并及时上报相关部门；二看订货单和送货单，核对商品的品名、等级、规格和品种等信息，确保准确无误，质量完好，配套齐全后方可入库保管。图 5-4 所示为某厂家西装入库流程。

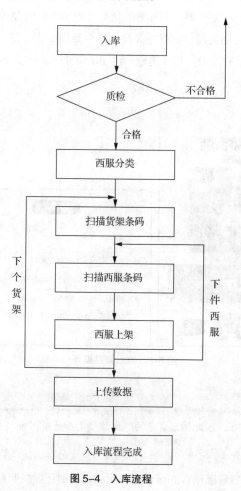

图 5-4 入库流程

入库的每一款商品都应该有一个货号，即商品编号。在电商中经常用到 SKU 这个术语，它就是常说的商品编号。SKU 全英文为 Stock Keeping Unit（库存量单位），即库存进出计量的单位，可以以件、盒、托盘等为单位。SKU 最早是大型连锁超市 DC（配送中心）进行物流管理的一种重要方法，现在被引申为产品统一编号的简称，每种产品均有唯一的 SKU 号。对电商而言，SKU 有另外的含义：

（1）SKU 是指一款商品，每款商品都有一个 SKU 号，便于电商识别商品。

（2）一款商品多色，则是有多个 SKU，如一件衣服有红色、白色和蓝色，则 SKU 编码也不相同，如相同则会出现混淆，发错货。

编写商品货号的目的是方便企业进行内部管理，在店铺或仓库里找货、盘货都更方便。编码的方式并不需要统一，可按照管理者的实际需求和商品的种类、数量来规定。

最简单的编号方法是"商品属性+序列号"，多适用于非品牌商品，大多数中小电商常用这种方法。举个简单例子：一家销售女性饰品的淘宝店铺，首先将商品按类别属性分为头饰、耳环、项链、手链、戒指与手镯等，每一类别的名称可以为其拼音首字母缩写，如头饰为 TS，脚链为 JL，戒指为 JZ 等；每类的数字编号也就是序列数，可以是两位数、三位数或四位数，视该类商品的数量而定，每一个编号代表一个款式，可以采用 01～99 或 001～999 的方式来编号。

如果销售的是品牌商品，厂家一般都有标准的货号，就不需要管理者再编写货号了，但是我们要学会辨认厂家编写的货号，因为货号其实就是商品的一个简短说明。图 5-5 所示为一台网上销售的 TCL 品牌电视机，货号为 D43A810，代表这是一台 43 英寸高清智能 Wi-Fi 网络安卓平板 LED 液晶电视机。

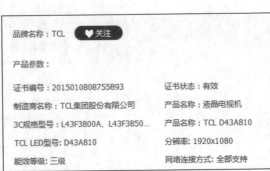

图 5-5　TCL 商品编号

> **思考**
>
> 服装类商品因为款式繁多，因此编写货号的规则往往更加复杂，请思考如何制定编写服装类货号规则？

商品被验收无误并编写货号以后，即可登记入库。入库时还要按照商品的不同属性、材质、规格等进行分类，然后分别放入货架的相应位置储存，注意做好防潮处理，以保证仓管货物的安全。

二、物流包装

当获得订单后，商品将进入物流的发货环节，把商品完好地送到目的地，第一个作业就是对商品进行合理的包装。

包装（Package/Packaging）是为在流通过程中保护货物、方便储运、促进销售，按一定技术方法而采用的容器、材料及辅助物等的总体名称。也指为了达到上述目的而在采用容器、材料和辅助物的过程中施加一定技术方法等的操作活动。

通常我们把包装分为销售包装和运输包装两大类，这里所讲的包装单指为了保障货物安全而做的运输包装。将不同的货物进行分类包装，不仅可以显示物流工作的合理性，还能够在一定程度上增加物流的安全性，同时也会影响物流成本，继而对电商整体经营成本产生影响。

根据包装材料的不同，包装主要分为纸质包装、塑料包装、金属包装、玻璃包装与木质包装。不同的包装材料具备不同的属性，如纸质包装，它之所以在电子商务物流领域中被广泛使用，一是由于它的轻便，可以定制不同大小、不同形状的纸质容器，造价便宜；二是符合电商企业个性化的需求，印刷方便，可以使用自己的个性商标、服务标语等，如图5-6所示。

图5-6　纸质包装

思考

除了纸质包装材料外，其他包装材料各有什么样的特性？如何应用于商品包装？请举例说明。

根据商品的不同特性，为了免于被包装的商品被损坏，如渗漏、浪费、偷盗、损耗、散落、掺杂、收缩和变色等，企业需要采取不同的包装方式，如防震包装、除氧包装、防潮包装、防锈包装、抗静电包装、防紫外线包装、真空包装、防虫包装、抗菌包装与防伪包装等。下面重点介绍几种常见的包装方式。

1. 防震包装

防震包装又称缓冲包装，在包装方法中占有重要的地位，能确保产品在运输、保管、堆码和装卸等过程中不受损伤。

防震包装有三种。全面防震包装是指内装物和外包装之间全部用防震材料填满进行防震的包装，往往用于玻璃制品及其他易碎品，如图5-7所示的鸡蛋防震包装。部分防震包装针对整体性好的产品和有内装容器的产品，仅在产品或内包装的拐角或局部使用防震材料进行衬垫，所用包装材料主要有泡沫塑料防震垫、充气型塑料薄膜防震垫和橡胶弹簧等，如图5-8所示。悬浮式防震包装则用于某些贵重易损的物品，为了有效地保证在流通过程中不被损坏，外包装容器比较坚固，然后用绳、带、弹簧等将被包装物悬吊在包装容器内。以保证在物流过程的每个操作环节，内装物都被稳定悬吊而不与包装容器发生碰撞，从而减少损坏。

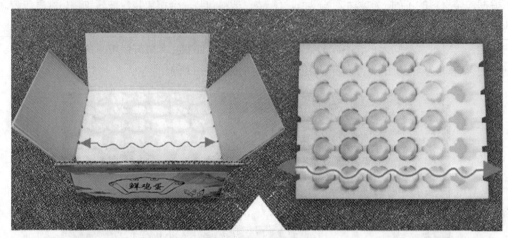

图 5-7　鸡蛋防震包装

图 5-8　部分防震包装

2. 除氧包装

商品如果容易与氧气发生反应，一旦接触氧气就会影响商品的价值和使用价值，那么除氧是在包装时必须考虑的一个细节。常见的除氧包装有三种：一是充气包装，用二氧化碳或氮气等不活泼气体置换包装容器中的空气，也就自然去除了氧气。二是真空包装，将商品装入容器后，封口前抽真空，使密封后的容器内基本没有空气，也就没有氧气了。三是脱氧包装，是继真空包装和充气包装之后出现的一种新型除氧包装。脱氧包装是在密封的包装容器中，使用能与氧气起化学作用的脱氧剂与之反应，从而除去包装容器中的氧气，以达到保护内装物的目的。脱氧包装适用于某些对氧气特别敏感的物品，应用于那些即使有微量氧气也会促使品质变坏的食品包装中。与脱氧包装关系最密切的是脱氧保鲜剂，脱氧保鲜剂具有无毒无味的特点，它脱氧彻底，绝氧所需的时间短，使各类产品不易发霉、生虫和褐变，能很好地保持商品原有的性能，保证货物的质量，适用于食品，对贵重金属、仪器、仪表长期封存防锈防霉也有良好的作用，如图5-9所示。

图 5-9　除氧包装

3. 防潮包装

防潮包装是指用具有一定隔绝水蒸气能力的防潮包装材料对物品进行包封，隔绝外界潮气对产品的影响，同时使包装内的相对湿度满足物品需求。在进行防潮包装时应注意以下几个问题。

（1）选用合适的防潮材料。防潮材料是影响防潮包装质量的关键因素。凡是能延缓或阻止外界潮气透入的材料，均可用来作为防潮包装的防潮阻隔层。符合这一要求的材料有金属、塑料、陶瓷、玻璃，及经过防潮处理的纸制品、木材制品、纤维制品等，而被使用最多的是塑料、铝箔等。防潮材料的选用主要由环境条件、包装等级、材料透湿度和经济性等几方面因素综合决定。

（2）设计合理的包装造型结构。试验表明，包装结构对物品的吸湿情况影响很大。包装容器底面积越大，包装及内装物的吸湿性也越强；越接近底部，含水量越大。因此，在设计防潮包装造型结构时，应尽量缩小底面积。此外，包装容器的尖端凸出部位也易吸湿，应将这些部位尽可能改成圆角。

（3）对易于吸潮的材料进行防潮处理。有些包装材料，如纸制品，其防潮性能较差，若用于防潮包装，须经防潮处理，使用材料有下列几种：蜡涂布、涂料涂布、塑料涂布、沥青纸、牛皮纸、蜡纸、铝箔、塑料薄膜等，也可以在密封包装内加入适量的干燥剂，使其内部残留的潮气及通过防潮阻隔层透入的潮气均被干燥剂吸收，从而使内装物免受潮气的影响。

思考

请选择三类电商企业的商品，分析并为它们选择合适的包装材料和包装方式，使它们的包装合理化。

103

三、物流配送

电商企业在商品包装完后，还需要选择与物流企业合作或者自己独立完成商品到顾客手中这一流程，也就是物流配送环节。物流配送（Distribution）是指在经济合理区域范围内，根据用户要求，对物品进行拣选、加工、包装、分割、组配等作业，并按时送达指定地点的物流活动。配送是物流中一种特殊的、综合的活动形式，是商流与物流的紧密结合。在如今的电商平台中，配送往往成为顾客对电商企业的评价标准之一，配送是否及时影响着顾客对电商企业的印象。

在电商流程中，配送常被说成送货，但配送和一般送货有区别：一般送货可以是一种偶然的行为，而配送却是一种固定的形态，甚至是一种有确定组织、确定渠道，有一套装备和管理力量、技术力量，有一套制度的体制形式。所以，配送是高水平的送货形式，它更加标准，也更有效率。这也是为什么大多数电商企业积极改善自己的配送环节的原因。

配送是"配"和"送"的有机结合。配送利用有效的分拣、配货等理货工作，使送货达到一定的规模，以利用规模优势取得较低的送货成本。如果不进行分拣、配货，有一件运一件，需要一点送一点，这就会大大增加动力的消耗，使送货并不优于取货。所以，要体现配送的优势，分拣、配货等项工作是必不可少的。

配送流程包含以下几个作业流程。

1. 集货

集货就是将分散的或小批量的物品集中起来，以便进行运输、配送的作业。

集货是配送的重要环节。为了满足特定客户的配送要求，有时需要把从几家甚至数十家供应商处预订的物品集中，并将要求的物品分配到指定容器和场所。例如，天猫的配送中心，需要将大量电商企业的货品存放入库，集中处理，这样才方便消费者进行跨店跨企业购买，同时也提高了电商企业的销售量，如图 5-10 所示。

图 5-10　天猫配送中心

2. 分拣

分拣是将物品按品种、出入库先后顺序进行分门别类堆放的作业，侧重点在于"分"。它是完善送货、支持送货的准备性工作，是送货向高级形式发展的必然要求。分拣能大大提高送货的服务水平。

在电商发展初期，电子商务物流并不发达，寄递分拣是分拣的主要形式。寄递分拣是邮政企业与快递企业在邮件（快件）内部处理过程中的重要工序。分拣人员根据邮件（快件）封面上所写地址，按本企业内部自我编列的分拣路由（即路向），逐件分入相关格口或码堆。当分拣效率不高产生商品堆积时，就很容易出现暴力分拣的问题。

3. 配货

配货是使用各种拣选设备和传输装置，将存放的物品，按客户要求分拣出来，配备齐全，送入指定发货地点。配货作业有两种基本方式，即摘取方式和播种方式。摘取方式是指在配送中心分别为每个用户拣选其所需货物；播种方式是将需配送的同一种货物，从配送中心集中搬运到发货场地，然后再根据用户对该种货物的需求量进行二次分配。配货大多是按照入库日期的"先进先出"原则进行的。

思考

请根据电商企业的不同规模和不同商品等特点，举例说明两种配货方式的适用范围，并分析两种方式的优缺点。

4. 配装

在单个客户配送数量不能达到车辆的有效运载负荷时，就存在如何集中不同客户的配送货物，进行搭配装载以充分利用运能、运力的问题，这就需要配装。与一般送货不同的是，配装送货可以大大提高送货水平及降低送货成本，所以配装也是配送系统中有现代特点的功能要素，也是现代配送不同于一般送货的重要区别之一。

5. 运输

配送运输是较短距离、较小规模、较高额度的运输形式，一般使用汽车为运输工具。与传统物流中干线运输的区别是，配送运输的路线选择问题是一般干线运输所没有的，干线运输的干线是唯一的运输线，而配送运输由于配送客户多，一般城市交通路线又较复杂，如何组合最佳路线，如何使配装和路线有效搭配等，是配送运输难度较大的工作。所以，配送运输作业考验配送中心的路线调控能力和配送人员的快速反应能力。

6. 送达服务

将配好的货运输到客户那里还不算配送工作的结束，这是因为送达货物往往不等于客户收货。因此，要圆满地实现运到之货的移交，并有效、方便地处理相关手续并完成结算，还应讲究卸货地点、卸货方式等。电商企业需要根据顾客的需求来完成送达，如送达时间的设定、送达地点的选择。目前，我国的快递接收服务已经有了进一步的发展，由原先的当面签收转为服务点签收、物管签收、智能快递柜存放签收等多种方式。图 5-11 所示是丰巢智能快递柜，它是一个面向所有快递公司、电子商务物流使用的 24 小时自助开放平台，可以提供平台化的快递收寄交互业务。

图 5-11　丰巢智能快递柜

电商企业可以线上选择物流企业以订单方式合作，也可以线下选择物流企业以批量方式合作，来完成配送。这里简单介绍线上订单配送。

以淘宝天猫为例，商家接收客户订单后，可进入商家店铺管理平台，选择物流管理，进入"等待发货的订单"选项页，勾选发货订单，单击"发货"按钮进入下一步。在物流服务界面进入在线下单选项页，根据买家实际情况选择物流公司，确认后系统通知该物流公司上门取件。如果商家已经有合作的物流公司，则在对应选项页输入对应的运单号码即可。

第三节　电子商务的物流模式

一、基本电子商务的物流模式

电子商务企业采取的物流模式一般有自营物流、物流联盟及第三方物流等模式。此外，第四方物流模式作为一个新型模式，正处于研究和实践阶段。

1. 自营物流

电子商务企业借助自身的物质条件自行开展经营的物流被称为自营物流。采取自营物流模式的电子商务企业主要有两类：一类是资金实力雄厚且业务规模较大的电子商务企业。由于电子商务在我国兴起的时候，国内第三方物流的服务水平远不能满足企业的要求，而这些企业手中持有大量的风险投资，为了抢占市场的制高点，不惜动用大量资金，在一定区域甚至全国范围内建立自己的物流配送系统。第二类则是传统的大型制造企业或批发企业经营的电子商务网站。由于其自身在长期的传统商务中已经建立起初具规模的营销网络物流配送体系，在开展电子商务时只需要将其加以改进、完善，就可以满足电子商务条件下其对物流配送的要求。

知识链接

唯品会全自营模式有力保证服务品质 领跑电商自建物流

2017 年 8 月 16 日，iiMedia Research 艾媒咨询发布《2017 上半年中国品质电商专题研究报告》，其中在配送服务顾客认可度方面，唯品会凭借全自营物流模式位居第三，其全自营模式的物流体系有力地保障了服务品质，如图 5-12 所示。

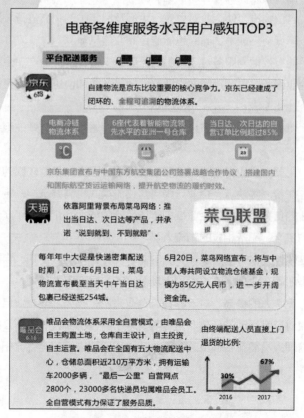

图 5-12 各电子商务物流体系对比

2017 年年初，唯品会正式宣布分拆互联网金融业务和重组物流业务，以打造新的增长引擎，意在打造一个由电商、金融和物流三大板块组成的战略矩阵。对此，艾媒咨询分析师认为，构建集团业务的闭环生态可以为用户提供完整的购物流程体验，并延伸服务至流程之外的关联需求。电商为物流和金融提供情景和流量入口，金融和物流助力电商品质升级，三大板块相辅相成。"电商+物流+金融"三大板块是唯品会聚焦并深耕其独特用户群的结果，其布局具有长期的发展潜力。

据悉，截至目前，唯品会全国仓储面积达 220 万平方米，前置仓总数增加至 11 个，"最后一公里"自营网点 3 500 个，27 000 多名快递员均属唯品会员工，全自营模式有力地保证了服务品质；唯品会还引入自动化系统，以降低成本，提高物流效率。唯品会物流运营能力也得到了进一步提高，实现了第二季度 95%的订单由自有物流配送。同时，唯品会还进一步优化上门退货服务，由终端配送人员直接上门退货的比例从去年同期的 46%增长至 68%。

思考：唯品会为什么选择自营物流？自建物流的企业还有哪些？

在电商发展初期，电商企业的重点在于打造商品，完善生产，占领市场。然后到了中后期，物流成为越来越突出的问题，物流模式的选择影响着问题解决的程度。结合唯品会等自营物流电商企业的情况，我们不难发现，自营物流模式具有以下优点。

第一，控制力强。自营物流可使企业对供应、生产及销售中的物流进行较为全面的控制，可以有效提高物流运作效率，降低交易成本，同时也能避免商业信息泄露。

第二，服务性强。能有效地为服务对象提供物流服务支持，保证生产、生活等诸多方面对物流的需要。同时也可针对企业服务对象的反馈做出调整，使服务更加快速灵活，更好地满足服务对象在物流上的时间、空间和个性化要求。

第三，协调性强。可根据企业的生产经营需要而建立，进行统一有效的组织优化，能合理规划物流作业流程。

第四，专业性强。主要为企业自身的经营活动提供物流服务，具有较强的专业性。

自营物流模式也存在着一些缺点，企业选择自营物流模式也需要承担一定的风险。

第一，增加了企业的负担，削弱了企业抵御市场风险的能力。企业为了实现对物流的直接组织和管理，需要投入较多的资金，配备相应的物流人员。

第二，规模化程度较低，很难满足地域扩张的需求。在企业创建初期，自建物流配送系统能满足企业的物流需求，但是随着企业规模的扩大和市场范围的扩展而不胜其力。

第三，不利于核心竞争力的提高。对于非物流企业来说，物流并非企业自身的核心业务，也非自身最擅长的业务。物流对自身活动的影响非常有限。采用自营物流，一方面会减少企业对核心业务的投入，另一方面企业管理人员需花费很多的时间、精力和资源去处理与物流相关的工作，这会削弱企业的核心竞争力。

2. 物流联盟

当电商企业由于成本或自身实力问题不能选择自营物流模式时，早期物流联盟模式就成了最好的选择。按照国家物流术语标准，物流联盟是两个或两个以上的经济组织为实现特定的物流目标而采取的长期联合与合作。它是指两个或多个企业之间，为了实现自己的物流战略目标，通过各种协议、契约而结成的优势互补、风险共担、利益共享的松散型网络组织。

利益是物流联盟产生的最根本原因，企业之间的共享利益是物流联盟形成的基础。物流市场及其利润空间是巨大的。在西方发达国家，物流成本占 GDP 的 10% 左右，而在我国，物流成本占 GDP 的比例在 15%～20%，如此庞大的市场需求与我国物流产业的效率低下形成了鲜明的对比，生产运输企业通过物流或供应链的方式形成联盟有利于提高企业的物流效率，实现物流效益的最大化。电商发展初期，因物流发展水平的长期落后，如物流设备与技术落后、资金不足、按行政区划分物流区域等，很多企业尤其是中小企业不能一下子适应新的需求，于是就通过联盟的方式来解决这个矛盾。

物流联盟的优势有以下几个。

（1）从建立物流联盟安排的角度看，物流联盟的建立可使物流合作伙伴减少费用、降低风险和减少冲突。物流合作伙伴之间经常沟通与合作，使得在搜寻交易对象信息方面的费用大为降低；通过个性化的物流服务建立起来的相互信任与承诺，可减少各种履约的风险；物流契约一般签订的时间较长，企业可通过协商来减少在服务过程中产生的冲突。

（2）从构建物流联盟的过程看，联盟企业能够有效地维持物流联盟的稳定性。双方基于自身的利益选择，发现有效的长期合作是最优策略，进而双方可以充分依靠建立联盟协调机制形成的内部环境，减少交易的不确定性和交易频率，降低交易费用，实现共同利益最大化。

（3）从建立物流联盟的绩效看，稳定、长期的合作会激励双方把共同的利润做大，从而获得稳定的利润率。从物流发展的角度看，物流联盟是企业与专业物流服务商建立的一种现代物流合作形式。在物流联盟中，随着物流组织的发展，供应链中的联系会进一步加深，同时，双方开展持续、诚信的合作，可以相互学到对方的优点，如技术优势、丰富的经验等。

3．第三方物流

随着现代企业生产经营方式的变革和市场外部条件的变化，"第三方物流"开始引起人们的重视并被广泛使用。企业自己既不拥有物流服务设施，也不设置功能性的物流职能部门，是通过整合市场资源来获得相应的物流服务的，包括供应链系统的设计、物流服务标准的制定、供应商和分销商的选择等，直至聘请第三方物流企业来提供一揽子的物流服务。

第三方物流是指接受客户委托为其提供专项或全面的物流系统设计以及系统运营的物流服务模式，也称合同物流、契约物流。不同于自营物流和物流联盟，第三方物流是社会分工的产物。在当今竞争日趋激化和社会分工日益细化的大背景下，中小电商企业采取第三方物流具有明显的优越性，具体表现在：可以使企业专心致志地从事自己所熟悉的业务，将资源配置在核心业务上；灵活运用新技术，实现以信息换库存，降低成本；减少固定资产投资，加速资金周转；提供灵活多样的客户服务，为客户创造更多的价值。中国外运股份有限公司就是一家出名的第三方物流提供商，如图 5-13 所示。

图 5-13 第三方物流提供商

当然，与自营物流相比较，第三方物流在为企业提供上述便利的同时，也会给企业带来诸多的不利。主要有：企业不能直接控制物流，不能保证供货的准确和及时，不能保证顾客服务的质量和维护与顾客的长期关系；企业将放弃对物流专业技术的开发等。另外还有一个更为严重的问题，就是企业在使用第三方物流时，第三方物流公司的员工经常与企业客户交往，此时，第三方物流公司会通过在运输工具上喷涂自己的标志或让公司员工穿着统一服饰等方式来提升第三方物流公司在顾客心目中的整体形象从而取代企业的地位。因此，对第三方物流服务供应商的选择一定要慎之又慎。

4. 第四方物流

1998 年，美国埃森哲（ACCENTURE）咨询公司提出了"第四方物流"（the Fourth Party Logistics，4PL）概念。埃森哲公司甚至注册了该术语的商标，并定义其为"一个调配和管理组织自身的及具有互补性服务提供商的资源、能力与技术，来提供全面的供应链解决方案的供应链集成商"。

与第三方物流注重实际操作相比，第四方物流更多地关注整个供应链的物流活动。第四方物流有能力提供一整套完善的供应链解决方案，是管理咨询服务和第三方物流服务的集成商。和第三方物流不同，第四方物流不是简单地为企业客户的物流活动提供管理服务，而是通过对企业客户所处供应链的整个系统或行业物流的整个系统进行详细分析后提出具有中观指导意义的解决方案。因此，第四方物流服务供应商本身并不能单独地完成这个方案，而是要通过物流公司、技术公司等多类公司的协助才能使方案得以实施。

也就是说，第四方物流服务供应商能够为企业客户提供相对于企业而言的全局最优方案，却不能提供相对于行业或供应链的全局最优方案，因此第四方物流服务供应商就需要先对现有资源和物流运作流程进行整合和再造，从而达到解决方案所预期的目标。第四方物流在向客户提供持续更新和优化的技术方案的同时，通过物流运作的流程再造，满足客户的特殊需求，使整个物流系统的流程更合理、效率更高，从而将产生的利益在供应链的各个环节之间进行平衡，使每个环节的企业客户都可以受益。

第四方物流有如下三种运作模式。

（1）协同运作模式。在该运作模式下，第四方物流只与第三方物流有内部合作关系，即第四方物流服务供应商不直接与企业客户接触，而是通过第三方物流服务供应商将其提出的供应链解决方案、再造的物流运作流程等实施，如图 5-14 所示。这就意味着，第四方物流与第三方物流共同开发市场，在开发的过程中第四方物流向第三方物流提供技术支持、供应链管理决策、市场准入能力以及项目管理能力等，它们之间的合作关系可以采用合同方式绑定或采用战略联盟方式形成。

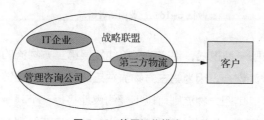

图 5-14　协同运作模式

（2）方案集成商模式。在该运作模式下，第四方物流作为企业客户与第三方物流的纽带，将企业客户与第三方物流连接起来，这样企业客户就不需要与众多第三方物流服务供应商进行接触，而是直接通过第四方物流服务供应商来实现复杂的物流运作的管理，如图 5-15 所示。在这种模式下，第四方物流作为方案集成商除了提出供应链管理的可行性解决方案外，还要对第三方物流资源进行整合和统一规划，以便更好地为企业客户服务。

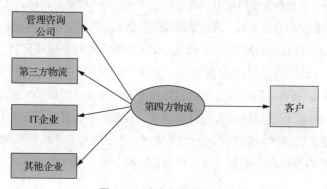

图 5-15　方案集成商模式

（3）行业创新者模式。行业创新者模式与方案集成商模式有相似之处：第四方物流作为第三方物流和客户沟通的桥梁，将物流运作的两个端点连接起来，如图 5-16 所示。两者的不同之处在于：行业创新者模式的客户是同一行业的多个企业，而方案集成商模式只针对一个企业客户进行物流管理。在这种模式下，第四方物流提供行业整体物流的解决方案，这样可以使第四方物流运作的规模得到更大限度的扩大，使整个行业在物流运作上获得收益。

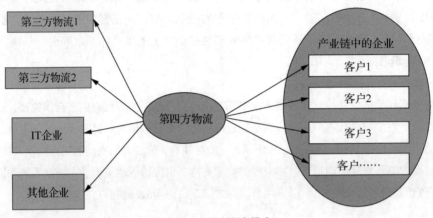

图 5-16　行业创新者模式

第四方物流无论采取哪一种模式，都突破了单纯发展第三方物流的局限性，能真正地低成本运作，实现最大范围的资源整合。因为第三方物流缺乏跨越整个供应链运作以及真正整合供应链流程所需的战略专业技术，第四方物流则可以不受约束地将每一个领域的最佳物流提供商组合起来，为客户提供最佳物流服务，进而形成最优物流方案或供应链管理方案。而第三方物流要么单干，要么通过与自己有密切关系的转包商来为客户提供服务，它不太可能提供技术、仓储与运输服务的最佳结合。

二、国际电子商务的物流模式

在国内外大环境与政府政策的带动下，跨境电子商务正在受到越来越多的企业的重视，大家都开始积极抢夺境外市场。这也意味着跨境电商企业除了要做好国内物流的选择，还要获得国际物流的支持。下面简单介绍一些国际物流常识，这也是跨境电商企业和商家需要了解和掌握的。

报关和清关是确保货品能够发货出境和进入收件方境内的两个重要环节，也是国内电商与跨境电商的不同之处，跨境电商报关流程如图 5-17 所示。报关是指进出口货物收发货人、进出境运输工具负责人、进出境物品所有人或者他们的代理人向海关办理货物、物品或运输工具进出境手续及相关海关事务的过程，包括向海关申报、交验单据证件，并接受海关的监管和检查等。而清关即结关，是指进出口或转运货物出入一国关境时，依照各项法律法规和规定应当履行的手续。只有在履行各项义务以及办理了海关申报、查验、征税、放行等手续后，货物才能放行，货主或申报人才能提货。

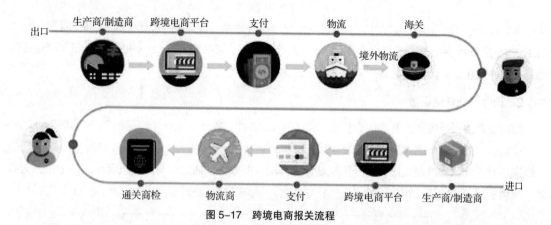

出口 生产商/制造商　　跨境电商平台　　支付　　　物流　　　海关

境外物流

通关商检　　　物流商　　　支付　　跨境电商平台　生产商/制造商

进口

图 5-17　跨境电商报关流程

报关和清关都需要根据出口方和进口方的海关规定严格执行，否则容易产生被扣关的后果。国内电子商务物流，商家寄出货物时并不需要填写精准信息，一般收件人地址没有问题都能收到，但在国际物流海关申报中，如果发生申报货品出现偏差、重量少报、收货人条件不允许（没进出口权等）等情况，货品都有可能被当地海关查扣。因此，专业的物流人员需要掌握填写各类单证的技巧，熟悉各国海关的各项规定，并关注各国海关的通知信息。

国际物流的渠道主要有以下三种。

1．邮政包裹物流渠道

邮政包裹物流渠道简称邮政渠道，指的是通过当地的邮局将本地货品送交到海外买家的手里，依托邮政网络来实现通邮。这里必须提到一个组织——万国邮政联盟，如图 5-18 所示。万国邮政联盟（Universal Postal Union，UPU），简称万国邮联，是协调成员之间的邮政事务的联合国专门机构，也就是世界邮政的国际组织。每个成员均同意并接受在相同的条件下处理国际邮务。目前该组织已覆盖 220 个国家和地区，比其他任何物流渠道网络覆盖都要广泛。

图 5-18　万国邮联 LOGO

以中国邮政为例，邮政物流的服务类型主要有中邮平常小包、中邮挂号小包、中邮大包、国际 E

邮宝等，中国出口跨境电商有超过一半的包裹都是通过邮政系统投递的，投递渠道为平邮或挂号小包。但邮政渠道的时效性较慢，正常情况下为 16～35 个工作日，特殊情况下 35～60 个工作日可到达目的地。特殊情况包括：节假日、政策调整、偏远地区等。

2. 国际商业快递渠道

国际商业快递泛指四大商业快递巨头，即 DHL、TNT、FedEx 和 UPS。除了大家耳熟能详的四大商业快递之外，还有邮政渠道的 EMS 服务、澳大利亚快递公司的 TOLL 等，如图 5-19 所示。商业快递相对于邮政物流渠道最大的分别就是计费标准与时效性。通过自有的货机团队，本地化派送服务，提供更灵活更优质的客户体验，当然，它给客户带来的是高昂的运费成本。

图 5-19　国际商业快递

电商企业选择国际商业快递渠道时，需要了解不同快递公司的服务范围、收费标准、重量尺寸要求等，以此来与其他物流渠道进行对比。一般来说，商业快递在时效上的绝对优势使其成为批发客户或者单价较高产品首选的发货方式，商业快递基本时效为在 2～7 个工作日内完成妥投。电商企业选择商业快递时主要会以价格与清关时效作为综合选择参数。

3. 专线物流渠道

市面上最普遍的专线物流产品是美国专线、西班牙专线、俄罗斯专线、澳大利亚专线等。针对体量大的收件目的国（地区），可能会有多种专线物流服务供商家选择。例如，俄罗斯作为中国跨境电商贸易的主要国家之一，在跨境电子商务物流后台的线上发货系统中就有多种物流专线服务可供选择。

专线物流的性价比相对于国际小包与商业快递来说是最高的，在尺寸与重量的要求上与国际小包相同，时效上虽然不及商业快递，但比起国际小包来已经提高了很多。通常专线物流的时效在 7～14 天或 14～21 天。

除了以上三种发货渠道，跨境电商企业还可以选择事先囤货的方式，将货品提前运至销售目的国

（地区），也就是我们常说的海外仓。海外仓是企业将货物批量发送至境外仓库，以实现本地销售、本地配送的跨国物流形式。这样一来，可以降低物流成本，提高物流时效，提升客户满意度，有利于开拓市场，但同时也带来了一定的风险，如若商品市场判断错误将导致货品堆积，海外仓租用成本过高造成亏损等，因此海外仓通常被用来应对促销活动或爆款销售。

网易考拉整合海外资源，切跨境电商蛋糕

　　考拉海购是网易 2015 年 1 月推出的自营 B2C 跨境电商平台。初期主打母婴用品、美妆个护、食品保健等品类。客观来说，考拉海购在跨境电商创业企业中，算是一个不折不扣的"富二代"。网易上线跨境电商之初，就曾考察过国内的电商模式，认为"自营"是可以保证商品质量和拥有议价权的最优模式。

　　在国内仓储方面，目前，网易考拉海购在杭州拥有 4 万平方米的保税仓，在宁波拥有 2.6 万平方米的仓库，并且还有面积达到 16 万平方米的在建仓库。在杭州、宁波两地，其保税仓面积均属当地最大。在郑州也有超过 1 万平方米的仓库，并且在很多地区正在筹备新仓，仓储面积居跨境电商前列。网易对外表示，已获得了近百个全球一线品牌官方授权，并与全球数百个顶级供应商建立深层合作。

　　在物流方面，网易考拉海购上线之初就和"中国外运"达成战略合作。2016 年 1 月 15 日，网易宣布与中国外运股份有限公司达成战略合作，双方合作发展跨境电子商务业务，中国外运将为网易跨境电商提供物流服务。此次达成合作后，中国外运将主要承担网易考拉海购"海淘链"中的跨境物流和仓储环节的工作。

　　据介绍，网易考拉海购与中国外运的合作主要包括国际运输服务、国际货运代理服务、国内运输服务、全球仓储服务、全球保税仓储服务五个方面。网易考拉海外阶段的运输、仓储工作由中外运承接，包括通过"海外直邮"的订单，都由中外运实行"一单到底"政策：由海外仓发货，到用户签单接收，使用同一张面单，没有周转环节。

　　思考：海购平台将货品发出并送达的物流流程是怎样的？

115

思考与实践

一、复习思考题

　　1. 电子商务和物流存在什么关系？

　　2. 电子商务企业的物流主要由哪些环节来实现？

　　3. 电子商务物流模式有哪些？请举例说明。

二、实践题

实践题目： 电子商务物流发展调研

实践目标：

（1）能够分析企业的物流发展变化；

（2）能够发现企业存在的物流问题并提出解决方法。

实训任务：

（1）明确企业的在售产品及销售市场；

（2）调研企业的物流发展历程；

（3）调研企业的客户物流体验；

（4）分析企业客户反映的物流问题；

（5）提出企业的物流改善方案。

实训要求：

（1）能够全面收集企业物流信息数据；

（2）小组完成企业物流的调研报告及整改方案。

评价标准：

调研内容是否全面、调研时间段是否完整、物流分析是否准确、改善方案是否合理。

06 第六章
电子商务网络支付

知识目标

1. 掌握电子货币的概念、分类、特点及应用；
2. 掌握网上银行电子支付系统、网上第三方电子支付系统、网上电子支付工具等方面的基本业务与技术的特性、功能和流程；
3. 理解网上电子支付与结算的技术标准及其安全协议与管理特点；理解中国金融认证中心的作用。

能力目标

1. 能够利用第三方电子支付平台完成业务操作；
2. 能够完成各大银行的网络银行业务操作。

引导案例

2014年春节前夕，一个名叫"新年红包"的应用刷爆微信朋友圈。微信好友之间可以互送红包，如果将红包发到微信群，好友之间还可以抢红包。而抢到红包后，你需要绑定一张银行卡，进行提现。就这样，依托强大的社交娱乐功能，微信轻松地获得了求之不得的银行卡绑定，为其开展移动支付业务铺平了道路。随着互联网技术的发展与智能手机的兴起，移动平台支付手段以其方便快捷的特点为越来越多的人所接受并利用。自2011年伊始，移动支付逐渐成为行业热点，多家支付企业推出移动支付战略及产品。与此同时，中国银联和三大电信运营商也纷纷布局移动支付市场。移动互联网技术的飞速发展带动了移动支付的技术创新，而用户对于支付便捷性的需求也在催生新的支付方式的产生。

在红包的创意上，支付宝首先使用，之后却被微信逆袭，很多时候营销的江湖就是创意抄来抄去的江湖，但有些创意注定没法被模仿，它们只属于特定产品本身，支付宝的十年账单就是这样的创意。2014年12月8日支付宝"十年账单日记"发布，一时间在朋友圈被刷屏，虽然这个模块无法在微信中直接打开，但大家还是愿意退出微信在浏览器中打开，支付宝十年账单击中了人们攀比、炫耀的心理，引发了大规模的讨论。支付宝账单的传播之所以成功，还在于其对于用户十年来大数据的积累以及对数据的精准分析，这一点是其他产品无法比拟也模仿不来的。

21 世纪是互联网经济时代。互联网高效、便捷、无时间地域限制的特点已经被大众所认同，同时也为商家提供了无限的商机，不过，电子商务的蓬勃发展还得益于网络支付技术的发展。网络支付的实现是电子商务的保障，如果不能实现网络支付，电子商务就是不完全的电子商务，电子商务运营的效率也就无从体现。全面、深入地运用网络支付技术，无论是对于新兴的电子商务企业，还是传统企业，都将显著提升企业核心竞争力。

思考题

1. 目前电子支付有哪些具体模式？
2. 微信支付和支付宝支付的共同点和不同点各是什么？

第一节　电子支付与电子货币

一、电子支付的定义

电子支付是指单位、个人直接或授权他人通过电子终端发出支付指令，实现货币支付与资金转移的行为。电子支付的类型按照电子支付指令发起方式分为网上支付、电话支付、移动支付、销售点终端交易、自动柜员机交易和其他电子支付。电子支付与传统支付方式的对比如表 6-1 所示。

表 6-1　电子支付与传统支付对照表

比较项目＼支付方式	传统支付	电子支付
款项支付方式	现金流转、票据的转让以及银行的汇兑由物理实体完成	采用先进的信息技术完成信息传输和款项汇兑
工作环境	在较为封闭的系统中运行	在基于开放的网络平台中运行
设备要求	使用传统的通信媒介，对软、硬件要求相对较低	使用先进的通信手段，硬件要求很高
支付效率	支付时间相对较长，效率低，费用高	在很短的时间内完成支付，费用仅相当于传统支付的几十分之一

电子支付的发展阶段：

第一阶段是银行利用计算机处理银行之间的业务，办理结算。

第二阶段是银行计算机与其他机构计算机之间资金的结算，如代发工资等业务。

第三阶段是利用网络终端向客户提供各项银行服务，如自助银行。

第四阶段是利用银行销售终端向客户提供自动的扣款服务。

第五阶段是最新阶段也就是基于 Internet 的电子支付，它将第四阶段的电子支付系统与 Internet 的整合，实现随时随地通过 Internet 进行直接转账结算，形成电子商务交易支付平台。

二、电子货币概述

电子货币是指用一定金额的现金或存款从发行者处兑换并获得代表相同金额的数据，通过使用某些电子化方法将该数据直接转移给支付对象，从而能够进行交易。

电子货币主要具有以下功能。

（1）转账结算功能：直接消费结算，代替现金转账。

（2）储蓄功能：使用电子货币存款和取款。

（3）兑现功能：异地使用货币时，进行货币汇兑。

（4）消费贷款功能：先向银行贷款，提前使用货币。

电子货币能被商家和顾客接受，是因为它具备以下优点。

（1）安全性：在线交易、资金转移，电子货币的使用要绝对安全。电子商务可免除经营者携带现金太多而提心吊胆的窘态。尤其是大额银行卡，丢失或遇窃后可以挂失，相当安全。

（2）便捷性：交易或消费时，不必使用现金支付，摒弃了现金携带、清点、支付的麻烦，支付时甚至不必面对面，省时省心。

（3）通用性：若使用国际组织网络的银行卡及互联网络上流通的电子货币，不受地域、国界的限制，可在全球通用，具有通用性。

（4）真实性：买卖双方能够确认他们所使用或收到的电子货币是真实的。

（5）匿名性：能确保买卖双方与他们之间的交易是匿名的，从而达到保护顾客隐私的目的。

（6）增效性：电子商务的使用，可以减少现金流通量，减免了钞票的印刷、保管、押运、兑换、回笼等大量工作，可大幅降低成本、提高效率，给社会和个人带来了更多的效益。

三、电子货币的发行和运行

1. 电子货币的直接发行

电子货币发行和运行的流程分为 3 个步骤，即发行、流通和回收，如图 6-1 所示。

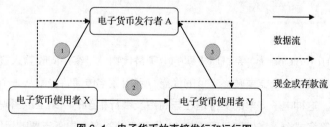

图 6-1　电子货币的直接发行和运行图

（1）发行。电子货币的使用者 X 向电子货币的发行者 A（银行、信用卡公司等）提供一定金额的现金或存款并请求发行电子货币，A 接受了来自 X 的有关信息之后将相当于一定金额电子货币的数据对 X 授信。

（2）流通。电子货币的使用者 X 接受了来自 A 的电子货币，为了清偿对电子货币的另一使用者 Y 的债务，将电子货币的数据对 Y 授信。

（3）回收。A 根据 Y 的支付请求，将电子货币兑换成现金支付给 Y，或者存入 Y 的存款账户。

2．电子货币的间接发行

在发行者和使用者之间有中介机构介入十分常见。例如，在图 6-1 中除了 A、X、Y 三个当事人之外，A、X 之间介入了银行 x，A、Y 之间介入了银行 y，如图 6-2 所示。

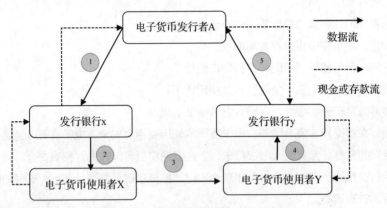

图 6-2　电子货币的间接发行和运行图

（1）A 根据银行 x 的请求，用现金或存款交换发行电子货币。

（2）X 对银行 x 提供现金或存款，请求得到电子货币，x 将电子货币向 X 授信。

（3）X 将由银行 x 接受的电子货币用于清偿债务，授信给 Y。

（4）Y 的开户银行 y 根据 Y 的请求，将电子货币兑换成现金支付给 Y 或存入 Y 的存款账户。

（5）A 根据从 Y 处接受了电子货币的银行 y 的请求，将电子货币兑换成现金支付给 y 或存入 y 的存款账户。

第二节　常用电子支付工具

一、电子支票

电子支票（Electronic Check）是纸质支票的电子替代物，是客户向收款人签发的、无条件的数字化支付指令；是一种借鉴纸张支票转移支付的优点、利用数字传递将钱款从一个账户转移到另一个账户的电子付款形式。这种电子支票的支付是在与商户及银行相连的网络上以密码方式传递的，多数使用公用关键字加密签名或个人身份证号码（PIN）代替手写签名。电子支票的运作类似于传统支票。客户从他们的开户银行收到数字文档，并为每一个付款交易输入付款数目、货币类型以及收款人的姓名。为了兑现电子支票，需要付款人在支票上进行数字签名。用电子支票支付，事务处理费用较低，而且银行也能为参与电子商务的商户提供标准化的资金信息，故而是效率较高的支付手段。

1．电子支票运作体系

电子支票包含三个实体，即购买方、销售方以及金融机构。当购买方与销售方进行完一次交易后，销售方要求付款。此时，购买方从金融机构那里获得一个唯一的付款证明（相当于一张支票），这个电子形式的付款证明表示购买方账户欠金融机构的钱，购买方在购买时把这个付款证明交给销售方，销售方再转交给金融机构。如果购买方和销售方没有使用同一家金融机构，通常将由国家中央银行和国际金融组织协同控制。整个付款过程中，付款证明的传递和传输以及账户的负债和信用几乎是同时发生的。一般系统的实现过程如下。

（1）双方决定用电子支票进行支付，并通过第三方支付系统确定交易双方身份。

（2）买方用自己的私有密钥在电子支票上进行数字签名。

（3）买方使用卖方的公钥加密电子支票，卖方为唯一合法接收者。

（4）通过网络将支票传送给卖方。

（5）卖方用自己的私有密钥解密电子支票。

（6）卖方用买方的公钥确认买方的数字签名。

（7）卖方向银行进一步确认电子支票。

（8）卖方发货给买方或提供相应的服务。

对于不同的电子支票系统，其具体的实现技术将各有不同，但是基于数字签名的电子支票系统的是有其共性的。

2．电子支票的支付流程

电子支票交易的具体过程可分以下几个步骤，如图6-3所示。

（1）顾客和商家达成购销协议并选择用电子支票支付。

（2）顾客通过网络向商家发出电子支票，同时向银行发出付款通知单。

（3）商家通过验证中心对顾客提供的电子支票进行验证，验证无误后将电子支票送交银行索付。

（4）银行在商家索付时通过验证中心对顾客提供的电子支票进行验证，验证无误后即向商家兑付或转账。

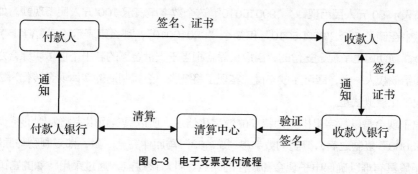

图6-3 电子支票支付流程

3．电子支票的优势

（1）节省时间。电子支票的发行不需要填写、邮寄或发送，而且电子支票的处理也很省时。在用传统支票时，卖方必须收集所有的支票并存入其开户行；而使用电子支票，卖方可即时发送给银行，由银行为其入账。所以，使用电子支票可节省从客户写支票到为商家入账这一段时间。

（2）减少了处理纸质支票的费用。

（3）减少了支票被退回情况的发生。电子支票的设计方式使得商家在接收前，先得到客户开户行的认证，类似于银行本票。

（4）不易丢失或被盗。电子支票在用于支付时，不必担心丢失或被盗。如果被盗，接收者可要求支付者停止支付。

（5）电子支票不需要安全的存储，只需对客户的私钥进行安全存储。

（6）电子支票与传统支票工作方式相同，易于理解和接受。

（7）电子支票适用于各种市场，可以很容易地与 EDI 应用结合，推动 EDI 基础上的电子订货和支付。

电子支票方式的付款可以脱离现金和纸张进行。购买者通过计算机或 POS 机获得一个电子支票付款证明，而不是寄张支票或直接在柜台前付款。电子支票传输系统目前一般是专用网络系统，国际金融机构通过自己的专用网络、设备、软件及一套完整的用户识别、标准报文、数据验证等规范化协议完成数据传输，从而控制其安全性。这种方式已经较为完善，主要问题是如何扩展到因特网上操作。今后的发展趋势将逐步过渡到在因特网上进行传输。这种方式尤其适合电子商务中的 B2B 应用。

二、电子现金

电子现金是一种以数据形式流通的货币，它把现金数值转换成一系列的加密数据序列，通过这些序列数据来表示现实中各种交易金额的币值。用户使用电子现金进行购物，需要在开展电子现金业务的银行设立账户并在账户内存钱。

1. 电子现金的实现手段

电子现金的实现手段是将遵循一定规则排列的一定长度的数字串，即一种电子化的数字信息块，作为代表纸币或辅币所有信息的电子化手段。实际上是非常简单的数字串。例如，可用"99005010"这个数字串表示 50 元人民币现钞，"99010010"这个数字串表示 100 元人民币现钞。如果在某台计算机的硬盘中存储了 5 个"99005010"和 3 个"99010010"，那么则表示该硬盘合计存储了 550 元的电子现金。当使用电子现金支付时，用户只需将相当于支付金额的若干个信息块综合之后，用电子化方法传递给债权人一方，即可完成支付。实现了将纸张、金属制造的实体现金转化为数字信息，是对现金的电子化模拟试验。

由于电子现金是以数字串排列为特征的数字化信息，所以具备可以完整复制的特点。例如，将数字串"55663"复制之后，得到的数字串"55663"与原件完全一致，即复制物与原物不可区别。因此，该手段具有难以确保电子现金稀缺性的缺点。针对该缺点，通过采用特殊的密码技术和其他安全措施，采用强度密码技术，即在每次支付时，均要与电子现金的发行银行核查是否发生过复制，使得合法的发行主体之外的任何个人或组织不可能制作（或复制）这种数字信息块，这成为确保电子货币稀缺性的关键所在。

2．电子现金的特性

（1）匿名性。电子现金在结算的当事人之间进行脱线的飞散处理，因此资金的流向不必由第三者管理和把握，可以完全实现对电子现金用户的匿名性保护。虽然结算并不需要绝对的匿名性，但是，人们对于具备匿名性的结算方法的偏好是大量存在的。因此，电子现金在这一点上占据优势。

（2）不可跟踪性。不可跟踪性是现金的一个重要特性。电子现金也一样，除了交易双方的个人记录之外，不会保留任何正式的业务记录，银行和商家无法跟踪电子现金的使用情况，就是无法将电子现金的用户的购买行为联系到一起，这样就确保隐蔽了电子现金用户的购买历史。不过，也正因为这一点，电子现金一旦丢失，就会同纸币现金一样无法追回。

（3）节省传输费用。普通现金是实物形式，传输费用比较高，而且金额越大，实物货币就越多，大额现金的保管和移动是相对困难和昂贵的。而电子现金流动没有国界，在同一个国家内流通的费用跟在国际流通的费用是一样的。

（4）风险小。普通现金有被打劫的风险，必须存放在指定的安全地点，在存放和运输过程中要由保安人员看守。保管的普通现金越多，所承担的风险越大，在安全保卫方面的投入也就越大，而电子现金是强度加密的数字信息块，不存在这些问题。

（5）节省交易费用。为了货币的流通，普通银行需要设置许多分支机构、职员、自动付款机及各种交易系统，这就增加了银行进行资金处理的费用。同时普通现金在流通的过程中存在破损和残缺的问题，增加了消耗成本。而电子现金利用互联网和用户的计算机流通，所以消耗比较小，用于小额交易尤其合算。

（6）支付灵活方便。电子现金的使用范围比信用卡更广，银行卡支付仅限于被授权的商户，而电子现金支付则不受此限制。

3．电子现金的支付流程

电子现金的支付流程如图 6-4 所示。

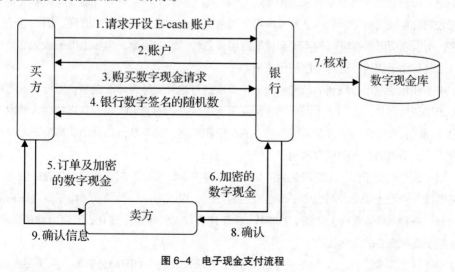

图 6-4 电子现金支付流程

三、电子钱包

1. 电子钱包简介

电子钱包是电子商务活动中购物客户常用的一种支付软件，是在小额购物或购买小商品时常用的新式钱包。电子钱包是一种便利、安全、多功能的支付工具，是电子货币的一种主要实现形式，它容纳了传统意义上的钱包所包含的信用卡、现金等多种付款方式。电子钱包内只能装电子货币，即装入电子现金、电子零钱、安全零钱、电子信用卡、在线货币、数字货币等。

使用电子钱包的用户通常要在有关银行开立账户，在使用电子钱包时，将电子钱包通过他的电子钱包应用软件安装到电子商务服务器上，利用电子钱包服务系统就可以把自己的各种电子货币或电子金融卡上的数据输入进去。在发生收付款时，如客户需用电子信用卡付款，如用 VISA 卡和 Mondex 卡等付款时，客户只要单击一下相应项目即可完成。

2. 电子钱包的优势

（1）电子钱包给商家、客户和银行都带来了极大的方便。电子钱包中的钱款以数字的形式被存储，使用时能准确无误地被减除。顾客无须在口袋中揣有大量的现钞，也无须跑到自动柜员机前去取现。既减少了携带现钞的不便，又使交易因无须找零而加快了速度。对商业组织而言，付款方直接将电子钱包中的现金或支票发到收款方的电子信箱，并通过网络将电子付款通知发给银行，银行便可以随即将款项转入收款单位的账户。这一支付过程数秒间即可完成，不仅使银行简化了手续，而且也节约了客户的时间。

（2）电子钱包较现金系统具有更大的可靠性。电子钱包内置密码、证书概要和其他用户个人数据，完全脱离启动装置及中介装置，即使计算机资源丢失或被盗，电子钱包中的信息仍然能够得到保护。

（3）电子钱包给予用户较大的隐私保护。在使用电子钱包时，计算机可以为每个"电子代币"建立随机选择序号，且把此号码隐藏在加密的信息中，这样就没人能清楚地知道到底是谁提取或使用了这些电子现金，从而确保了个人隐私权。

（4）电子钱包有利于降低交易成本和管理费用。电子钱包的问世有效地减少了持有现金的成本，降低了庞大的现金流通费用，节约了各机构用于现金管理上的人力、物力和时间。由于电子钱包内设软件程序，所以它可以根据场所的不同而被指定用于各种特殊的用途，再加上电子钱包的费用是分次输入的，这些有助于使用者更合理地使用资金。

（5）电子钱包使发行者获利的范围扩大。一旦取得对这种支付媒体的控制，发行者就有机会通过占有其使用权获得利益。它们还可以从顾客和商家手中获得新的费用收入，从集中存入的电子现金中获取利息。通过吸收社会闲散资金来减少资金的滞留和沉淀，在不发行新货币的情况下，充分运用这部分资金，从大范围的投资中获取盈利。

（6）电子钱包有利于银行法定准备金的管理。库存现金的增减引起了法定准备金的变化，从而使银行额外的准备金发生变动。而当电子现金发生变化时，仅仅是以一种负债（电子现金账户的负债）的增减代替另一种负债（存折上负债）的增减。由于库存现金并不发生变化，所以当准备金率相等时，就不会影响法定准备金的总体运作。

（7）电子钱包实现了"一卡走天下"。电子钱包可以获取网络上的商务信息，用于保存财务资料、信息资源及其他个人数据。通过软件设计，还可以广泛地运用于通信、转换以及娱乐系统。电子钱包这种集支付、消费、转账、储蓄、结算、记录、存储于一身的优势给用户带来了极大的方便，真正实现了"一卡走天下"。

3. 电子钱包的支付过程

客户使用浏览器在商家 Web 主页上查看在线商品，选择要购买的商品。

客户填写订单，包括项目列表、价格、总价、运费、搬运费、税费等。

订单可通过电子化方式商定并传送，或由客户的电子购物软件建立。有些在线商场可以让客户与商家协商物品的价格。

客户确认后，选定用电子钱包付款。将电子钱包装入系统，单击电子钱包的相应项或电子钱包图标，电子钱包立即打开；然后输入自己的保密口令，在确认是自己的电子钱包后，从中取出一张电子信用卡来付款。

电子商务服务器对此信用卡号码采用某种加密算法计算并加密后，将其发送到相应的银行，同时销售商店也收到经过加密的购货账单，销售商店将自己的客户编码加入电子购货单后，再传送到电子商务服务器上去。这里，商店是看不见客户电子信用卡上的号码的，销售商店无权也无法处理信用卡中的钱款。因此，只能把信用卡送到电子商务服务器上去处理。经过电子商务服务器确认这是一位合法客户后，将其同时送到信用卡公司和商业银行。在信用卡公司和商业银行之间要进行应收款项和账务往来的电子数据交换和结算处理。信用卡公司将处理请求再送到商业银行请求确认并授权，商业银行确认并授权后送回信用卡公司。

如果经商业银行确认后拒绝并且不予授权，则说明客户的这张电子信用卡上的余额不足。遭商业银行拒绝后，客户可以再单击电子钱包的相应选项并再次打开电子钱包，取出另一张电子信用卡，重复上述操作。如果经商业银行证明这张信用卡有效并授权后，销售商店就可交货。与此同时，销售商店留下整个交易过程中发生往来的财务数据，并且出示一份电子数据给客户。

上述交易成交后，销售商店就按照客户提供的电子订货单将货物发送到指定地点，交到客户或其指定的人手中。

第三节　网上银行

电子商务的发展推动着网上银行业务的展开和完善。网上银行应运而生。网上银行（Internet Banking），又称网络银行（Net Bank）、电子银行（Electronic Bank）、虚拟银行（Virtual Bank）、在线银行（Online Bank），实际上是传统的银行业务在网上的延伸。这种新颖的银行几乎涵盖了现有银行金融业的全部业务，代表着整个银行金融业未来发展的方向。

一、网上银行概述

1. 网上银行的定义

网上银行是指利用因特网技术，并通过因特网或其他公用电信网络与客户连接，向客户提供全方位的银行服务,包括向客户提供开户、销户、查询、对账、信贷、投资理财、行内外支付与清算,以及支持电子商务网上支付的新型银行。它实现了银行与客户之间安全、方便、友好、实时的连接,可以说,网上银行就是在互联网上的虚拟银行柜台。

在我国,中国银行是第一个在网上建立网站的银行,但当时仅仅是将银行信息发布到互联网,没有业务处理功能。真正意义上的第一家功能性网上银行是由招商银行建立的。

2. 网上银行产生的动因

网上银行的产生是资金流循环的需要。在网上首先运行的是信息流,信息的流动必然带来物流的产生,而物流的交换又必须以支付活动为基础,因而产生网上资金流。信息流、物流和资金流相互沟通构成了"网上经济"。网上有了资金流的需求,也就需要网上银行,这也是网上银行产生的动力。

网上银行的产生是电子商务发展的需要。电子商务活动离不开货币资金的支付,诸多传统银行的业务都可在网上商务中呈现出来。网上银行是电子商务活动的参与者,它与买卖双方一样通过电子手段被连接在网络中。它是买卖双方完成商务活动的服务机构,主要实现货币资金支付和清算两大功能,是电子商务发展的需要与保证。

网上银行的产生是银行自身发展的需要。目前,传统的银行业务面临着银行业间竞争不断加剧、银行收益不断减少的严峻现实。银行只有扩大服务范围、提高服务质量,才能在激烈的竞争中立于不败之地。电子商务的崛起,给银行业带来了新的机遇,就银行业自身的生存和发展而言,尤其需要尽快地拓展网上银行服务,提升银行自身的内在潜力。在中国,金融体制改革将使各家银行面临着空前的竞争,而电子商务的兴起同时也为银行提供了前所未有的机遇,网上银行或许是银行业的"未来之路"。

二、网上银行的特点

网上银行是随着互联网的普及和电子商务的发展在近几年逐步成熟起来的新一代电子银行,它依托于传统银行业务,并为其带来了根本性的变革,同时也拓展了传统的电子银行业务功能。与传统银行相比,网上银行在运行机制和服务功能方面都具有不同的特点。

1. 无分支机构

传统银行是通过开设分支机构来发展金融业务和开拓国际市场的,客户往往只限于固定的地域,而网上银行是利用互联网来开展银行业务的,因此可以将金融业务和市场延伸到全球的每个角落。打破了传统业务地域范围局限的网上银行,不仅可吸纳本地区和本国的客户,也可直接吸纳国外客户,为其提供服务。

2. 开放性

传统电子银行,如 POS 系统和 ATM 等,都是在银行的封闭系统中运作的。而网上银行的 Web 服务器代替了传统银行的建筑物,网址取代了地址,其分行是终端机和互联网虚拟化的电子空间。因此有人称网上银行为虚拟银行,但它又是实实在在的银行,利用网络技术把自己与客户连接起来,在有关安全设施的保护下,随时通过不同的计算机终端为客户办理所需的一切金融业务。

3. 智能化

传统银行主要借助物质资本，通过众多员工的辛勤劳动为客户提供服务。而网上银行只借助智能资本，靠少数脑力劳动者的劳动就能提供比传统银行更多、更快、更好、更方便的服务，如提供多元且交互的信息，客户除可转账、查询账户余额外，还可享受网上支付、贷款申请、国内外金融信息查询、投资理财咨询等服务，其功能和优势远远超出电话银行和传统自助银行。网上银行是一种能在任何时间（anytime）、任何地方（anywhere），以任何方式（anyhow）为客户提供超越时空、智能化服务的银行，因此被称之为"3A 银行"。

4. 低运营成本

与其他银行相比，网上银行的运营成本最低。据介绍，在美国开办一个传统的分行需要 150 万～200 万美元，每年的运营成本为 35 万～50 万美元。相比之下，建立一个网上银行所需成本为 100 万美元。美国 USWeb 网络服务与咨询公司在一次调查中发现，普通的全业务支行平均每笔交易成本约 1.07 美元，而网上银行仅为 0.01～0.04 美元。

可以看出，网上银行服务系统的作用和意义已经远远超出了任何一个传统的银行业务系统。如果能够成功地建立网上银行服务系统，与客户终端、电话银行等手段结合起来，将在整个银行范围内形成一个统一的、面向客户的综合服务体系。同时，网上银行也为解决传统银行业务系统分散、业务做法不统一、系统平台不统一等问题，提供一个较好的解决途径。

三、网上银行的业务功能

网上银行既承担着传统商业银行的业务功能，也肩负着电子商务过程中的在线支付等服务功能。网上银行的业务功能一般包括传统银行网上业务、网上银行商务服务和网上银行信息发布。

1. 传统银行网上业务

传统银行网上基本业务主要包括个人网上银行，企业网上银行，信用卡业务，各种支付、信贷及特色服务。

个人网上银行：个人网上银行为客户提供了方便的个人理财渠道，包括网上开户、账户余额、利息的查询、交易历史查询、个人账户挂失、电子转账、票据汇兑等。

企业网上银行：企业网上银行为企业或团体提供综合账户业务，如查阅本企业或下属企业账户余额和历史业务情况；划转企业内部各单位之间的资金；核对调节账户，进行账户管理等服务；电子支付职工工资；了解支票利益情况，支票挂失；将账户信息输出到空白表格软件或打印诸如每日资产负债表报告、详细业务记录表、银行明细表之类的各种金融报告和报表；通过互联网实现支付和转账等。

信贷业务：信贷业务是指个人或企业在网上查询贷款利率，申请贷款，银行根据以往记录决定放贷与否。常见的特色服务有提供消费信贷、免费下载金融商品等。此外，银行还可据此寻找潜在客户。

2. 网上银行商务服务

网上银行商务服务包括投资理财、金融市场、政府服务等。银行通过网上投资理财服务能更好地体现以客户为中心的服务策略。投资理财服务有以下两种。

客户主动型服务：客户可以对自己的账户及交易信息、汇率、利率、股价、期货、金价、基金等理财信息进行查询，使用或下载银行的分析软件帮助分析，按自己的需要进行处理，以满足自己的各种特殊需求。

银行主动型服务：银行可把客户服务当作一个时序过程，由专人跟踪进行理财分析，为客户提供符合经济规律的投资理财建议和相关的金融服务。近年来投资理财已成为美国发展最快的行业之一，如共同基金、养老金等。

3. 网上银行信息发布

网上银行信息发布包括国际市场外汇行情、储蓄利率、汇率、国际金融信息、证券行情、银行动态信息等。

四、网上银行的框架结构

网上银行是一个有机的系统，整个网上银行系统包含七个部分：网上银行客户、Internet 接入、Web 服务、CA 中心、交易网关、后台业务系统和管理系统。网上银行的框架结构如图 6-5 所示。

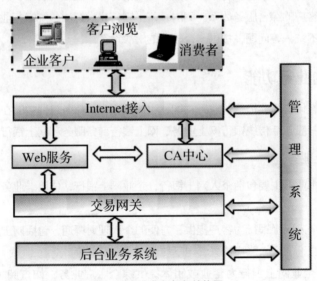

图 6-5　网上银行框架结构图

1. 网上银行客户

网上银行客户连接网络、登录网上银行网站与网上银行相连，向银行发出查询、支付、转账等交易指令，同时保存网上银行的各种交易和信息服务的记录。网上银行客户可以分为两类：一类是个人用户和小型企业，接口采用 HTTP 协议；另一类是电子商务中心和大型企业，常通过 DDN 或专用方式与网上银行连接。

2. Internet 接入

Internet 接入系统包括过滤路由器、DNS 服务器、入口实时监测和防火墙系统等，保证能够为网上银行系统提供安全可靠的 Internet 接入服务。Internet 接入系统必须统一规划、统一管理，不管有几个出口，它都是一个统一管理的整体。

3．Web 服务

Web 服务是网上银行框架的主体所在，涉及外部 Web 服务器、网上银行 Web 服务器和网上银行数据库服务器。

网上银行 Web 服务器：负责提供银行查询、交易类服务，该系统内存放着机密性的信息，对安全性的要求很高，可采用 IBM 的 WebSphere 应用服务器和 Web 服务器作为主要的运行环境。为保证高可用性，可以考虑采用一组相同的服务器通过 WebSpheree Network Dispacher 实现负载平衡。

外部 Web 服务器：负责提供银行咨询类服务，供客户了解各种公共信息，如网上银行开户方法、个人理财建议、网上银行演示、网上银行热点安全问题解答与网上银行服务申请方法。该系统上仅存放非机密性、非交易性或即使被盗窃也不会带来太大损失的信息，对安全性的要求并不是太高。

网上银行数据库服务器：这是一个通用的 UNIX 服务器，其上运行 Sybase 或 UDB 数据库服务器软件。该数据库上存放的数据包括：

- 个人网上银行客户开户信息、个人网上银行系统设置参数，以及与 Internet 客户定制服务相关的信息。
- 企业网上银行客户开户信息、企业网上银行系统设置参数，以及与企业用户定制服务相关的信息。

4．CA 中心

信息安全的一个重要方面就是信息的不可否认性，为实现这一目的，就要求有一个网上各方都信任的机构来做身份认证，这个机构就是如前所述的认证机构（CA）。通常 CA 都应具有证书的签发、证书的归档、证书的作废和证书的更新等基本功能。

证书分为 SSL 证书和 SET 证书。通常，网上银行系统使用 SSL 证书，网上购物系统使用 SET 证书。网上银行需要配置一台 SSL 证书服务器，专门负责审核、发放、管理 SSL 证书。

5．交易网关

网上银行的业务核心部件包括网上银行交易网关系统和放在各个账户分行的网上银行前置机。

（1）网上银行交易网关系统：用于向 Web 服务部分提供与业务系统通信的服务界面和接受客户的指令，并将客户指令送往相应账户分行的网上银行前置机。

（2）网上银行前置机：根据交易类型的不同送往相应的后台业务系统进行数据处理；后台业务系统将处理结果回送给网上银行前置机，并由网上银行前置机将结果送达网上银行交易网关系统，再由网上银行交易网关系统将结果送交 Web 服务部分。

6．后台业务系统

后台业务系统是指已建成或未来将建设的各种业务系统，如对公系统、储蓄系统、电子汇兑系统和信用卡系统等。

7．管理系统

提供整个网上银行系统的管理控制并负责处理网上客户的咨询等，主要包括管理系统控制台、客户服务代表工作站。

（1）管理系统控制台：管理系统工作站采用高档工作站，负责防火墙体系运作、系统与网络管理及 CA 系统管理工作。

（2）客户服务代表工作站：这是一台供银行客户服务代表使用的 PC，客户服务代表负责接收、解答网上银行客户的反馈意见、咨询和投诉等。

第四节　第三方支付

一、第三方支付的概述

1. 第三方支付平台的定义与模式

第三方支付平台是指平台提供商通过采用通信技术、计算机技术和信息安全技术，在商户和银行之间建立起连接，从而实现从顾客到金融机构及商户的货币支付、现金流转、资金清算、查询统计等业务，为商户开展 B2B、B2C 交易等电子商务服务和其他增值服务提供完善的支持。

当前经营状况相对较好的第三方支付平台企业主要基于以下两种经营模式。

支付网关模式。第三方支付平台将多种银行卡支付方式整合到一个界面上，充当了电子商务交易各方与银行的接口，负责交易结算中与银行的对接。顾客通过第三方支付平台付款给商家，第三方支付平台为商家提供一个可以兼容多银行支付方式的接口平台。

信用中介模式。第三方支付平台是买卖双方在缺乏信用保障或法律支持的情况下的资金支付"中间平台"，充当信用中介的第三方支付平台实现"代收代付"和"信用担保"服务。交易双方达成交易意向后，买方须先将支付款存入其第三方平台的账户内，第三方平台提供安全交易服务，使汇转款项实现可控性停顿，待买家收货通知第三方平台后，由支付平台将买方先前存入的款项从买家的账户中划至商家在支付平台上的账户。这种模式的实质便是以支付公司作为信用中介，在买家确认收到商品前，代替买卖双方暂时保管货款。第三方支付平台担当中介保管及监督者，并不承担什么风险，所以确切地说，这是一种支付托管行为，通过支付托管实现支付保证。

2. 第三方支付的流程

在第三方支付交易流程中，支付模式使商家看不到客户的信用卡信息，同时又避免了信用卡信息在网络上被多次公开传输而导致信用卡信息被窃。第三方支付流程如图 6-6 所示。

以 B2C 交易为例。

第一步，客户在电子商务网站上选购商品，最后决定购买，买卖双方在网上达成交易意向。

第二步，客户选择利用第三方支付平台作为交易中介，客户用信用卡将货款划到第三方支付平台账户。

第三步，第三方支付平台将客户已经付款的消息通知商家，并要求商家在规定时间内发货。

第四步，商家收到通知后按照订单发货。

第五步，客户收到货物并验证后通知第三方支付平台。

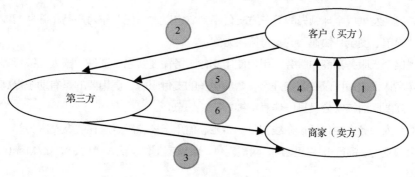

图 6-6　第三方支付流程图

第六步，第三方支付平台将其账户上的货款划入商家账户中，交易完成。

3. 第三方支付的优势

第三方支付平台是在与各家银行密切合作前提下，为用户提供整合型的网上支付服务，它具有以下优势。

第三方支付平台作为中介方，可以促成商家和银行的合作。对于商家，第三方支付平台可以降低企业运营成本；同时对于银行，可以直接利用第三方的服务系统提供服务，帮助银行节省网关开发成本。

第三方支付服务系统有助于打破银行卡壁垒。由于中国实现在线支付的银行卡"各自为政"，每个银行都有自己的银行卡，这些自成体系的银行卡纷纷与网站联盟推出在线支付业务，客观上造成顾客要自由地完成网上购物，手里面必须有多张银行卡。同时商家网站也必须装有各个银行的认证软件，这样就会制约网上支付业务的发展。而第三方支付服务系统则可以很好地解决这个问题。

第三方支付平台能够提供增值服务，帮助商家网站解决实时交易查询问题和进行交易系统分析，提供方便及时的退款和止付服务。

第三方支付平台可以对交易双方的交易进行详细记录，从而为防止交易双方可能的抵赖以及为在后续交易中可能出现的纠纷问题提供相应的证据，虽没有使用较先进的 SET 协议，却起到了同样的效果。总之第三方支付平台是当前所有可能的突破支付安全和交易信用双重问题中较理想的解决方案。

相对于其他的资金支付结算方式，第三方支付可以比较有效地保障货物质量、交易诚信、退换要求等；在整个交易过程中，可以对交易双方都进行约束和监督。在不需要面对面进行交易的电子商务中，第三方支付为保证交易成功提供了必要的支持，因此随着电子商务在中国的快速发展，第三方支付行业也发展迅猛。2001 年中国第三方支付平台的市场支付规模是 1.6 亿元人民币，2016 年火爆增至 58.5 万亿元。

二、典型的第三方支付平台

1. 支付宝

支付宝由阿里巴巴公司创办，成立于 2004 年 12 月，是支付宝公司针对网上交易而特别推出的安

131

全支付服务，已经发展成全球领先的第三方支付平台。它以"信任"作为产品和服务的核心，致力于为用户提供"简单、安全、快速"的支付解决方案。

支付宝提供个人服务和商户服务。用户使用支付服务需要实名认证是中国人民银行等监管机构提出的要求，实名认证之后可以在淘宝开店，增加更多的支付服务，更重要的是有助于提高账户的安全性。实名认证需要同时核实会员身份信息和银行账户信息。

支付宝的个人服务主要包括：在线支付、转账、信用卡还款服务、在线缴费服务等。支付宝的支付方式包括余额支付、银行卡快捷支付、网银支付、余额宝支付、找人代付、Visa/Master Card/JCB卡专卡支付等。

支付宝的支付流程如下。

（1）买家选购商品并下单，付货款到支付宝。

（2）支付宝将买家已付款信息通知商家。

（3）商家发货给买家。

（4）买家验货满意后，通知支付宝已确认收货。

（5）买家确认收货后，支付宝付款给商家，交易成功。

2. 微信支付

微信支付是由腾讯公司知名移动社交通信软件微信及第三方支付平台财付通联合推出的移动支付创新产品，旨在为广大微信用户及商户提供更优质的支付服务，微信的支付和安全系统由腾讯财付通提供支持。用户只需在微信中关联一张银行卡，并完成身份认证，即可将装有微信 App 的智能手机变成一个全能钱包，之后即可购买合作商户的商品及服务。用户在支付时只需在自己的智能手机上输入密码，无须任何刷卡步骤即可完成支付，整个过程简便流畅。

目前，微信支付支持以下银行发的贷记卡：深圳发展银行、宁波银行。此外，微信支付还支持以下银行的借记卡及信用卡：招商银行、建设银行、光大银行、中信银行、农业银行、广发银行、平安银行、兴业银行、民生银行等。

2014 年 9 月 26 日，腾讯公司发布的腾讯手机管家 5.1 版本为微信支付打造了"手机管家软件锁"，在安全入口上独创了"微信支付加密"功能，大大地提高了微信支付的安全性。微信支付还联合 PICC 推出 100% 全赔保障，用户如因使用微信支付造成资金被盗等损失，将可获得 PICC 的全赔保障。而申请赔付时，只需提供相应的损失真实性证明和身份证明即可。

 思考与实践

一、复习思考题

1. 第三方支付存在的网络安全、资金安全和信息安全问题各有哪些？

2. 网络支付对传统银行业务是否有冲击？传统银行应如何应对？

二、实践题

1. 学生以个人为单位，开通中国建设银行等银行卡网上银行功能。

2. 查找当前国际或国内电子商务支付的发展报告，阅读并总结报告内容。

3. 结合你的电子商务经验，谈谈微信支付和支付宝支付的优缺点。

4. 描述你在进行电子支付过程中遇到操作问题时的解决方法。

07 第七章
电子商务法规

知识目标

1. 了解国内外电子商务的相关法律法规；
2. 掌握电子合同的签订知识；
3. 掌握电子签名的概念、法律要求、相关技术和目前电子签名的立法模式；
4. 掌握电子认证与电子签名的关系、电子认证的功能；
5. 掌握电子支付及虚拟货币的概念、电子支付的流程、电子支付各方当事人之间的法律关系；
6. 掌握电子商务中著作权、专利权等相关概念。

能力目标

1. 能够运用电子商务相关法律法规解决常见的法律问题；
2. 能够通过与顾客洽谈，拟定有效的电子合同；
3. 能够通过签订合同保障安全的电子支付和货物交付；
4. 能够有效实施电子合同违约救济。

引入案例

2017 年 8 月 21 日，中国电子商务研究中心发布《2017 年（上）中国电子商务用户体验与投诉监测报告》，公布了"2017 年（上）十九大典型电子商务投诉案例"，拼多多、乐视商城、洋码头、小红书、天天网、宝贝格子、明星衣橱、三只松鼠、美团、饿了么、去哪儿、携程、摩拜单车等入选。用户投诉拼多多的主要原因为产品质量差、商家虚假发货、拒绝退款、售后服务差等；商家则反映拼多多不退还保证金，在平台的账户被冻结，贷款无法结算提取，质疑拼多多乱罚款。此外，乐视商城多次的"发货门"事件让用户心力交瘁，数百位顾客投诉乐视商城数月不发货，联系客服无果。而随着乐视危机的延续，乐视手机出现售后网点大面积停摆，用户已无法享受正常的售后服务等。这些案例都反映了电子商务法律法规在维护电子商务交易中的重要作用。

思考题:
1. 如果你作为用户或者商家,遇到上述问题如何通过法律手段维护自己的权益?
2. 在电子商务领域,我国出台了哪些相关的法律法规?

第一节　电子商务法概述

电子商务的飞速发展,带来了诸如网络著作权、网络隐私权、网络信息发布和保密等许多新的法律问题,过去的法律法规无法完全适应全球化的网络环境。一方面,电子商务所具有的无界性、虚拟性等特点使传统的民事权利在网络上具有了新的特点,在电子商务活动中出现了不能得到法律有效保障的"地带",这就要求国家建立新的电子商务法律机制,来保护公民在网络上的合法权益不受侵犯;另一方面,高速的技术进步,使电子商务的发展速度远远超过了国家法律适时调整的能力,给立法者和司法者提出了新的挑战,加速政策法规的改革成为政府在数字化时代的艰巨任务。

一、电子商务法的含义

电子商务法律是指调整以电子交易和电子服务为核心的电子商务活动中所发生的各种社会关系的法律规范的统称。电子商务法律主体是指参与电子商务活动并在电子商务活动中享有权利和承担义务的个人和组织。电子商务法律主体主要涉及交易双方、网络支持机构、网络公司、电子商务认证机构、结算机构、货物配送机构。

电子商务法具有以下两个基本特征。

(1)它以商业的行业惯例为其规范标准;

(2)它具有跨越任何地域的、全球化的天然特性。

135

二、国际电子商务相关法律法规

1986 年开始的关税及贸易总协定乌拉圭回合谈判最终制定了《服务贸易总协定》,产生了一个"电信业附录",启动了全球范围内电信市场的开放步伐。随后,WTO 先后达成了三大协定。1997 年 2 月 15 日,达成了《全球基础电信协议》,要求各成员方向外国公司开放其电信市场并结束垄断行为;3 月 26 日,达成了《信息技术协议(ITA)》,要求所有参加方自 1997 年 7 月 1 日起至 2000 年 1 月 1 日将主要信息产品的关税降为零;12 月 31 日,达成了《开放全球金融服务市场协议》,要求成员方对外开放银行、保险、证券和金融信息市场。WTO 这三项协议为电子商务和信息技术的稳步有序发展确立了新的法律基础。联合国国际贸易法委会 1996 年 6 月提出了《电子商务示范法》蓝本,为各国电子商务立法提供了一个范本。

俄罗斯是世界上最早进行电子商务立法的国家,1994 年俄罗斯开始建设俄联邦政府网,1995 年俄罗斯审议通过了《俄罗斯信息、信息化和信息保护法》,1996 年通过了《国际信息交流法》,2001 年通过了《电子数字签名法》草案,规定了国家机构、法人和自然人在正式文件上用电子密码进行签名的条件、电子签名的确认、效力、保存期限和管理办法等。此外,电子商务相关法律还有德国 1997

年的《信息与通用服务法》、意大利 1997 年的《数字签名法》、法国 2000 年的《信息技术法》等。

1995 年美国犹他州制定了世界上第一部《数字签名法》,1997 年在《统一商法典》中增加了两章:电子合同法和计算机信息交易法,1998 年做出了进一步的修改;2000 年颁布《国际与国内商务电子签章法》。20 世纪末,美国有 44 个州制定了与电子商务有关的法律。近 10 年来,美国出台了一系列的法律和文件,从而构成了电子商务的法律框架。1999 年加拿大制定了《统一电子商务法》,正式承认数字签名和电子文件的法律效力。

马来西亚是亚洲最早进行电子商务立法的国家,于 20 世纪 90 年代中期提出建设"信息走廊"的计划,1997 年颁布了《数字签名法》,该法采用了以公共密钥技术为基础,并建立配套认证机制的技术模式,极大地促进了电子商务发展。新加坡早在 1986 年就宣布了国家贸易网络开发计划,1991 年全面投入使用 EDI 办理和申报外贸业务。1998 年制定了《电子交易法》,并逐步建立起完整的法律和技术框架。韩国 1999 年的《电子商务基本法》是最典型的综合性电子商务法,从关于电子信息和数字签名的一般规定、电子信息、电子商务的安全、促进电子商务的发展、顾客保护及其他等各个方面,对电子商务做出了基础性的规范。日本 2000 年制定了《电子签名与认证服务法》,主要的篇幅用于规范认证服务,从几个方面对认证服务进行了全面细致的规定;该法还明确了调查机构的权利和义务,形成了独特的监管模式。印度 1998 年推出了《电子商务支持法》,并在 2000 年针对电子商务的免税提出实施方案,促进了信息产业和相关产业的持续增长。

1999 年澳大利亚颁布了《电子交易法》,确定了电子交易的有效性,并对使用范围进行了适当限制,对"书面形式""签署""文件之公示""书面信息的保留""电子通信发出、接收的时间和地点""电子讯息的归属"进行了规定。

三、国内电子商务相关法律法规

1999 年年初,上海市政府办公厅转发《上海电子商务近期发展目标和实施计划》,决定了在全市范围内加快电子商务的总步伐。在第九届全国人民代表大会第三次会议上,关于加紧我国电子商务法制定的议案"1 号议案"中,将电子商务立法问题提上议事日程。

自 2000 年起,我国的电子商务已经进入飞速发展时期。虽然我国的电子商务发展起步比西方发达国家晚,但国家对电子商务的法规建设相当重视。从 2004 年开始,我国电子商务政策法律的建设步入一个新的阶段。2004 年 8 月 28 日,第十届全国人民代表大会常务委员会第十一次会议表决通过了《中华人民共和国电子签名法》,于 2005 年 4 月 1 日起施行,首次赋予可靠的电子签名与手写签名或盖章具有同等的法律效力,并明确了电子认证服务的市场准入制度。2005 年 1 月,国务院办公厅印发《国务院办公厅关于加快电子商务发展的若干意见》,阐明了发展电子商务对我国国民经济和社会发展的重要作用,提出了加快电子商务发展的指导思想和基本原则及一系列促进电子商务发展的具体措施。

2005 年 3 月 31 日,国家密码管理局颁布了《电子认证服务密码管理办法》;4 月 18 日,中国电子商务协会政策法律委员会组织有关企业起草的《网上交易平台服务自律规范》正式对外发布;6 月,中国人民银行发布了《支付清算组织管理办法》(征求意见稿);10 月 26 日,中国人民银行发布了《电子支付指引(第一号)》,意在规范电子支付业务,减少支付风险,保证资金安全,维护银行及其客户在电子支付活动中的合法权益，促进电子支付业务健康发展。

2006 年 5 月，中共中央办公厅、国务院办公厅发布了《2006—2020 年国家信息化发展战略》；6 月，商务部公布了《中华人民共和国商务部关于网上交易的指导意见》（征求意见稿），有效地避免了网上交易面临的交易安全性问题。

2007 年 3 月 6 日，商务部发布了《关于网上交易的指导意见（暂行）》，逐步规范网上交易行为，推动了网上交易健康发展；6 月，国家发展和改革委员会、国务院信息化工作办公室联合发布《电子商务发展"十一五"规划》；12 月 13 日，商务部发布《商务部关于促进电子商务规范发展的意见》。

2008 年 4 月，中共中央办公厅、国务院办公厅印发了《国民经济和社会发展信息化"十一五"规范》。

2009 年 4 月为规范网上交易行为，促进电子商务持续发展，商务部公布《电子商务模式规范》和《网络交易服务规范》。2009 年 11 月，《商务部关于加快流通领域电子商务发展的意见》明确了政府部门对电子商务的引导和扶持政策。

2010 年 6 月 1 日，国家工商行政管理总局出台了《网络商品交易及有关服务行为管理暂行办法》，自 2010 年 7 月 1 日起施行。2010 年 6 月 21 日，中国人民银行出台了《非金融机构支付服务管理办法》，要求第三方支付公司必须在 2011 年 9 月 1 日申请取得《支付业务许可证》，且全国性公司注册资本最低为 1 亿元；该《办法》的出台意在规范当前发展迅猛的第三方支付行业，对于行业规范发展起到了引导作用。

2011 年 4 月，为规范第三方电子商务交易平台的经营活动，保护企业和顾客的合法权益，商务部发布了《第三方电子商务交易平台服务规范》；12 月 15 日，商务部发布了《"十二五"电子商务信用体系建设的指导意见》，提出力争到 2015 年，电子商务信用法规基本健全，管理制度和相关标准逐步完善，电子商务统计监测指标体系和电子商务信用体系建设与维护机制得到建立和完善，行业经营主体准入和退出机制得到规范。

2012 年 3 月，工业和信息化部制定了《电子商务"十二五"发展规划》，商务部发布了《关于利用电子商务平台开展对外贸易的若干意见》，旨在增强我国电子商务平台的对外贸易功能，提高我国企业利用电子商务开展对外贸易的能力和水平。

2013 年 3 月 7 日，国家税务总局公布了《网络发票管理办法》，自 4 月 1 日起施行，规定了税务机关根据发票管理的需要，可以按照国家税务总局的规定，委托其他单位通过网络发票管理系统代开网络发票，有助于加强对电子商务的监管，有利于保护顾客的合法权益；10 月 25 日，《顾客权益保护法》第二次修改；11 月 21 日，商务部发布了《促进电子商务应用的实施意见》，并推出十大措施促进电商发展。

2014 年 1 月 14 日，国家邮政局下发了《关于印发〈无法投递又无法退回邮件管理办法〉的通知》；2 月 13 日，国家工商行政管理总局公布了《网络交易管理办法》，自 2014 年 3 月 15 日起施行，顾客的网购"后悔权"将在法律和部门规章层面获得支持；3 月，国家邮政局通过《寄递服务用户个人信息安全管理规定》，从制度上对寄递服务用户个人信息流转涉及的各方主体、各个环节进行规范，详细规定了寄递详情单和电子信息的安全管理办法。5 月 28 日，国家食品药品监督管理总局发布了《互联网食品药品经营监督管理办法（征求意见稿）》，首次提出放开处方药在电商渠道的销售。12 月 24 日，商务部发布了《网络零售第三方平台交易规则制定程序规定（试行）》，于 2015

年 4 月 1 日正式试行。

2015 年 2 月 5 日，公安部、国家互联网信息办公室、工业和信息化部、环境保护部、国家工商行政管理总局、国家安全生产监督管理总局发布了《互联网危险物品信息发布管理规定》，于 2015 年 3 月 1 日起正式试行；2 月 27 日，杭州市人民政府第 36 次常务会议审议通过了《杭州市网络交易管理暂行办法》，自 2015 年 5 月 1 日起施行。

2016 年 3 月 24 日，财政部、海关总署、国家税务总局发布了《关于跨境电子商务零售进口税收政策的通知》，自 2016 年 4 月 8 日起执行；7 月 8 日，国家工商行政管理总局正式对外发布《互联网广告管理暂行办法》，自 2016 年 9 月 1 日起施行；8 月 24 日，银监会、工业和信息化部、公安部、国家互联网信息办公室联合发布《网络借贷信息中介机构业务活动管理暂行办法》；10 月 31 日，中国互联网金融协会会员单位下发《中国互联网金融协会信息披露自律管理规范》和《互联网金融信息披露个体网络借贷》；11 月 4 日，国家互联网信息办公室公布《互联网直播服务管理规定》；11 月 7 日，全国人民代表大会常务委员会第二十四次会议通过《中华人民共和国网络安全法》。

2017 年 1 月 11 日，国家工商行政管理总局发布《网络购买商品七日无理由退货暂行办法》，自 2017 年 3 月 15 日起施行；5 月 2 日，国家互联网信息办公室发布了《网络产品和服务安全审查办法（试行）》，自 2017 年 6 月 1 日起施行。

第二节　电子合同法律制度

一、电子合同概述

电子合同又称电子商务合同，根据联合国国际贸易法委员会《电子商务示范法》以及世界各国颁布的电子交易法，同时结合我国《合同法》的有关规定，电子合同可以被定义为：电子合同是双方或多方当事人之间通过电子信息网络以电子的形式达成的设立、变更、终止财产性民事权利义务关系的协议。通过上述定义可以看出，电子合同是以电子的方式订立的合同，其主要是指在网络条件下当事人为了实现一定目的，通过数据电文、电子邮件等形式签订的明确双方权利义务关系的一种电子协议。

1. 电子合同的类型

合同的分类就是将种类各异的合同按照特定的标准所进行的抽象性区分。一般来说，合同依据所反映的交易关系的性质，可以被分为买卖、赠予、租赁、承揽等不同的类型。我国《合同法》就以此为标准，建立了有名合同的法律制度。当然，除了这一标准之外，合同还可以双方权利义务的分担方式，被分为双务合同与单务合同；以当事人是否可以从合同中获取某种利益，被分为有偿合同与无偿合同；以合同的成立是否需交付标的物，被分为诺成合同与实践合同；以合同的成立是否以一定的形式为要件，被分为要式合同与不要式合同等。

对电子合同进行科学的分类，一方面有利于法学研究，使研究更加深入；另一方面也可以使电子合同法律制度的建设更具针对性和全面性。电子合同作为合同的一种，也可以按照传统合同的分类方式进行划分，但基于其特殊性，还可以将其分为以下几种类型。

（1）电子合同从订立的具体方式划分，可分为利用电子数据交换订立的合同和利用电子邮件订立的合同。

（2）电子合同从标的物的属性划分，可分为网络服务合同、软件授权合同、需要物流配送的合同等。

（3）电子合同从当事人的性质划分，可分为电子代理人订立的合同和合同当事人亲自订立的合同。

（4）电子合同从当事人之间的关系划分，可分为 B-C 合同，即企业与个人在电子商务活动中所形成的合同；B-B 合同，即企业之间从事电子商务活动所形成的合同；B-G 合同，即企业与政府进行电子商务活动所形成的合同。

2．电子合同的特征

（1）订立合同的双方或多方可以互不见面。合同内容等信息记录在计算机或磁盘等中介载体中，其修改、流转、储存等过程均在计算机内进行。

（2）表示合同生效的传统签字盖章方式被数字签名（即电子签名）所代替。

（3）传统合同的生效地点一般为合同成立的地点，而采用数据电文形式订立的合同，收件人的主营地为合同成立的地点；没有主营地的，其经常居住地为合同成立的地点。

（4）电子合同所依赖的电子数据具有易消失性和易改动性。电子数据以磁性介质保存，是无形物，改动、伪造不易留痕迹。

电子合同作为证据，具有一定的局限性。作为合同载体的电子数据，无法像传统的纸质合同文件那样直接由人阅读，除非将其打印在纸面上或显示在计算机显示屏上。由此可知，电子合同这一新型的合同形式，其新型的地方主要在于其载体，即电子数据的采用。因为电子合同的载体与传统的书面文件大不相同，这使现行法律规范的某些规定对作为电子合同载体的电子数据的法律效力及其有效性产生了影响。如果不解决电子数据的法律效力问题，也就无法确定电子合同的法律效力，这势必对电子商务的正常发展构成极大的阻碍。

3．电子合同的法律效力

（1）电子合同作为电子商务各方当事人的真实意思表示，具有与书面文件同等的法律效力，不能仅因其不是采用传统书面文件的形式而加以歧视。

（2）经过电子签名的电子合同，在必要的技术保障下，符合传统法律中书面签名与书面原件的要求，起到与"经签署的文书"和"经签署的原件"同等的法律效力。

（3）在任何法律诉讼中，电子合同具有与其他传统证据形式相同的可接受性，不因为其是电子数据而不被接受或影响其证据力。

（4）以电子数据为载体的电子合同，不因其采用该载体形式而影响其法律效力、有效性和可执行性，只要其符合法律的其他一些规定，如不欺诈等，就享有与传统书面合同一样的法律效力。

二、电子合同的订立

电子合同订立的程序如下。

1．要约与要约邀请

要约是希望和他人订立合同的意思表示，该意思表示应当符合下列规定。

（1）内容具体确定。

（2）表明经受要约人，要约人即受该意思表示约束。

要约邀请则是希望他人向自己发出要约的意思表示。

通过网络进行交易时，发出订约意愿的一方，只要该表示符合我国合同法关于要约的要求，该意思表示就是要约。尽管网络交易具有特殊性，但是在区分要约邀请方面，仍然应以双方的意思表示作为判断的标准，而不应从交易对象的种类出发。因此，要约与要约邀请的区分标准，仍然应在《合同法》中寻找，这一标准应该是：

（1）意思表示的内容是否具体确定。

（2）其发出人是否有受该意思表示约束的意思。

2．电子合同的承诺

承诺的法律效力在于一经承诺并送达于要约人，合同即告成立。承诺应具备的条件是：

（1）承诺应由受要约人做出。

（2）承诺必须在合理期限内做出，或要约规定了承诺期限，则应在规定期限内做出；若未规定期限，应在合同期限内做出。《合同法》第三十条规定，承诺的内容应当与要约的内容一致，承诺应符合要约规定的方式。电子合同的承诺也应符合上述规定，由于网络的虚拟性，确定承诺的生效就成为判断电子合同成立的非常重要的依据。

三、电子合同的履行、违约责任与违约救济

1．电子合同的履行

电子合同的标的可以划分为有形标的与无形标的两类。当某一标的物为有形物时，电子合同的履行与传统合同的履行没有任何不同。当某一标的物为无形物时，电子合同的履行依据交付方式的不同而有所不同，下面就这一问题进行专门论述。

电子合同的标的物为无形物时，一般可以采取两种方式进行交付。

（1）将无形标的物装载于有形物中进行交付，如将计算机软件装载于光盘内再进行交付，这是以有形介质为载体，使无形标的的交付变成有形标的的交付的方式，可以适用传统合同履行的有关规定。

（2）电子传输交付，即通过电子网络中的数据电文往来完成合同标的的交付，如在得到供方许可的前提下，登录到供方的电子网络中将计算机软件下载完成交付或由供方利用电子网络将标的物直接发送到需方的指定系统中即完成交付，这是电子合同独有的交付方式。该方式已经将传统合同履行过程虚拟化，在需方能够按照合同目的有效地占有和支配电子合同项下的标的物时，供方就已经履行了自己所承担的合同义务。

所谓"有效地占有和支配"是指需方在供方的指引下，取得标的物，并能够完成发挥其功能的相关操作。供方在交付时应当同时提供与标的物有关的使用方法说明，在必要时对需方进行使用技能培训，使其掌握与使用标的物有关的信息与知识，只有需方能够有效地占有和支配标的物时合同交付才

能够完全实现。例如，商家在提供计算机硬件时，必须同时提供该计算机硬件的驱动程序，否则，该交付行为就不能构成完整意义上的交付。法律从保护接收方的合法权益的角度出发，将此项义务规定为交付义务的有机组成部分，在电子合同履行中显得尤为重要。

电子合同中，需方的履行义务主要是货币支付，支付额度应当与供方的交付形成对价，这是合同相对性规则的直接体现。当有证据表明供方的交付属于法律上的单方行为时，可以免去需方的对待给付义务，如无偿赠予等。如果合同标的物属于无形物中共享性特征非常明显的产品类型，如电子信息，按照先使用后付费的履行顺序，很可能会出现一方履行交付义务之后，另一方逃避对待给付义务的情况，致使权利人的合法权益得不到保障。为了保护权利人的合法权益，法律可以允许发送方在接收方对待给付之前不完全履行，或设置电子控制，但必须保证接收人已经存在的合法权益不会因此而受到侵害，且一旦按合同规定进行对待给付后，接收人就要能够顺利接收和使用该信息。在当前法律没有规定的情况下，当事人也可以在协商一致后，采取在合同中规定预付款、保证金等办法来解决这一问题。

合同履行过程中，与交付相对应的是检验和接收。当合同标的无须经过专业人士检验，根据通常标准即可确定其使用性能与特点时，法律也就无须为此规定专门的检验和接收程序；当合同标的需要经过专业人士检验才能确定其使用性能与特点，并且接收方有机会对其进行检验时，法律应当考虑为此设置合理程序，赋予接收方在合理条件下进行检验的权利，以保障接收方的合法权益。经过检验，一方交付的合同标的物符合合同目的时，另一方应当按规定方式予以接收，协助对方完成交付行为，不得为此设置任何障碍；另一方交付时，合同一方负有同样的协助义务。

2. 电子合同的违约责任

判定合同违约责任的原则有两类：一种是过错责任原则，另一种是严格责任原则。过错责任原则是指一方违反合同的规定，不履行和不适当履行合同时，应以过错作为确定责任的要件和确定责任范围的依据。严格责任原则是指在违约发生以后，确定违约当事人的责任，应主要考虑违约的结果是否因被告的行为造成，而不是被告的故意或过失导致。

在我国合同法的理论上，对于判定违约责任是采用过错责任原则还是严格责任原则一直存在争议。从我国《合同法》的制定来看，我国逐步确立了违约责任以严格责任为原则。即违约责任不以过错为归责原则或构成要件，除非有法定的或约定的免责事由，只要当事人一方有违约行为，不管是否具有过错，都应当承担责任。之所以采用严格责任原则为合同责任的原则，主要是因为违约责任源于当事人自愿成立的合同，除了约定或法定的情况，必须受其约定的束缚，如果动辄以过错免责，对于相对人就不公平，有损于合同的本性。从国际立法文件和合同法规则的发展过程看，以严格责任原则为合同的违约原则是符合发展趋势的。

电子合同的违约责任也应采用严格责任原则。但是网络传输的特殊性也会产生传统法律中不曾有过的问题。例如，遇到网络传输发生故障、文件下载染毒等情况，相关责任方是否需要承担违约责任，需要法律明确。在明确严格责任的同时，还需要规定免责的事由。合同违约的免责事由包括不可抗力、法律的特殊规定、债权人的过错和约定的免责条款等。所谓不可抗力是指不能预见、不能避免并不能克服的客观情况，因不可抗力不能履行合同或者造成他人损失的，相关责任方不承担民事责任。在网络中，下述情形可被认为是不可抗力。

（1）文件感染病毒。文件染毒的原因可能是遭到恶意攻击所致，也可能是被意外感染。但不论是何种原因，如果许可方采取了合理与必要的措施防止文件遭受攻击，如给自己的网站安装了符合标准或业界认可的保护设备，有专人定期检查防火墙等安全设备，但是仍不能避免被攻击，由此导致该文件不能使用或无法下载的违约行为，许可方不承担违约责任。概言之，许可方尽到了合理注意的义务后，不承担责任。但这并不影响许可方履行返还对方的价款的义务。

（2）非因自己原因的网络中断。网络传输中断，则无法访问或下载许可方的信息。网络传输中断可由传输线路的物理损害引起，也可由病毒或攻击造成。如果当事人对此无法预见和控制，自应属于不可抗力。

（3）非因自己原因引起的电子错误。例如，顾客购物通过支付网关付款，由于支付网关的错误未能将价款打到商家账户上，虽然顾客对此毫不知情，但商家由于未能收到价款而不履行的，不应承担违约责任。

（4）因遭受攻击而不能履行的，也应免责。

3．电子合同的违约救济

我国《合同法》第107条规定，当事人一方不履行合同义务或者履行合同义务不符合约定的，应当承担继续履行、采取补救措施或者赔偿损失等违约责任。

电子合同的违约救济主要有实际履行、停止使用、继续使用、中止访问和损害赔偿等措施。

（1）实际履行

对于信息产品而言，实际履行有其现实意义。第一，信息产品本身的易复制性使得它不易灭失，这就使违约方在违约后仍然有条件继续履行，对被许可方而言，可以继续得到所需要的信息。第二，信息产品多数具有较高的技术含量，尤其是专业化的信息产品，从标的接收到投入使用有一个时间过程，如果守约方另寻其他替代品，又会消耗一段时间，显然对守约方不利。第三，对于信息访问合同，被许可方的目的是获得有关信息，只要不是因为信息内容上的原因而违约，进行实际履行对当事人双方都具有重要意义。第四，信息产品的销售、许可与服务是浑然一体的，这使得信息产品合同当事人的权利义务比其他合同更复杂，涉及当事人的多种利益，实际履行有利于减少当事人尤其是接收方的利益损失。

概言之，实际履行给守约方较大的选择权，守约方可以在权衡利弊的基础上，选择实际履行或者其他补救方式。在没有守约方明确反对的情况下，法院和仲裁机构可以判定违约方实际履行。

（2）停止使用

停止使用是指因被许可方的违约行为，许可方在撤销许可或解除合同时，请求对方停止使用并交回有关信息。在传统合同中，虽然也存在因违约而停止使用并交回标的情况，如房屋的承租方违反该房约定的使用性质，出租方可以解除合同并要求对方交回房屋。当标的为信息产品时，停止使用具有特殊意义，对于信息产品，交回的只是信息产品的载体，所以交回的实际意义并不大，唯有停止使用才能保护许可方的利益。

停止使用的内容包括被许可方所占有和使用的被许可的信息及所有的复制件、相关资料退还给许可方，同时被许可方不得继续使用。许可方也可以采用电子自助措施停止信息的继续被利用。但是，被许可的信息在许可过程中若已发生改变或与其他信息混合，且已无法分离，则无须交回。

（3）继续使用

继续使用是指在合同终止或许可方有违约行为时，被许可人可以继续使用许可方的信息。继续使用不同于继续履行，在传统合同法的理论上，继续履行是当事人未能按照合同约定正常履行义务时，由法律强制其继续履行该义务，是承担违约责任的形式之一，继续履行的内容是强制违约方交付按照合同约定本应交付的标的，所以它是实际履行原则的补充。因此，继续履行是违约方的一种责任。而继续使用与此不同，虽然也是保护守约方的利益，但它是从赋予守约方权利的角度而非违反方责任的角度来保护的。

对于信息许可使用和信息访问而言，如果许可方违约，未按照合同约定提供服务或产品，只要受害方认为必要，可以要求违约方继续履行。但是在被许可方实际使用或获得许可以后，如果许可方违约了，那就不存在继续履行的问题，被许可方可以继续使用合同约定的服务或产品。

（4）中止访问

中止访问是对信息许可访问合同的救济，当被许可方有严重违约行为时，许可方可以中止其获取信息。中止访问不同于实际履行或者继续履行，后者实质上是法律的强制，属于责任的范畴，不具有抗辩的性质；中止访问是许可方对被许可方的一种抗辩行为，是履行中的抗辩。

作为一种抗辩，中止访问必须符合一定的条件。第一，合同当事人双方具有对待给付的义务，也就是说，信息许可访问合同是双务合同。第二，合同约定的义务已到履行期。第三，未按合同的约定履行。例如，被许可方未按规定的时间交付使用费，许可方可以中止其访问。第四，在许可方采取中止措施之前，应通知被许可方。如果被许可方在通知规定的时间内，消除了违约行为，则中止访问的措施不应被采用。

（5）损害赔偿

损害赔偿是以支付金钱的方式弥补受害方因违约行为所减少的财产或者所丧失的利益。损害赔偿是最基本和最重要的违约救济方式。它与上述几种违约救济方式是互补的，一方违约后，除了要求其采取特定补救方式外，对于已造成的损害还应予以赔偿。但是，根据我国法律规定，损害赔偿不得与违约金并用。

案例阅读

中国首例电子合同履行效力的典型案例

本案原告是国内某电子商务网站，其经营方式是提供网络交易平台给用户在其上进行商品的在线交易，从中收取网络服务费用。

据原告诉称，2001年1月1日，被告刘松亭以"本田一郎"为用户名注册为易趣交易平台用户，2001年4月4日又以"jaliseng"为用户名注册了另一个用户账号。自2001年7月1日起，原告开始对商家用户收取商品登录费，该费用指用户利用易趣网提供的网络平台登录拍卖商品而应交纳的费用。按照双方服务协议，该网站的"商品登录费"按照商品的价值划分档次，最低1元，最高8元，该收费标准和措施目前只对卖方用户实施。被告多次使用网站付费服务发布欲出售商品的信息，却不按时缴纳相应费用。至2001年9月24日止，拖欠原告的网络平台使用费计人民币4 336.6元。

原告认为，被告一个人注册两个用户账号的行为以及拖欠原告网络平台使用费的行为严重违反了双方的服务协议。遂诉请判令被告支付网络平台使用费人民币 4 336 元，赔偿原告聘请律师费人民币 2 000 元及为诉讼所支出的调查费 4 元。

针对原告诉请，被告认为：自己在注册时原告并无提出要收费，原告在网上的"基本服务协议"连附录密密麻麻有 15 页之多，只要稍微有计算机常识的人都会不假思索选择"是"。自从微软的视窗 95 系统普及后，所有的标准软件安装之前都有类似对话框，人们已习惯了选"是"（选"否"是无法完成操作的），重申"愿意支付网上确认成交商品的所有服务费"。因此认为原告要求支付网络服务费以及所有诉讼相关费用毫无道理。关于一人注册两个用户账号之事，没有任何法律规定一个家庭只允许申请一个用户账号。

【争议焦点】

原被告之间的电子合同是否具有法律效力。

【审理结果】

法院经审理后认为：虽然原告的电子合同有 15 页之多，但还是可以阅读的，原被告双方自愿达成协议并且没有违反法律禁止性规定，合同合法有效，依据合同法规定，应当得到全面和及时履行，因此判决被告支付原告网络平台使用费 4 336 元，并承担律师费等相关费用。

对于上述判决结果，法院表示：虽然没有任何先例可循，但这起诉讼仍有法可依，对维护中国互联网及网上交易的法律秩序具有重大的里程碑意义。

第三节　电子签名与电子认证法律制度

一、电子签名的概念

广义的电子签名是指包括各种电子手段在内的电子签名。狭义的电子签名是指以一定的电子签名技术为特定手段的签名，常指数字签名，较强调安全性。折中式电子签名，如强化电子签名，又叫安全电子签名或增强电子签名，是指经过一定的安全应用程序，能达到传统签名等价功能的电子签名方式。

我国 2005 年 4 月 1 日起施行的《中华人民共和国电子签名法》（2015 年修订，下称《电子签名法》），借鉴了传统签名的功能，从功能、效果的角度对电子签名进行了定义：本法所称电子签名，是指数据电文中以电子形式所含、所附用于识别签名人身份并表明签名人认可其中内容的数据。本法所称数据电文，是指以电子、光学、磁或者类似手段生成、发送、接收或者储存的信息。《电子签名法》第十三条进一步规定了可靠的电子签名应当满足的条件：（一）电子签名制作数据用于电子签名时，属于电子签名人专有；（二）签署时电子签名制作数据仅由电子签名人控制；（三）签署后对电子签名的任何改动能够被发现；（四）签署后对数据电文内容和形式的任何改动能够被发现。《电子签名法》第十四条明确规定：可靠的电子签名与手写签名或者盖章具有同等的法律效力。

二、电子签名的法律规定

1. 电子签名的立法模式

电子签名的立法模式包括技术特定式立法模式、技术中立式立法模式和折中式立法模式。

（1）技术特定式立法模式

这种模式将数字签名技术作为电子签名的立法技术，集中规定数字签名的技术规则和法律效果，可分为三小类。

① 纯技术标准型：将数字签名技术作为安全电子商务的技术标准，涉及电子签名的一般应用，但没有有关责任分配的条款。

② 确认法律效果型：不但从法律上对数字签名予以承认，而且规定了责任分配的条款。

③ 组织机构型：未将数字签名作为一个技术标准，但对认证机构提出了具体要求，通过确保认证机构的安全性和可靠性来增强电子商务的信心。该方式不对认证关系各方进行责任分配，由认证机构自己制定政策来明确自己与证书使用者之间的法律关系。

数字签名技术是目前比较成熟的、可以在市场中应用的签名技术，可以使电子交易在稳定、明确的环境下进行，消除对于在开放的计算机网络中进行交易存在的风险隐患，这是技术特定式立法模式的优点，但限制了其他同类技术的应用。

（2）技术中立式立法模式

这种模式不对电子签名的技术方案进行规定，站在技术中立的立场对广义范围的电子签名予以法律承认，没有关于认证各方的法律责任分配的条款。

技术中立式立法模式由市场和用户对电子签名技术的优劣做出选择，有利于各种电子签名技术的自由发展，并对广义电子签名法律效力予以承认，但规定过于笼统，操作性不强，在实践中的作用有限。

（3）折中式立法模式

这种模式既对广义电子签名予以法律承认，又规定了应用数字签名或以数字签名为范例的安全电子签名的法律后果，包含有责任分配的条款。该立法模式结合了前两种模式的优点，避免了两者的缺点，既能够满足当前电子商务实践的需要，又为其他技术的发展和应用留下了空间。

2. 数字签名的生成过程

（1）将被发送文件用散列算法加密生成信息摘要。

（2）发送方用自己的私有密钥对摘要再加密，这就形成了数字签名。

（3）将原文和加密的摘要同时传给对方。

（4）对方用发送方的公共密钥对摘要解密，同时对接收到的文件使用散列算法加密生成新摘要。

（5）将解密后的摘要和接收到的文件与接收方重新加密生成的摘要进行对比，如果两者一致，说明传送过程中信息没有被破坏或篡改过。

3．数字签名的应用环境

开放环境中，数字签名应用的前提为确认数字签名，信息接收方必须取得签署者的公共密钥，并且需要保证这个密钥与签署者的私有密钥相匹配。其次，数字签名的使用还建立在交易当事人对公共密钥信任的基础上。

4．电子签名的条件

电子签名的法律要求主要表现在签名的效果上，有效的电子签名必须满足以下要求。

（1）就签名使用者的目的或者环境而言，该电子签名是独特的。

（2）能表明电子签名是由其拥有者直接签署的，或使用由签名者独占的控制方式生成的，或是附加在数据电文中的。

（3）该电子签名是以对数据的完整性提供可靠保证的方式生成的，并与数据电文联系。

5．电子签名的归属与完整性推定

联合国国际贸易法委员会《电子签名法示范法》第四条规定了强化电子签名属性的推定，并规定了两种不适用推定的情况：强化电子签名既不是称谓者签署的，也不是某个对其享有代理权的人所为的，此推定归于无效。

联合国国际贸易法委员会《电子签名示范法》第五条规定，当某一具有安全可靠性的电子签名适用于数据电文时，该数据电文就被推定为保持了原始完整性，同时规定了完整性推定的范围，即作为电子签名的数据电文制定的数据电文具有原始完整性。

数据电文有下列情形之一的，视为由发件人发送。

（1）经发件人授权的。

（2）发件人的信息系统自动发送的。

（3）发件人按照发件人认可的方法对数据电文进行验证后结果相符的。

6．电子签名的使用及其效果

（1）合法使用的效果

① 对签署人的效力。表明文件来源；表明签名人对文件内容的确认；是作为签名人对文件内容正确性和完整性负责的依据。

② 对数据电文内容的效力。以电子签名签署的数据电文在交易当事人之间是作为原件对待的，如果构成法律文件，也就符合了《证据法》上原件的要求。

③ 对法律行为的效力。电子签名是开放环境下商事交易法律行为的事实构成要素之一。当法律规定某种法律行为必须以书面的形式做出时，以电子签名签署的数据电文就满足了这项要求。但是电子签名签署的具体内容的法律行为是否生效，不是电子签名所决定的，而是应该由调整该法律行为的特别法衡量的。尽管如此，电子签名对法律行为的成立与生效依然起着重要作用，如电子合同中的电子签名就决定了合同成立的时间、地点等。

（2）未经授权使用的效果

未经授权使用的电子签名是指该签名既不是拥有人本人签署，也不是其代表人签署的情况。联合国贸法委《统一规则草案》对未经授权使用电子签名的责任进行了明确规定，这种规定可以分成两种可能性和四种处理后果。

两种可能性是：第一，风险责任由收件人承担，前提条件是他本身有过错，是"信赖方知道或者应当知道签名不是称谓者的"；第二，风险责任由签名的拥有人承担，主观条件也是本身有过错，即"没有履行合理注意的义务，以避免对其签名未经使用并防止收件人信赖该签名"。

四种处理后果是：第一，由收件人承担责任，一般难出现；其他三种由签名拥有者承担责任，责任的大小按照损失的程度不同而不同。

（3）未经授权使用的责任承担

绝对无权使用的责任承担：电子签名所有人不知情且无法控制，主观上无过错，该数据电文不能归于本人，相对人所有损害由行为人承担。

相对无权使用的责任承担：

① 由签名所有者承担：所有者未保管好自己的密钥导致他人未经授权使用，主观上有过错。

② 由收件人承担：前提是收件人本身有过错，即他知道或者应该知道该签名不是签名所有者的。

电子签名拥有者不仅承担着对本人及其代表人的签名的责任，还有对电子签名合理注意的义务，以防止电子签名被未经授权使用，并且使收件人免于对该类签名的信任。

三、电子认证的概念

电子认证是以核心电子书（又称数字证书）为核心技术的加密技术，它以 PKI（Public Key Infrastructure，公开密钥基础设施）技术为基础，对网络上传输的信息进行加密、解密、数字签名和数字验证。电子认证是电子商务中的核心环节，可以确保网上传递信息的保密性、完整性和不可否认性，确保网络应用的安全，解决的是密钥及其持有人的可信度问题，因为密钥存在着丢失、被盗等风险。这就产生了公开密钥的辨别与认证的有效性问题，即需要由一个权威的机构对公开密钥进行管理、认证。

在现实生活以及未来发展中，电子签名所采用的技术手段和方案呈多样化的特点，与之相应，电子认证所采用的技术手段和方案也是多样的。正如电子签名不限于数字签名一样，电子认证也并非限于对数字签名进行认证。例如，电子签名既可采用数字技术生成数字签名，也可采用生物技术生成指纹签名、视网膜签名，还可采用其他电子技术生成诸如口令、识别标志等签名。那么，进行认证的方法就要求与被认证对象严格对应，也完全可以采用相应的有关技术、手段和方法，如口令认证方法、生物特殊检测法、基于智能卡的认证等。

1. 电子认证与电子签名的关系

电子认证和电子签名都是电子商务的保障机制，但二者的手段和目的却有所不同。电子签名是一种技术手段上的工具性的保障。法律规范对之所做的调整，主要表现为对符合签名基本功能的电子签名技术予以认定，从而确立其法律效力。这实际上是对技术标准的认定，具有较强的客观性。电子认证则是对电子商务的一种组织上的保障，它不仅需要一定标准，还需要一定的社会组织结构与之配套。

也就是说，电子认证更侧重于对交易人的品行方面的认定。

2．电子认证的功能

（1）担保功能。认证机构为用户颁发证书，必须证实以下情况时才准许发放。

① 潜在用户与请求者并与证书上所列的人是同一人。

② 如果潜在用户是通过代理人行事，则该用户适当地授权了代理人对其私钥享有监督权，并请求颁发相应的公开密钥证书。

③ 待颁发证书中的信息是准确的。

④ 潜在用户合法持有与待颁发证书上所列公开密钥相对应的私人密钥。

⑤ 证书上所列的公开密钥可以用于证实由潜在用户所持有私人密钥附加的数字签名。

通过发放认证证书，认证机构对所有合理信赖证书内信息的人承担如下的担保义务。

① 确定签名人的身份。

② 用以识别签名人的方法。

③ 在签发证书时，签名生成数据是由证书所列签名人控制的。

④ 在签发证书之时签名生成数据有效。

⑤ 证书的效力状况等。

这样，通过中立的认证机构的信用服务，一方当事人可以相信与其交易的另一方当事人是真实可靠的交易人。

（2）预防功能。预防功能有以下两种形式。

① 防止欺诈功能。认证机构通过向其用户提供可靠的在线证书状态查询，满足用户实时证书验证的要求，从而解决了可能被欺骗的问题。

如果甲与乙都是用户，认证机构的在线证书状态查询，就可以同时查询到二者的证书公开信息服务。该证书包括用户姓名、公开密钥、电子邮件地址、证书有效期以及其他信息的数字化的文件。认证机构还在每个证书上都附加有电子签名，以证明证书的内容是可靠的。

然而，无论用户多么小心谨慎，其私有密钥都有丢失或被盗的可能。一旦该类事件发生，存在风险的私有密钥和与其相应的公开密钥，都不能再用来加密信息。为了应付这种危险状况，大多数认证机构都能提供作废证书表（CRL）服务，以列举那些失效的密钥对。作废证书表的内容是经常更新的，对于广大用户来说，也是容易利用的。

② 防止否认功能。不得否认原理是诚实信用原则在电子交易领域中的具体体现。该原理要求行为人在进行民事交往活动时，一方面应动机纯正，没有损人利己的不当或不法的主观态度，另一方面，在实施某种行为时，应符合道德惯例。因此从这一角度看来，不得否认是诚实信用的基本要求，是实现交易安全问题的基本手段之一。

电子认证的最终目的就是为了在电子商务交易的当事人之间发生纠纷的情况下，提供有效的认证解决方法。信息发送人难以否认电子认证程序与规则，而信息接收人不能否认其已经接收到信息，这就为交易当事人提供了大量的预防性的保护，避免一方当事人试图抵赖曾发送或收到某一数据信息而欺骗另一方当事人的行为发生。

3．公钥基础设施（PKI）

电子认证就是通过一个或几个值得信赖的第三方将被认定的签名或签名者的姓名与特定的公共密码联系起来。可信赖的第三方就是认证机构。这样的认证机构按不同的层次构建起来，形成公钥基础设施（Public Key Infrastructure，PKI）。在公钥基础设施的构成中，认证机构（CA）及相关的证书管理设施居于核心地位。

公钥基础设施具有与其他基础设施类似的功能，就如同电力基础设施能给不同需求的用户提供各种标准的电源插座一样，公钥基础设施能为各种不同的安全需求提供各种不同的安全服务，如身份识别与认证、数据保密、数据完整及不可否认的安全电子交易。

一个典型、完整、有效的 PKI 应用系统至少应具有以下部分。

（1）认证机构 CA：证书的签发机构，它是 PKI 的核心，是 PKI 应用中权威的、公正的、可信任的第三方机构。

（2）注册机构 RA：注册功能也可以由 CA 直接实现，但随着用户的增加，多个 RA 可以分担 CA 的功能，增强可扩展性，应注意的是 RA 不容许颁发证书或 CRL。

（3）证书库：证书的集中存放地，提供公共查询服务，常用目录服务器提供服务，采用 LDAP 目录访问协议（是一种目录存取协议，给客户提供从各个角度连接到目录服务器中的方式）。

（4）密钥备份及恢复系统：用于备份与恢复密钥的系统，但必须注意，密钥的备份与恢复必须由可信的机构来完成。

（5）签名密钥对：签名密钥相当于日常生活中的印章，为保证其唯一性，签名密钥不作备份。签名密钥生命周期较长。

（6）加密密钥对：加密密钥通常用于分发会话密钥，为防止密钥丢失时丢失数据，解密密钥应进行备份。这种密钥应频繁更换。

（7）证书作废处理系统：证书由于某种原因需要作废，终止使用，这将通过证书作废列表（CRL）来完成。

（8）自动密钥更新：无须用户干预，当证书失效日期到来时，启动更新功能，生成新的证书。

（9）密钥历史档案：由于密钥更新，每个用户都会拥有多个旧证书和至少一个当前证书，这一序列证书及相应密钥（除签名密钥）组成密钥历史档案。

（10）PKI 应用接口系统：为各种各样的应用提供安全、一致、可信任的方式，从而与 PKI 交互，确保所建立起来的网络环境安全可信，并降低管理成本。

（11）交叉认证：多个 PKI 独立地运行，相互之间建立信任关系。

四、电子认证的法律规定

1．认证法律关系各方当事人

在开放型的电子商务环境下，电子认证机构一般是以中立的、可靠的第三方当事人身份出现，为交易双方或多方提供服务的。因而，在认证法律关系中至少有买卖双方以及认证机构参与。换言之，认证法律关系一般涉及三方当事人：认证机构、签署者（或称证书持有人）和证书信赖人（或称相对方）。

2．当事人各方的行为规范

（1）认证机构的权利与义务

① 认证机构的权利。要求申请者提供真实资料的权利：对个人申请人，一般要求提供个人的姓名、身份证号、联系电话、通信地址、邮政编码、电子邮箱等资料；对单位申请人，除对具体的申请人要求提供上述个人资料外，还要求提供单位名称、单位主页地址、单位营业执照号、工商税号、单位地址、单位电子邮箱、单位所属行业类别、电话、传真等资料；认证机构在遵循合法程序的条件下有权对上述内容进行调查、审核。

收取费用的权利：认证机构有权向签署者收取费用。

② 认证机构的义务。一是颁发证书的义务：认证机构应向符合条件的申请者颁发证书，并将证书内容公布于认证机构的存储器内。认证机构在向申请人颁发证书前应确认下列情况。

A．列于即将颁发的证书中的人就是未来的签署者。

B．即将颁发证书中的信息是正确的。

C．未来的签署者合法拥有私钥，此私钥与证书中列的公钥构成功能性密钥对，并且可以用来生成数字签名。

D．证书中所列的公钥可以用来验证由签署者拥有的私钥生成的数字签名。

E．数字证书中所使用的公钥算法在现有技术条件下不会被攻破。

二是中止证书的义务：在证书的有效期内，收到签署者或其代理人的有关中止证书的申请后，认证机构应中止该证书，并在指定地点发布中止的通知。

三是撤销证书的义务：在证书的有效期内，在下列情况下，认证机构应撤销证书。

A．收到撤销证书的申请，并证实申请是由签署者或其授权代理人发出的。

B．收到证实签署者已经死亡的证明复印件或其他有关证明。

C．有证明签署者已经解散或不复存在的有关证明。

D．证书中陈述的重要事实有虚假。

E．不符合颁发证书的要求。

F．认证机构的私钥或可信赖系统存在严重影响证书可靠性的情况。在撤销证书时，认证机构须在指定地点发布撤销通知，一般都是在作废证书表中列明。

四是使用可信赖系统的义务：认证机构应该使用可信赖系统来完成上述证书的颁发、中止和撤销等操作。所谓可信赖系统是指计算机的硬件、软件和程序，它们满足以下要求。

A．可依赖系统是相当安全的，可防止侵扰和滥用。

B．具有较高的可用性和可靠性，并提供了正确的操作。

C．非常适合发挥它们的固有功能。

D．符合通常公认的安全程序。

五是妥善保管自身私钥的义务：认证机构自身的私钥对于验证该认证机构作为颁发数字证书的机

构之身份具有不可或缺的作用，一旦丢失，该认证机构所发出的所有数字证书都将作废，因此应妥善保管。

六是信息发布的义务：认证机构应及时公布有关的信息，如自身的政策或认证业务声明，证书的发布、中止及撤销的信息等，发布的方式应是醒目的、易发现的。

七是制订及在特定情况下实施灾难恢复计划的义务：灾难恢复计划是指认证机构在遭到攻击，发生通信网络资源毁坏，计算机设备系统不能提供正常服务，软件被破坏，数据库被篡改等现象或因不可抗力造成灾难时，修复设备系统的计划。由于实践中黑客的活动十分猖獗，因此认证机构制订此灾难恢复计划是十分必要的。一旦出现上述灾难，认证机构应积极有效地实施灾难恢复计划。

（2）签署者（证书持有人或证书用户）的权利与义务

① 签署者的权利。一是获得有效合格的数字证书的权利：签署者在提供了符合要求的信息资料并交费后，有权利取得有效的、具有所需功能的数字证书。

二是提出中止或撤销数字证书的权利：在前述的有关认证机构应中止或撤销数字证书的条件下，签署者或其代理人有权提出中止或撤销证书的申请。

② 签署者的义务。一是对证书内容真实性的保证：签署者一旦接受了认证机构所颁发的证书，就要负担起保证证书中所含信息的真实性、准确性、完整性的义务。

二是私钥控制的义务：签署者对其私钥应保持控制，并不得向未经授权的人泄露，否则，认证机构就是再认真审核、公正发布信息，都无法保证电子签名的安全性。

三是使用可信赖系统的义务：签署者在应用自己的密钥对时，也应使用可信赖系统。

四是缴纳费用的义务：签署者应向认证机构交纳服务费用，主要在接受证书时缴纳，有的认证机构可能要求签署者在中止或撤销证书时也要缴纳费用。

五是及时通知的义务：如果签署者的私钥出现问题，如遗失、遗忘或者外泄等，签署者应及时通知认证机构并申请中止或撤销其证书。

（3）证书信赖人的权利与义务。证书依赖人（或称相对方）的权利与义务分述如下。

① 证书信赖人的权利

证书信赖人应当采取适当的行为，以确保证书信赖人对该证书信赖是合情合理的。

② 证书信赖人的义务

A. 采取合理的步骤确认签名的真实性。

B. 在电子签名有证书证明的情况下，采取合理的步骤确认证书是否合法有效，是否被中止或撤销；遵守任何有关证书的限制规定。

3. 交叉认证的法律关系

交叉认证的解决方式

持有同一认证机构颁发的证书的当事人进行交易时，他们之间会发生单一的认证关系；当持有不同认证机构颁发的证书的当事人进行交易时，彼此就会产生交叉认证。

交叉认证的解决方式主要有三种。

（1）通过国际条约或双边协定来处理。

（2）行政核准方式。

（3）认证担保的方式。

交叉认证法律关系的性质因所采用解决方式的不同而有所不同。在以国际条约或双边协定来解决交叉认证的，不同证书持有人对对方的信赖仍是法律上的信赖关系。在同一标准方式下进行的交叉认证是合同关系；利用担保方式进行的交叉认证可视同合同关系。

五、电子认证活动中的侵权行为

1. 侵权责任和侵权行为的概念

侵权责任是加害人因侵权行为造成他人财产或人身损害依法承担的民事责任，其形式有赔偿损失、停止侵害、排除妨碍、消除危险、返还原物、恢复原状、消除影响、恢复名誉及赔礼道歉等。侵权行为是指行为人由于过错侵害他人的财产和人身安全依法应承担民事责任的行为，以及以法律特别规定的应当承担民事责任的其他致害行为。

2. 电子认证活动中的侵权行为

（1）错误地向假冒者颁发证书而致人财产损失。一般来说，如果认证机构尽到职责，假冒者的申请是不能成功的。但如果认证机构的雇员疏忽大意，错误地向假冒者颁发证书并非是不可能的。在这种情况下，假冒者可能利用数字证书进行欺诈活动，或与信赖方进行交易，或从作为信赖方的银行那里转移资金，这些都有可能使被假冒者及其信赖方的财产受到损失，从而使二者对认证机构提起侵权之诉。

（2）认证机构的私钥失控而致人财产损失。私钥失控的表现形式可以是丢失、泄密或被未授权的人使用等，其结果之一是可能落入犯罪分子的控制之中，而这些犯罪分子可有意地生成错误的证书来假冒真实的签署者或虚构一个签署者而使信赖方受到损失进而对认证机构提起侵权之诉。

（3）签署者的私钥失控而致人财产损失。这种侵权行为特指签署者对自己的私钥应尽妥善保管的义务，若私钥遗失而被假冒者利用来对信赖方进行欺诈，则签署者应对信赖方的财产损失负侵权之责。

（4）存储器与作废证书表的失误而致人财产损失。存储器中保存的是现有的有效证书，而作废证书表中保存的是已被撤销并不得再被申请的证书，若这两个数据库中的信息有误或是正常的使用被阻断，都有可能给签署者及信赖方造成财产损失，而使信赖方对认证机构提起侵权之诉。

（5）中止或撤销证书的失误而致人财产损失。当签署者私钥失控后，签署者主要的保护自己免受假冒的途径就是向认证机构申请中止或撤销指定数字证书，若认证机构在中止或撤销证书过程中不合理地延迟或失败，则可能因给信赖方造成财产损失而负侵权之责。

3. 侵权责任与违约责任的划分

违约责任是违反合同约定义务的法律后果，而侵权责任是违反法定义务的法律后果，两者划分的界限在于加害方与受害方之间是否存在合同关系。如果加害方与受害方之间存在合同关系，那么一般应属违约责任；如果加害方与受害方之间不存在合同关系，那么一般应属侵权责任。例如，在认证机构与签署者之间存在电子认证合同关系，签署者应提供准确的个人信息却由于过错而提供了不准确的个人信息，而认证机构本应及时发放或中止数字证书但却由于过错而没能完成，这些都属于对合同义务的违反而应负违约责任。又如，在认证机构与信赖方之间，签署者与信赖方之间并不存在电子认证合同关系，但是法律基于电子认证制度维护交易安全目的，规定了认证机构及签署者针对第三方所负有的法定义务。例如，认证机构及签署者都有义务向信赖方保证数字证书中的身份信息是真实而准确的，认证机构及签署者违反了上述义务而由此给信赖方造成财产损失的，则应负侵权责任。

4. 违约责任与侵权责任的竞合

违约责任与侵权责任的竞合，是指行为人的某一行为既违反了合同规范又违反了《侵权行为法》的规范，从而产生两种责任，行为人如何承担责任，这是民法上长期争议并无定论的难题。处理违约责任与侵权责任竞合问题的立法模式主要有：禁止竞合模式、允许竞合模式和有限制选择诉讼模式。

在电子认证活动中，违约责任与侵权责任的竞合发生在认证机构与签署者（持有人）之间，主要表现是认证机构在违反了合同义务而直接构成违约的同时，还使签署者现有的财产遭到了减损。例如，在签署者有合理的理由要求认证机构撤销证书的情况下，由于认证机构的失误而使撤销延迟，假冒者遂利用该未及时撤销的证书从交易相对方提取货物或从银行转移了资金，这些都将使签署者的现有财产受到减损，认证机构同时也应负侵权之责。

通常认为，电子认证活动中的不法行为给受害人带来的一般都是财产损害而非人身或精神损害，在该不法行为既构成违约行为、又构成侵权行为时，受害人主张违约责任抑或侵权责任，都有法律依据，自然应该允许受害人选择，但是不能双重请求。

5. 电子认证活动中的侵权赔偿

（1）认证机构的侵权赔偿对象。认证机构的侵权赔偿对象有以下三种情形。

① 假设某人假冒他人名义向认证机构申请证书，认证机构未尽到法定的义务而颁发了证书，假冒者利用该证书以被假冒者名义进行欺诈性的交易而致被假冒者财产损失，那么受害的被假冒者就会成为认证机构的侵权赔偿对象。

② 在认证机构的作废证书表失灵的情况下，信赖方可能因此遭受财产损失而成为侵权赔偿对象。

③ 如果签署者因私钥遗失而向认证机构申请撤销证书，而认证机构由于失误而发生了迟延并由此给签署者造成了现有财产的损失，那么签署者也会成为认证机构的侵权赔偿对象。

因此，认证机构之侵权赔偿对象包括三类人：被假冒者、信赖方及签署者。

（2）认证机构的侵权赔偿范围。对认证机构的侵权赔偿范围的确定，既要赔偿现有财产的损失，又要赔偿可得利益的损失。

判断是否为"可得利益"，应看其是否具备以下条件。

① 利益必须是当事人已经预见或者能够预见的利益。不能预见的利益，不能算作可得利益。

② 必须是可以期待、必然能够得到的利益。如果不可期待、非必然能够得到的利益，也不能算作可得利益。

③ 作为计入赔偿范围的"可得利益"，还必须是直接因违法行为所丧失的"可得利益"，也就是说如果不发生这种违法行为，即不致失去此利益。

具体到电子认证活动中，可得利益应包括利润、利息和机会利益等。

第四节　电子支付法律制度

一、电子支付概述

电子支付是指以商用电子化工具和各类电子货币为媒介，以计算机技术和通信技术为手段，通过电子数据存储和传递的形式，在计算机网络系统上实现资金的流通和支付。电子支付是电子商务系统的重要组成部分。电子支付可分为网上支付、移动支付和电话支付等。

1. 电子支付的特征

电子支付具有以下特征。

（1）电子支付是采用先进的技术、通过数字流转来完成信息传输的。

（2）电子支付的工作环境是基于一个开放的系统平台。

（3）电子支付使用的是最先进的通信手段。

（4）电子支付具有方便、快捷、高效的优势。

（5）电子支付的成本费用较低。

（6）电子支付涉及多方当事人。

目前，电子支付还存在一些缺陷。例如，安全问题一直是困扰电子支付发展的关键性问题，大规模地推广电子支付，必须解决黑客入侵、内部作案、密码泄露等涉及资金安全的问题。还有一个支付的条件问题，顾客所选用的电子支付工具必须满足多个条件，要由顾客账户所在的银行发行，由相应的支付系统和商户所在银行支持，被商户所认可等。如果顾客的支付工具得不到商户的认可或缺乏相应的系统支持，电子支付是难以实现的。

2. 电子支付的工作流程

整个电子支付工作流程如图 7-1 所示。

（1）顾客利用自己的 PC 或移动端通过互联网选定所要购买的物品，并填写订货单，订货单上包括购买物品名称及数量、交货时间及地点等相关信息。

（2）通过电子商务服务器与有关在线商店联系，在线商店做出应答，告诉顾客所填订货单的货物单价、应付款数、交货方式等信息是否准确，是否有变化。

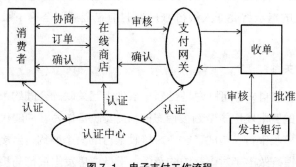

图 7-1 电子支付工作流程

（3）顾客选择付款方式，确认订单，签发付款指令。此时 SET（Secure Electronic Transaction，安全电子交易协议）开始介入。

（4）在 SET 中，顾客必须对订单和付款指令进行数字签名。同时系统利用双重签名技术保证商家看不到顾客的账号信息。

（5）在线商店接受订单后，向顾客所在银行请求支付许可。信息通过支付网关到收单银行，再到电子货币发行公司确认。银行批准交易后，返回确认信息给在线商店。

（6）在线商店发送订单确认信息给顾客。顾客端软件可记录交易日志，以备查询。

（7）在线商店发送货物或提供服务，并通知收单银行将钱从顾客的账号转移到商店账号，或通知发卡银行请求支付。

3. 电子货币

电子货币的种类：

（1）储值卡（手机充值卡和交通卡等）。

（2）信用卡。

（3）存款利用型电子货币（电子支票）。

（4）电子钱包（支付宝）。

二、电子支付当事人的法律关系

（一）电子支付的当事人

电子支付的当事人分为三类。

（1）指令人或资金划拨人，这是可以发出资金支付命令的当事人。

（2）接收银行，这是接到指令的银行。

（3）收款人或收益人，这是最终收到资金的当事人。

（二）电子支付当事人的法律关系

1. 电子支付中银行与客户的法律关系

在电子支付过程中，银行和发出支付指令的客户之间是一种委托合同关系，客户通过互联

155

网将支付指令和个人的身份信息以加密的方式发送至受托银行。受托银行在对委托人的身份进行核实后，按照委托人的指示将委托人银行账户上的指定金额划至另一账户，同时收取一定的委托金。

2. 银行之间的法律关系

电子支付银行之间的权利义务可以说是受到一系列相互关联的合同约束的。当支付指令发出银行通过网络依照客户的要求发出资金划拨信息时，其实质是作为客户的代理人指示发出银行按时足量地将资金划拨到接收银行，构成了客户对接收银行的一个要约。当接收银行收到这个要约并确认后，就视同接收银行做出了对该要约的承诺，于是信息发出银行与接收银行之间就产生了合同关系。

3. 银行与网络服务提供商之间的法律关系

开展电子支付业务的银行与网络服务提供者之间是一种合同关系。网络服务提供商的义务主要有按正确的模式，依照银行之间的协议传递信息；采取各种安全措施防止信息传递的失误以及信息的丢失；确保传递信息的准确性，使得其准确地被接收人接收；保证信息的机密性和安全性，不使信息外泄。

4. 客户之间的法律关系

资金的转移是由于交易的存在，客户之间显然是一种债权债务关系。一般是合同的买方向银行发出支付指令，银行向卖方划拨资金，但是，如果资金并未到达卖方的账户上，那买方的付款义务并不因为其发出支付指令而完成，而应该以资金到达并为卖方确认方可认定为买方支付义务解除。

（三）电子支付当事人的权利和义务

1. 付款人的权利和义务

电子支付中的付款人，通常为顾客或买方，与商家、银行间存在两种相互独立的合同关系：一是顾客与商家订立的买卖合同关系；二是顾客与银行间的金融服务合同关系。

（1）付款人的权利。付款人有权要求接收银行按照指定的时间及时地将指定的金额支付给指定的收款人，如果接收银行没有按指令完成义务，指令人有权要求其承担违约责任，赔偿因此造成的损失。

（2）付款人的义务。付款人一旦向接收银行发出付款指令后，自身也受其指令的约束，承担从其指定账户付款的义务。在需要的情况下，不仅要接受核对签名义务，而且在符合商业惯例的情况下，接受认证机构的认证。按照接收银行的程序，检查指令有无错误和歧义，并有义务发出修正指令，修改错误或有歧义的指令。

2. 收款人的权利和义务

电子支付中的收款人，通常为商家或卖方，与顾客、银行之间同样也存在两种相互独立的合同关系：一是与顾客的买卖合同关系；二是与银行的金融服务合同关系。收款人具有特别的法律地位。在电子支付法律关系中，收款人虽然是一方当事人，但由于他与付款人、接收银行并不存在支付合同上的权利义务关系，因此收款人不能基于电子支付行为向指令人或接收银行主张权利，收款人只是基于和付款人之间的法律关系而与付款人之间存在电子支付权利和义务关系。

3. 银行的权利和义务

银行是电子支付中的信用中介、支付中介和结算中介，其支付的依据是银行与电子交易客户所订立的金融服务协议。在电子支付系统中，银行同时扮演发送银行和接收银行的角色。通常资金的支付从付款人开始，经过付款人银行、中介银行、认证机构、收款人银行等一系列当事人，每一当事人只接收其直接指令人的指令，并向其接收人发出指令，并与它们存在合同上的法律关系。因此，当指令由于接收银行自身或其后手的原因没有履行、迟延履行或不当履行时，付款人或指令人是无法依据合同关系直接向责任方主张权利的。为保护付款人或指令人的权益，只要接收银行或其后手存在违约行为，均应向其前手或付款人承担法律责任。

第五节 电子商务中的知识产权问题

案例阅读

广东首宗微信公众号侵权案

中山暴风科技公司运营的"最潮中山"未经认证的微信订阅号于 2014 年 2 月 3 日、2 月 6 日、3 月 13 日未经允许转载了中山商房网科技公司运营的"中山商房网"微信公众号于 2014 年 1 月 28 日、2 月 6 日、3 月 12 日推送的标题为"中山谁最高？利和高度将被刷新 解密中山高楼全档案""初八后大幅度降温阴雨天气（转告朋友们注意添衣保暖哦）""莫笑老饼 为您推介中山四大名饼（你都吃过吗）"的三篇文章。因在微信公众号上擅自转载他人原创作品，中山暴风科技公司被告上法庭。2014 年 9 月 3 日，中山市第一人民法院对这起引发社会公众关注的案件做出一审宣判，认定被告中山暴风科技公司微信公众号的擅自转载行为已构成侵犯著作权，判令其在"最潮中山"的微信订阅号上向原告中山商房网科技公司公开书面赔礼道歉，并赔偿经济损失 1 元。

一、网络著作权

著作权是基于特定作品的精神权利以及全面支配该作品并享有其利益的经济权利的合称。《著作权法》自产生以来，一直受着技术发展的重大影响，著作权制度总是随着传播作品的技术手段的发展而不断向前发展。网络著作权是指著作权人对受保护的作品在网络环境下所享有的著作权权利。基于此，网络著作权包含了两层含义：第一层相对于传统作品，是指传统作品被上传至网络时著作权人所享有的权利，这里特指"信息网络传播权"。我国 2001 年修改《著作权法》后增加了"信息网络传播权"，即以有限或者无限的方式向公众提供作品，使公众可以在某个特定的时间或地点获得作品的权利，从而在立法上明确了这一权利。第二层是指网上数字作品著作权人所享有的权利，如复制权、发表权、署名权、发行权等权利。

电子商务所处的数字环境使知识产权的保护面临一些新的挑战，其中一个重要的方面是著作权保护问题。在网络环境中对大量电子书籍的任意下载会侵犯原所有者的著作权，同时也侵犯了网上电子书店的利益；网上大量的无授权软件下载及一些网络使用者不负责任地把一些正版软件随意上传以供他人共享的行为，都损害了软件所有人的利益。对此，1996 年 12 月 20 日，在世界知识产权保护组织（WIPO）主持召开的"关于著作权和相接权问题的外交会议"，通过了两项对已申请著作权的产品、行为及语音记录进行世界性保护的条约——《著作权条约》和《WIPO 行为及语音符号条约》，以此来寻求在网络环境下对著作权的保护。我国在网络著作权保护方面的相关法律法规也在不断地完善之中。例如，1990 年 9 月 7 日通过、1991 年 6 月 1 日起施行，并于 2001 年第一次修正、2010 年第二次修正的《中华人民共和国著作权法》；2002 年 1 月 1 日起施行的《计算机软件保护条例》；2006 年 7 月 1 日起施行的《信息网络传播权保护条例》；2010 年 1 月 1 日起施行的《广播电台电视台播放录音制品支付报酬暂行办法》等。

二、电子商务专利权

专利权指的是一种法律认定的权利。它是指对于公开的发明创造所享有的一定期限内的独占权。授予专利权的发明、实用新型和外观设计都要求具备一定的实质性要求。发明专利和实用新型专利要求应当具备新颖性、创造性、实用性，即通常所说的"三性"，而外观设计则只需要具备新颖性就足够了。

电子商务首先依赖于计算机硬件、软件和网络基础设施；此外，电子商务的实质是一种商业模式和方法。因此，电子商务专利权问题其实就是电子商务软件的专利权问题，以及近年来出现的商业模式和方法软件的可专利性问题。自 20 世纪 90 年代以来，美国、欧洲部分国家和日本等陆续修改专利法，将涉及商业方法的电子商务方法和系统纳入了专利保护的范畴，我国亦于 2004 年 10 月颁布了《商业方法相关发明专利申请的审查规则（试行）》，明确了商业方法相关发明专利申请的审查标准。

三、域名权

任何厂商要从事电子商务，必须拥有一个自己的网络名称——域名。作为一种全新的网上资源和商战热点，域名抢注的纷争近二三十年来频繁发生。其原因在于用户和管理者对域名这一新生事物的法律性质认识不足，对其注册与使用行为的法律性质分析不够深入，同时也缺乏相应的法律规范来调整。因此，电子商务环境下的域名保护成为企业知识产权保护的重要内容。

所谓域名，是指国际互联网数字地址的字母数字串，它与网络环境下的商标、商号等相似，具有区别域名使用人及方便顾客识别的功能。根据 1999 年 9 月《WIPO 保护驰名商标联合建议》对计算机域名所做的解释，域名是指国际互联网数字地址的字母数字串。域名由文字、数字和连接符等字符符号组成，与 IP 地址相对应。现今学界关于域名权是否属于知识产权还尚有争议，但是多数学者都支持域名权属于知识产权的观点，原因是域名权具有知识产权的基本特征，如无形性、地域性、时间性和可复制性。

《中国互联网络域名注册实施细则》（以下简称《实施细则》）第二条规定：域名注册申请人，必须是依法登记并且能够独立承担民事责任的组织，个人不能申请域名。第二十三条规定：申请在 CN 的二级域名下注册域名的外国企业或者机构，必须在中国境内设有分支机构或者办事处，并且其主域名服务器设在中国境内。根据《中国互联网络域名注册暂行管理办法》（以下简称《办法》）相关规定：有独立身份的组织可以注册域名。根据上述《实施细则》及《办法》的规定，我国的企业法人、事业法人、社会团体是组织，可注册域名。在实践中，个体工商户凭营业执照，也可以申请域名。但是域名申请人不得恶意申请，鉴于域名权与商标权容易产生冲突与矛盾，域名权设定时应该注意不能给商标权人造成损害，否则就构成恶意抢注域名。例如，我国第一例域名权案——科龙集团的英文商标"kelon"被抢注为域名案中，法院认为抢注者的行为是非法的。

注册并使用域名可能给商标权人造成的损害主要有以下五类。

（1）域名持有人意在出售域名。向商标权人提出转让域名的要约时，其索要的出让价格非常高，明显具有营利性。

（2）域名持有人注册有关域名后使得商标权人无法利用自己的商标作域名，因而使其通过网络从事的经营活动受到严重的影响。

（3）域名持有人在相应的网站上从事与商标权人相同或相似的业务，并直接或间接地表明其与商标权人系同一人，或者至少有某种内在的联系。

（4）在相应的网站或网页上传播损害商标权人形象与声誉的信息，从而贬损商标权人在市场上的竞争地位。

（5）注册了与他人注册商标文字相同的域名但不使用，应属于非法抢注。

域名权主要是指权利人对域名的专有使用权，包括两方面内容：一是从积极权利的角度，是指域名持有人有将域名进行技术意义上使用的权利；二是从消极权利的角度，是指域名持有人有排除他人干扰的权利。但是域名持有人在传统媒体或互联网上将域名用于广告宣传或作为服务标记等商业标记使用的，不是真正意义上的域名使用。

域名权的效力范围具有特殊性。与商标权的效力范围相比，域名权的效力并不以在相同或类似的商品上使用相同或近似的商标为限，域名系统要求域名在全球范围内都是唯一的，不可能存在完全相同的域名。

思考与实践

一、复习思考题

1. 简述电子商务法的含义。
2. 简述电子合同的特征和订立的程序。
3. 简述电子签名的立法模式。
4. 简述电子认证与电子签名的关系及电子认证的功能。

5. 简述电子支付的特征及工作流程。

6. 简述注册并使用域名可能给商标权人造成损害的情况有哪些。

二、实践题

1. 搜索并收集整理我国颁布的与电子商务有关法律法规。

2. 查找至少五个电子商务法律法规专业网站并关注。

3. 分析近十年有关电子商务的法律法规案例。

08 第八章
电子商务安全技术

知识目标

1. 了解常见的电子商务安全问题；
2. 了解黑客常用的一些攻击方法，学会使用一些防范工具；
3. 掌握防火墙的使用方法；
4. 掌握数字加密、数字签名、数字认证技术；
5. 掌握电子商务安全协议的种类和内容，如 SSL、SET。

能力目标

1. 能对一个电子商务网站的防火墙进行设置；
2. 能掌握一定的信息加密技术及其应用方法；
3. 能申请并使用数字证书；
4. 能使用防病毒工具对病毒进行预防、检测和清除。

引入案例

2012 年 1 月，亚马逊旗下美国电子商务网站 Zappos 遭到黑客攻击，2 400 万用户的电子邮件和密码等信息被盗取。同年 7 月，雅虎、Linkedin 和安卓论坛累计超过 800 万用户信息被泄密，而且让人堪忧的是，部分网站的密码和用户名称是以未加密的方式储存在纯文字档案内的，这意味着所有人都可使用这些信息。2012 年 3 月，央视 3.15 晚会曝光招商银行的员工以一份十元到几十元的价格大肆兜售个人征信报告、银行卡信息，导致部分用户银行卡账号被盗。

2013 年 3 月，支付宝转账信息被谷歌抓取，直接在网上就能搜到转账信息，数量超过 2 000 条。同年 11 月，国内知名漏洞网站乌云网曝光称，腾讯 QQ 群关系数据被泄露，在迅雷上很容易就能找到数据下载链接。据测试，该数据包括 QQ 号、用户备注的真实姓名、年龄、社交关系网甚至从业经历等大量个人隐私。

2014 年 12 月 25 日，乌云网发布了一篇关于中国铁路购票网站 12306 的漏洞报告，这个漏洞将有可能导致所有注册用户的账号、明文密码、身份证、邮箱等敏感信息被泄露。

2015 年 2 月，漏洞盒子平台的安全报告指出，知名连锁酒店锦江之星、速 8、布丁等，以及高端酒店万豪酒店集团、喜达屋集团、洲际酒店集团等均存在严重安全漏洞，房客的订单信息一览无遗，包括房客的姓名、家庭地址、电话、邮箱乃至信息卡后四位等敏感信息，同时还可对酒店订单进行修改和取消。5 月，拥有将近 3 亿活跃用户的支付宝出现了大面积瘫痪，全国多省市支付宝用户出现 PC 端和移动端均无法进行转账付款、余额错误等问题。

2016 年 2 月以来，360 威胁情报中心检测到敲诈者病毒大规模爆发，国内单位组织陆续受到攻击，公司对外的邮箱收到大量携带该木马的邮件，国内已有上万台计算机中招，淘宝上甚至已经出现了协助代付款解密的服务。2016 年 2 月，孟加拉中央银行在美国纽约联邦储蓄银行开设的账户遭到黑客攻击，失窃 8 100 万美元。

思考题：
1. 目前电子商务面临哪些安全问题？
2. 哪些技术可以用来预防电子商务的安全问题？

第一节　电子商务中的安全问题

随着网络技术的快速发展和网上购物活动的日益普及，电子商务安全问题也逐渐凸显。CNNIC 发布的《第 24 次中国互联网发展报告》指出：如何保证电子商务中的网络安全问题、交易安全问题是促进电子商务稳定快速发展的关键。据调查，用户认为，目前网上交易存在的最大问题中，安全得不到保障占比 23.4%。这也充分显示出顾客对网上交易的安全性缺乏信心，越来越多的顾客对网上购物心存芥蒂。

一、与 Internet 相关的安全问题

1. 虚假或恶意网站

这类网站往往是通过建立虚假或含有恶意程序代码的网站骗取用户的信息，如用户的银行或其他账号和密码，给用户造成不确定的损失。

2. 数据失窃或修改

非法分子利用一定的技术工具窃取或对获取的信息进行篡改，从而达到其不可告人的目的。

3. 病毒

在电子商务安全的问题上，计算机病毒对我们造成了非常大的危害，如"冲击波""红色代码"等病毒，了解它们对维护电子商务系统安全有着非常重要的作用。

二、与企业员工内部相关的安全问题

1．缺乏安全意识的员工

员工在工作时，常常会忽略一些基本的网络安全准则。例如，他们可能会选择一些比较容易记忆的密码，从而可以方便地登录自己的网络，但是这些密码会很容易被黑客们通过尝试或者软件猜出或者破解。

2．有报复心理的员工

与因员工疏忽导致的损害相比，更可怕的是某些怀有报复心理的员工。这些员工通常包括被上司指责、被企业解雇或者被停职的员工，他们可能会报复性地通过病毒或者有意删除重要文件，来损害企业的网络系统。

3．好奇心偏重的员工

在企业里，不乏打听消息的员工。在这些员工里，可能会存在一些商业间谍，通过打探保密信息，为竞争对手提供某些无法通过正当方式获得的信息。

三、商业交易数据传输中的安全问题

1．数据被截取的问题

在电子商务中表现为商业机密的泄露，主要包括两个方面：交易双方进行交易的内容被第三方窃取；交易一方提供给另一方使用的文件被第三方非法使用。

2．数据被伪造的问题

交易信息在传送过程中被非法分子捕获并被虚假信息替换，从而达到破坏信息传递或伪造信息的目的。

3．信息被非法改动和浏览的问题

电子交易信息在网络上传输的过程中，可能被他人非法浏览、删除或修改，这样就使信息失去了真实性和完整性，从而造成发送方或交易双方的巨大损失。

4．信息被延误的问题

信息被延误是指因网络的传输故障或不法分子使用某种技术手段或工具造成的信息在传输过程中被延误。例如，在早上 8 点，你向在线的股票交易公司发 E-mail 委托购买 100 手某公司的股票，如果这个信息被延误了，股票公司在下午 1 点才收到这个信息，这是股票已经涨了 10%，这个消息的延迟就使你损失了 10%的利润。

四、保密文档和数据面临的安全问题

1．病毒

计算机病毒问世几十年来，各种病毒及其变种层出不穷，互联网又为病毒的传播提供了便利的通道，病毒对企业的保密文档和数据构成了极大的威胁。

2. 黑客

随着网络的普及，各种黑客工具在互联网上不断传播，从而使黑客更加大众化，一个并非是计算机高手的人通过一些软件就可能对企业的保密文档或数据造成破坏。

第二节　电子商务安全技术

一、防火墙技术

网络安全问题威胁了电子商务系统的正常运行，阻碍了电子商务的发展。它们对电子商务系统的威胁有系统穿透、违反授权原则、植入、拒绝服务、否认等几种方式。防火墙技术能够增强电子商务系统网络的安全性，是目前用来实现网络安全的一种重要手段。

所谓防火墙（firewall），指的是一个由软件和硬件设备组合而成，在内部网和外部网之间、专用网与公共网之间的界面上构造的保护屏障，是一种获取安全性方法的形象说法。它是计算机硬件和软件的结合，使 Internet 与 Intranet 之间建立起一个安全网关，从而保护内部网免受非法用户的侵入。防火墙主要由服务访问规则、验证工具、包过滤和应用网关四部分组成。

防火墙是一个或一组在两个网络之间执行安全访问控制策略的系统，包括硬件和软件，目的是保护内部网络资源安全，防止内部受到外部的非法攻击。防火墙是建立在内外网络边界上的过滤封锁机制，它认为内部网络是安全的和可信赖的，而外部网络是不安全和不可信赖的。防火墙的作用是防止不希望的、未经授权的数据包进出被保护的内部网络，通过边界控制强化内部网络的安全策略。它的实现有多种形式，但原理很简单，可以把它想象成一个开关，其中一个用来组织传输，另一个用来允许传输。防火墙作为网络安全体系的基础和核心控制设备，贯穿于受控网络通信主干线，对通过受控干线的所有通信行为进行安全处理，如控制审计报警和反应等，同时也承担着繁重的通信任务。本质上，它遵从的是一种允许或组织业务来往的网络通信安全机制，也就是提供可控的过滤网络通信，只允许授权的通信。防火墙从功能上看主要包括安全操作系统、过滤器、网关、域名服务器和 E-mail 处理五部分。

防火墙技术经历了包过滤技术、代理技术和状态监测技术三个阶段。

1. 包过滤技术

包过滤技术基于对信息包的 IP 地址的校验，将所有通过的信息包中发送方 IP 地址、接收方 IP 地址、TCP 端口、TCP 链路状态等信息读出，按照预先设定的过滤原则过滤信息包，对于不符合规定的 IP 地址进行过滤，从而保证网络系统的安全。但包过滤技术是基于网络层的安全技术，对应用层的黑客行为是无能为力的。

2. 代理技术

代理技术可以检查应用层、传输层和网络层的协议特征，对数据包的检测能力比较强。应用代理网关防火墙能彻底隔断内网与外网的直接通信，内网用户对外网用户的访问变成了防火墙对外网的访问，然后由防火墙转发外网用户信息给内网用户，所有通信都需要经过应用层代理软件转发，访问者任何时候都不能与服务器建立直接的 TCP 链接，应用层的协议会话过程必须符合代理的安全策略要求。

3. 状态监测技术

状态监测技术是传统包过滤技术的功能扩展。状态监测技术的监测模块在不影响网络安全正常工作的前提下，采用抽取相关数据的方法对网络通信的各个层次进行监测，并做出安全决策的依据。监测模块支持多种网络协议和应用协议，可以方便地实现应用和服务的补充。状态监测技术可以监视 RPC（远程过程调用）和 UDP（用户数据报）端口信息，而包过滤技术和代理技术则无法做到。

二、加密技术

把用公开的、标准的信息编码表示的信息通过一种交换手段，变为除通信双方以外其他人所不能读懂的信息编码，这种独特的信息编码就是密码。对未加密的数据（明文）按某种算法进行处理，使其成为不可读的一段代码，这段代码通常被称为密文。密文只有在输入相应的密钥之后才能显示出本来内容，从而达到保护数据不被人非法窃取、阅读的目的。

加密技术是电子商务采取的主要安全保密措施，是最常用的安全保密手段，即利用技术手段把重要的数据变为乱码（加密）传送，到达目的地后再用相同或不同的手段还原（解密）。加密技术主要有对称加密技术（单钥加密技术）和非对称加密技术（公钥加密技术）两种。对称加密技术使用单一密钥，密钥管理较困难，使用 DES 加密算法，加密速度较快，适用于较大数据的加密处理。其加密流程是由发送方决定密钥，或事先双方约定密钥，发送方使用密钥将明文加密成密文，通过公用信道传送密钥，接收方接收到密文和密钥，使用该密钥解密密文成明文。非对称加密技术使用一对密钥（公开密钥和私人密钥），密钥管理较容易，使用 RSA 加密算法，加密速度较慢，适用于较小数据的加密处理。其加密流程是由接收方确定一对密钥，其中公开密钥在网上公开供发送方使用，发送方从接收方网站上申领公开密钥，使用公开密钥将明文加密成密文，通过公用信道发送密文。接收方收到密文后，使用私人密钥将密文解密成明文。由于两种加密技术各有长处，在实践应用时，常常将两者结合起来综合应用。

三、认证技术

为防止信息被篡改、删除、重放和伪造，让发送的信息有被验证的可能，使接收信息者或第三方能识别和确认信息的真伪，可使用认证技术。认证技术主要用于信息认证，确认信息发送者的身份，防止外来入侵者假冒，验证信息的完整性。信息认证是保证信息安全而采取的重要措施。认证是验证用户在系统上的合法性和权限的过程，是为了防止有人对系统进行主动的攻击。与认证相关的技术有数字签名、身份识别和信息的完整性校验等。认证技术的实现通常要借助加密和数字签名等密码学的技术。实际上，数字签名本身也是一种认证技术，它可用来鉴别消息的来源。常用的安全认证技术主要有数字摘要、数字信封、数字签名、数字时间戳和数字证书等。

1．身份认证

认证技术主要涉及身份认证和报文认证两个方面的内容。身份认证用于用户身份鉴别，判明和确认贸易双方的真实身份。下面介绍四种常用的身份认证方式。

（1）口令方式

口令是认证用户身份的最简单、应用最广的一种身份认证方式，口令由数字、字母、特殊字符等组成。这种身份认证方法操作简单，但不安全，难以抵御口令猜测攻击。

（2）标记方式

标记是一种用户所持有的某个秘密信息（硬件），上面记录着用于系统识别的个人信息。

（3）人体生物学特征方式

某些人体生物学特征，如指纹、声音、DNA 图案、视网膜扫描图案等，也可用来进行身份认证。

（4）PKI 方式

PKI 是 Public Key Infrastructure 的缩写，是指用公钥概念和技术来实施与提供安全服务的具有普适性的安全基础设施，如网上银行支付。

2．报文认证

报文认证用于保证通信双方的不可抵赖性和信息的完整性，它是指通信双方之间建立通信联系后，每个通信者对收到的信息进行验证，以保证所收到的信息是真实的过程。

报文认证的内容包括报文来源验证和报文完整性验证。报文来源验证是验证报文的确是由确认的所信任的另一方发送的；报文完整性验证是验证报文在传递过程中，报文内容没有被攻击者破坏或篡改。报文来源验证和报文完整性验证通常是同时进行的。

四、数字签名技术

数字签名是通过一个单项函数对要传送的报文进行处理所得到的用以认证报文来源并核实报文是否发生变化的一个字母数字串。加密技术可以保护数据不被第三者窃取，数字签名则可以防止否认、伪造、篡改及冒充等问题。目前数字签名采用较多的是公钥加密技术，作为建立在公钥加密体制基础上的数字签名，把公钥加密技术和数字摘要结合起来，形成了实用的数字签名技术。完善的数字签名技术具备签字方不能抵赖、他人不能伪造、在公证人面前能够验证真伪的能力。数字签名解决了电子商务信息的完整性鉴别和不可否认性（抵赖性）等问题。

为了实现网络环境下的身份鉴别、数据完整性、私有性和不可抵赖性的功能，数字签名应满足以下要求。

（1）报文的发送方发出报文后，就不能再否认自己所签发的报文。

（2）接收方能够确认或证实发送方的签名，但不能否认。

（3）任何人都不能伪造签名。

（4）第三方可以确认收发双方之间的消息传送，但不能伪造这一过程，这样，当通信的双方对于签名的真伪发生争执时，可由第三方来解决。

数字签名主要有以下几个功能。

（1）保证数据的保密性。通过对一些敏感的数据文件进行加密来保护系统之间的数据交换，防止除接收方之外的第三方截获数据或即使获取文件也无法得到其内容，如在电子交易中，避免遭到黑客攻击而丢失信用卡信息的问题。

（2）保证数据的完整性。防止非法用户修改交换的数据或因此造成的数据丢失等。

（3）保证数据的不可否认性。对数据和信息的来源进行验证，以确保数据由合法的用户发出；防止数据发送方在发出数据后又加以否认，同时防止接收方在收到数据后又否认曾收到过此数据或篡改数据。

数字签名和验证的具体步骤如下。

（1）报文的发送方从原文中生成一个数字摘要，再用发送方的私钥对这个数字摘要进行加密来形成发送方的数字签名。

（2）发送方将数字签名作为附件与原文一起发送给接收方。

（3）接收方用发送方的公钥对已收到的加密数字摘要进行解密。

（4）接收方对收到的原文用 Hash 算法得到接收方的数字摘要。

（5）将解密后的发送方数字摘要与接收方数字摘要进行对比和判断。

五、网络防病毒技术

《中华人民共和国计算机信息系统安全保护条例》对计算机病毒的定义是："指编制或者在计算机程序中插入的破坏计算机功能或者毁坏数据，影响计算机使用，并能自我复制的一组计算机指令或者程序代码。"从反病毒产品对计算机病毒的作用来讲，防病毒技术可以直观地分为病毒预防技术、病毒检测技术和病毒清除技术。

1. 病毒预防技术

计算机病毒的预防是指采用对病毒的规则进行分类处理，而后在程序运作中凡有类似的规则出现则认定是计算机病毒的方法。具体来说，计算机病毒的预防是阻止计算机病毒进入系统内存或阻止计算机病毒对磁盘的操作，尤其是写操作。病毒预防技术包括磁盘引导区保护、加密可执行程序、读写控制技术、系统监控技术等。例如，大家所熟悉的防病毒卡，其主要功能是对磁盘提供写保护，监视在计算机和驱动器之间产生的信号，以及可能造成危害的写命令，并且判断磁盘当前所处的状态，并明确哪一个磁盘将要进行写操作、是否正在进行写操作、磁盘是否处于写保护状态等，来确定病毒是否将要发作。

2. 病毒检测技术

计算机病毒的检测技术是通过一定的技术手段判定出特定计算机病毒的一种技术。它有两种：一种是根据计算机病毒的关键字、特征程序段内容、病毒特征及传染方式、文件长度的变化，在特征分类的基础上建立的病毒检测技术；另一种是不针对具体病毒程序的自身校验技术，即对某个文件或数据段进行检测和计算并保存其结果，以后定期或不定期地以保存的结果对该文件或数据段进行检测；若出现差异，即表示该文件或数据段的完整性遭到破坏，感染上了病毒，从而检测到病毒的存在。

3. 病毒清除技术

目前，清除病毒的方法大都是在某种病毒出现后，通过对其进行分析研究而研制出的具有相应解毒功能的软件。这类软件技术的发展往往是被动的，带有滞后性。而且由于计算机软件所要求的精确性，解毒软件有其局限性，对有些变种病毒无能为力。

目前市场上流行的 Intel 公司的 PC_CILLIN、Centraloint 公司的 CPAV 以及我国的 LANClear 和 Kill89 等产品均采用上述三种防病毒技术。

第三节　电子商务交易中的安全协议

一、电子商务的主要安全协议

目前，电子商务的主要安全协议有 S-HTTP、IKP、SSL、SET 等。

1. S-HTTP

S-HTTP 即安全超文本传输协议，它是一种面向安全信息通信的协议，它可以和 HTTP 结合起来使用。S-HTTP 能与 HTTP 信息模型共存，并易于与 HTTP 应用程序相整合。该协议向 WWW 的应用提供可鉴别性、完整性、机密性以及不可否认性等安全措施。

2. IKP

网络密钥支付（Internet Keyed Payment，IKP）协议是由 IBM 公司设计的一种全新的安全电子支付协议，可以在网上进行安全交易。该协议最主要的特征是对数据提供密码保护和对解决争端的检查跟踪，可以对客户、商家和银行的网关三方之间的纠纷进行仲裁。该协议是基于 RSA 公钥体制的，并能被推广到借记卡或电子支票等支付系统中。

3. SSL

SSL 即安全套接层（Secure Sockets Layer，SSL）协议，是 Netscape 公司率先采用的网络安全协议。它是传输通信协议（TCP/IP）上实现的一种安全协议，可以兼容浏览器和服务器之间的安全通信，采用公开密钥技术。SSL 广泛支持各种类型的网络，同时提供三种基本的安全服务。对于电子商务应用来说，安全套接层协议可以保证信息的完整性、保密性和真实性。但是，安全套接层协议不能对应用层的消息进行数字签名，因此不能确定交易的不可否认性，这是安全套接层协议在电子商务应用中最大的不足。

4. SET

安全电子交易（Secure Electronic Transaction，SET）协议，由 Visa 与 Master Card 两大信用卡组织联合 IBM、HP 等公司在 1997 年开发成功的，是为了在 Internet 进行线上交易时保证信用卡支付的安全而设立的一种开放的规范。SET 协议在网上购物环境中提供了商家、客户和银行三者之间的认证，确保了交易数据的安全性、完整性、可靠性和交易的不可否认性，同时还提供了一定的隐私保护，使其获得 IETF（互联网工程任务组）标准的认可，也是电子商务的发展方向。

二、SSL 协议

SSL 协议的工作流程如下。

1．服务器认证阶段

（1）客户向服务器发送一个开始信息"Hello"，以便开始一个新的会话链接。

（2）服务器根据客户的信息确定是否需要生成新的主密钥；如需要，则服务器在响应客户的"Hello"信息时将包含生成主密钥所需的信息。

（3）客户根据收到的服务器响应信息，生成一个主密钥，并用服务器的公开密钥加密后传给服务器。

（4）服务器恢复该主密钥，并返给客户一个用主密钥认证的信息，从此让客户认证服务器。

2．用户认证阶段

经认证的服务器发送一个提问给客户，客户返回（数字）签名后的提问和其公开密钥，从而向服务器提供认证。

目前，几乎所有操作平台上的 Web 浏览器（IE、Netscape）及流行的 Web 服务器（IIS、Netscape Enterprise Server 等）都支持 SSL 协议，因此该协议成本较低；但应用 SSL 协议也存在一些不容忽视的缺点。

（1）不符合最新颁布的《商用密码管理条例》中对商用密码产品不得使用国外密码算法的规定，要通过国家密码管理委员会的审批相当困难。

（2）系统安全性差。SSL 协议的数据安全性其实就是建立在 RSA 等算法的安全性上的，因此，攻破 RSA 算法就等同于攻破此协议。

但总的来讲，SSL 协议的安全性能是好的，而且随着 SSL 协议的不断改进，更多的安全性能好的加密算法被采用，其逻辑上的缺陷被弥补，SSL 协议的安全性能会不断增强。

三、SET 协议

SET 协议的购物系统由持卡人、商家、支付网关、收单银行、发卡银行和证书授权中心（CA）六大部分组成。基于 SET 协议的购物系统至少包括电子钱包软件、商家软件、支付网关软件和签发数字证书软件。目前，SET 电子钱包主要是安装在客户端的交易软件，它是持卡人实现网上交易过程的主要工具。

1．SET 的功能

（1）所有信息在 Internet 上加密后安全传输，保证数据不会被他人窃取。

（2）数字签名保证信息的完整性和不可否认性。

（3）订单信息和个人信用卡信息相互隔离，使商家看不到信用卡的信息。

2. SET 协议的优缺点

该协议保证了电子交易的机密性、数据完整性、身份的合法性和防止抵赖性。顾客、在线商店、支付网关都通过 CA 来验证通信主体的身份。对购物信息和支付信息采用双重签名，保证商户看不到信用卡信息、银行看不到购物信息，是进行 B2C 电子商务模式的最佳协议标准。但 SET 协议过于复杂，速度偏慢，使用麻烦，成本高，而且只适用于客户具有电子钱包的场合。

 思考与实践

一、复习思考题

1. 电子商务中存在哪些安全问题？
2. 防火墙的核心技术有哪些？
3. 简述信息加密的概念。
4. 简述常见的身份认证方式。
5. 简述数字签名的功能，数字签名和验证的步骤。
6. 电子商务的主要安全协议有哪些？

二、实践题

1. 查找 5 个以上的专业电子商务网站，并搜索有关电子商务安全的基本概念。
2. 查找关于当前国际或国内电子商务安全技术的发展状况的文章，阅读并总结文章的内容。
3. 结合你的电子商务经验，谈谈电子商务发展中存在的安全问题。
4. 描述你在进行电子商务的过程中遇到安全问题时的解决方法。
5. 登录中国工商银行等银行网站、广东电子商务认证中心、中国数字认证网，了解数字认证、数字签名、CA 认证、CA 证书、数字证书等电子商务安全知识。
6. 安装并使用一款杀毒软件，如 360、瑞星、金山毒霸、卡巴斯基等，了解其杀毒和防范功能。

09 第九章
移动电子商务和跨境电子商务

知识目标

1. 了解移动电子商务和跨境电子商务平台的基本功能和内容；
2. 理解移动电子支付及其特点；
3. 掌握跨境电子商务的政策变化；
4. 了解跨境电子商务的禁忌。

能力目标

1. 能应用移动电子商务平台和跨境电子商务平台；
2. 能分析移动电子商务和跨境电子商务销售模式的优缺点，提出相应的对策。

引导案例

餐饮：海底捞火锅——每日微信预订金额 100 万元

作为国内最具口碑的餐饮连锁服务机构，海底捞是较早试水 O2O 营销的餐饮连锁服务企业之一。凭借在微博、点评网站等互联网平台上的口碑，海底捞迅速聚集了大量的忠实粉丝。加强客户关系管理一直是海底捞的追求，特别是在移动互联网时代，新技术手段层出不穷，对海底捞的经营者而言，如何选择更好的管理方式是他们首要思考的问题。

首先，每次你想吃海底捞火锅时，只要一打开海底捞火锅的微信公众号，就会收到一条关于发送图片可以在海底捞门店等位区现场免费制作打印美图照片的信息，这是不是瞬间就吸引了你？其次，海底捞的自助服务项目全，客户通过微信可实现预订座位、送餐上门服务甚至可以去商城选购底料；你想要点外卖就简单地输入送货信息，然后坐等美食上门。当然，其设计的菜品看着就让人食欲大增。最后，海底捞提供的线上优质服务还能使客户享受"微信价"，贴心又实惠，怎么能没有吸引力？据悉，海底捞每日通过微信的预订金额高达 100 万元。

海底捞的目的并不是提高订餐量，而是更加关注客户在用餐过程中的感受。海底捞公众平台已成为客户了解海底捞的入口，让客户享受更轻松的美食消费体验。

思考题：根据本案例，你认为融合移动通信技术、线上线下多因素的电子商务的发展前景如何？

第一节　移动电子商务

随着经济全球化、贸易自由化和信息现代化步伐的加快，融合移动通信技术的电子商务将具有更大的发展潜力，移动电子商务的市场前景普遍被业内人士看好。移动电子商务以其灵活、简单、方便、适合大众化应用的特点及其无比强大的生命力，推动着部门经济、区域经济、国民经济和世界经济跃上一个新台阶，移动电子商务正在改变现有的生活模式与商业模式。

一、移动电子商务的概念

1. 什么是移动电子商务

移动电子商务（M-Commerce）由电子商务（E-Commerce）的概念衍生而来。电子商务以 PC 机为主要界面，是有线的电子商务；而移动电子商务则是通过手机、PDA（个人数字助理）等移动终端与我们谋面，无论何时、何地都可以进行。移动电子商务就是利用手机、PDA、笔记本电脑等无线终端进行的 B2B、B2C、C2C 或 O2O 的电子商务。它将因特网、移动通信技术、短距离通信技术及其他信息处理技术完美地结合，使人们可以在任何时间、任何地点进行各种商贸活动，实现随时随地、线上线下的购物与交易、在线电子支付以及各种交易活动、商务活动、金融活动和相关的综合服务活动等。

2. 移动电子商务与传统电子商务的区别

移动电子商务是移动信息服务和电子商务融合的产物，全面支持移动因特网业务，可实现电信、信息、媒体和娱乐服务的电子支付。移动电子商务在以下几个方面更优于传统电子商务。

（1）随时随地，定位更准确。与传统电子商务相比，移动电子商务的最大特点是随时随地获取所需的服务、应用、信息和个性化娱乐，可以在自己方便的时候，使用智能手机或 PDA 查找、选择及购买商品和服务。移动通信网能获取和提供移动终端的位置信息，与位置相关的商务应用成为移动电子商务领域中的一个重要组成部分，如 GPS 卫星定位服务。

（2）用户规模更大，网上支付更便捷。从普及程度来看，移动电话远远超过了计算机。在移动电子商务中，用户可以通过移动终端访问网站、从事商务活动，可通过多种方式进行服务付费，可直接转入银行、用户电话账单或者实时在专用预付账户上借记，以满足不同的需求。

（3）身份认证，个性化服务。对于传统电子商务而言，用户的消费信誉成为最大的问题，而移动终端一般都属于个人使用而非公用，移动电子商务使用的安全技术也比电子商务更先进，因此可以更好地保护用户的私人信息。例如，移动电子商务手机号码具有唯一性，手机 SIM 卡上存储的用户就具有这一优势。移动电子商务能更好地实现移动用户的个性化服务，移动计算环境能提供更多

172

移动用户的动态信息（如各类位置信息、手机信息），这为个性化服务的提供创造了更好的条件。移动用户能更加灵活地根据自己的需求和喜好来定制服务与传递信息（如用户可以将自己所处的城市结合进去，调整商品递送的时间，享受个性化服务）。发展与私人身份认证相结合的业务是移动电子商务一个很有前途的方向。

（4）信息获取更为及时。移动电子商务中移动用户可实现信息的随时随地访问本身就意味着信息获取的及时性。但需要强调的是，与传统的电子商务系统相比，用户终端更加具有专用性。从运营商的角度看，用户终端本身就可以作为用户身份的代表。因此，商务信息可以直接发送给用户终端，这就进一步增强了移动用户获取信息的及时性。

（5）所使用的终端设备不同。传统电子商务的主要设备是 PC 机与互联网的连接运用，移动电子商务是对与手机、个人数字助理以及笔记本电脑等移动终端结合的无线通信技术的运用。它们所能带给我们的服务也不一样，但是都为电子商务这个大行业带来了便利。

（6）更有效地规避传统电子商务出现的泡沫。基于固定网络的传统电子商务与移动电子商务拥有不同特征，移动电子商务不可能完全替代传统电子商务，两者是相互补充、相辅相成的。移动通信所具有的灵活、便捷的特点，决定了移动电子商务应当定位于大众化的个人消费领域，应当提供大众化的商务应用。

二、移动电子商务的特征

移动电子商务的主要特点是灵活、简单、方便，这体现在移动接入、身份鉴别、移动支付、信息安全等方面。传统的电子商务不能够实现在任何地方都可以进行网上购物，移动电子商务的 SIM 卡身份的唯一性也比传统电子商务的身份鉴别更加安全可靠。它能完全根据顾客的个性化需求和喜好来定制，设备的选择以及提供服务与信息的方式完全由用户自己控制。通过移动电子商务，用户可随时随地获取所需的服务、应用、信息和娱乐，可以使用智能手机或 PDA 查找、选择及购买商品和服务。

1．移动接入

移动接入是移动电子商务的一个基础性的重要特征，是移动用户使用移动终端设备通过移动网络访问 Internet 信息和服务的基本手段。移动网络的覆盖面是广域的，用户可随时随地进行电子商务交易。

2．身份鉴别

SIM 卡的卡号是全球唯一的，每一个 SIM 卡对应一个用户，这使得 SIM 卡成为移动用户天然的身份识别工具。用户利用可编程的 SIM 卡，还可以存储银行账号、CA 证书等用于标识用户身份的有效凭证。还可以用来实现数字签名、加密算法、公钥认证等电子商务领域必备的安全手段。有了这些手段和算法，就可以开展比传统 Internet 领域更广阔的电子商务应用。

3．移动支付

移动支付是移动电子商务的一个重要目标，用户可以随时随地完成必要的电子支付业务。移动支付的分类方式有多种，其中比较典型的分类包括：按照支付的数额可以分为微支付、小额支付、宏支付等；按照交易对象所处的位置可以分为远程支付、面对面支付、家庭支付等；按照支付发生的时间可以分为预支付、在线即时支付、离线信用支付等。

4. 信息安全

移动电子商务与传统 Internet 电子商务一样，也需要确保数据的保密性、数据的完整性、不可否认性及交易方的认证与授权等方面的信息安全。由于无线传输的特殊性，现有有线网络安全技术不能完全满足移动电子商务的基本需求。移动电子商务的信息安全所涉及的新技术包括：无线传输层安全（WTLS）、基于 WTLS 的端到端安全、基于 SAT 的 3DES 短信息加密安全、基于 SignText 的脚本数字签名安全、无线公钥基础设施（WPKI）安全、KJava 安全、BlueTooth/红外传输信息传输安全等。

三、移动电子商务的应用

1. 市场前景

移动电子商务因其快捷方便、无所不在的特点，已经成为电子商务发展的新方向。未来十年，网络的利用将更加普及，而无线网络将成为最重要的传输方式，现阶段急速发展的电子商务也将随着无线网络的普及，进入全新的移动电子商务时代。随时随地的网络连接将让客户在极短时间内收到商品，打破现有的定点交易模式。美国冠群电脑公司移动电子商务产品管理总监谢涛玲认为："只有移动电子商务能在任何地方、任何时间，真正解决做生意的问题。"随着全球化的信息技术革命，移动电话成为我国电信服务中来势最迅猛、发展最快速的新秀，我国的移动通信能力进一步加强，我国已成为世界移动电话第三大国，移动电子商务具有非常大的市场前景。

2. 移动电子商务的功能应用

（1）移动盘存管理。移动盘存管理跟踪货物、服务甚至人员所处位置，以便供应商能够确定送货时间，由此改善用户服务，并增强商家的竞争力。例如，就移动盘存而言，多台送货车满载大量货物，当商店需要某些物品时，它能通过货车内微波装置（芯片）发出的无线电信号，调控附近装有这些物品的运货车辆，实现实时供货，从而减少了库存量和成本。

（2）产品定位。在产品定位中主要考虑两个因素，一是数据库持有人要制定合适的价格，二是要保证物品的可用性和价格信息的精确性。只要这两个因素被满足，服务提供商就能够利用多种协作和协商软件，在不同的地区提供服务。

（3）超前服务管理。这一管理功能是通过各种应用程序收集用户的需求信息，然后通知商家提供服务。例如，某种应用程序可以收集汽车部件老化的信息，即汽车上的智能传感器连续跟踪部件的磨损和破裂信息，并通过无线电、微波或卫星系统把该信息送给供应商，从而使供应商为用户提供即时服务。同时，汽车制造商还可以利用这些信息改进汽车的设计和制造技术，从而实现超前服务管理，当部件需要更换时及时提示车主。在未来，甚至警察部门也可以使用这种服务管理功能，以保证执行任务时的交通安全。

（4）交易管理。随着移动电子商务的发展，用户将会越来越多地凭借移动装置从事各种移动交易，一是适合移动电话和 PDA 的网上购物业务，包括浏览、选择、购买、付费和递送等，而购物网站能够提供购物所必需的所有这些功能；二是使用无线装置实时进行采购、服务和付费服务，这类业务有可能迅速增多；三是微交易，即当用户使用装有电子现金的移动电话或 PDA 时，广泛利用数字现金的商务交易即可实现。

（5）提供服务。移动电子商务的这个功能是利用无线信道的分发特性来提供数字内容，其中包括信息浏览、即时查询天气、远程调度、体育比赛记分、机票、市场价格等动态信息以及目录服务。无线新闻预订业务、UPS PDA 链接的包裹跟踪和定位业务则是新涌现出来的具有代表性的内容提供服务。目前，移动电子商务主要提供的具体服务包括：一是银行业务服务。移动电子商务使用户能随时随地在网上安全地进行个人财务管理，进一步完善因特网银行体系。用户可以使用其移动终端核查其账户、支付账单、进行转账以及接收付款通知等。二是交易服务。移动设备可用于接收实时财务新闻和信息，也可确认订单并安全地在线管理股票交易。三是订票服务。借助移动设备，用户可通过因特网预订机票、车票、电影院的电影票或入场券等，因特网有助于浏览阅读，方便用户核查票证的有无，并进行购票和确认；而且，用户还能在票价优惠或航班取消时立即得到通知，也可支付票费或在旅行途中临时更改航班或车次。四是购物服务。借助移动电子商务，用户能够使用移动通信设备进行网上购物。

3. 无线移动电子商务的通信技术

（1）4G 和 5G

4G，即第四代移动通信技术。第四代移动通信系统具备了通信速度快、网络频谱宽、通信灵活、智能性能高、高质量通信等优势，目前被广泛使用。第四代移动通信技术的广泛应用加速了移动电子商务的发展。

5G，即第五代移动通信技术，指移动电话系统第五代，也是 4G 的延伸。目前还没有任何电信公司或标准订定组织的公开规格或官方文件提到 5G，但是 5G 会是未来通信的方向。

（2）无线应用协议（WAP）

WAP 是个开放性的标准协议，可以让使用者通过移动电话上网，获取因特网服务，如电子邮件、电子商务及信息等服务。WAP 是建立移动网络的基石、提供移动应用服务的开发平台。这些移动应用都是以无线因特网技术为基础的。目前，WAP 把现有的因特网技术转换到无线网络环境，而且使移动网络成功的技术将超过以往的任何技术，其中包括能够以宽带无线高速"随时连接"封包数据的移动电话，以及高容量与更佳品质的核心网络技术。

（3）蓝牙技术（Bluetooth）

蓝牙技术是由数个厂商共同开发，并以历史上将基督教引入丹麦的古代北欧国王的名字命名的。蓝牙是全球短距离无线连接的标准，可连接任何固定或无线通信设备。移动电话利用蓝牙可以与笔记本电脑、打印机、传真机或其他任何有适当装置的设备进行短距离（最远 10 米）无线通信，而无须另外架设电缆或连接器。

（4）虚拟专用网（Virtual Private Network，VPN）

虚拟专用网技术在于利用公众网络进行私人的数据传输。为了不使私人的数据在公众网络上遭到拦截，加密及解密的技术在虚拟专用网中极为重要。虚拟专用网可以让分散在世界各地的子公司、在外出差的员工、企业伙伴甚至客户一起分享机密性的数据，而不必架设价格昂贵的专线。

（5）可视会议（Video Conference）

所谓可视会议，就是通过电信网络连接国内外不同地点的两方，使双方与会人员在各自的会议室中不但能听到对方的声音，而且能从电视（计算机）屏幕中看到对方的动态影像，并且图表、文件及数据等也能相互传送，犹如置身于共同的会议室中。实时面对面的双向沟通及资料分享是提升企业竞争力、掌握商机的重要因素。在网络频宽不断提升，以及 ADSL、CABLE Modem 等 IP 技术及设施不断成熟的环境下，未来企业将会逐渐引入可视会议系统来提高开会效率，以节省传统会议下路程往返所耗费的时间及金钱。

（6）网络电话（VOIP）

电话可以降低全球通信成本。近年来网络电话技术发展快速，其语音品质与一般电话越来越接近，在某些情况下其品质甚至超过普通电话，如果走数据专线更可确保语音的品质。因此，企业可以利用 VOIP 来构建国内及国际通信网络。如果没有自己的私人网络，也可申请有固定 IP 的 ADSL，通过因特网来打免费电话。对于拥有多点分支机构的银行、证券及内部联络专线，企业不用花一分钱即可享受品质佳、无费用的通话专线。

四、移动电子商务平台和移动支付

2010 年，移动电子商务在整个线上零售交易中占比只有 1%左右。2014 年，我国移动购物市场的交易规模达到 8 956.85 亿元，年增长率达 234.3%；我国微信用户数量已达 5 亿，同比增长 41%。在 2017 年移动电子商务的市场份额已经达到 55%，呈现爆发性增长态势。移动电子商务平台正在以惊人的速度成长。

1. 移动电子商务平台的开发

（1）一键开通。无须再投入研发费用，在后台轻松制作手机客户端后，用户即可开始移动电子商务之旅。

（2）可视化编辑。全程可视化编辑，实时查看显示效果，系统自动关联用户的 HiShop 商城类目，无须专业的技术人员，只要会上网即可进行内容的编辑，非常方便、快捷。

（3）自定义风格。内置多样式图标与风格皮肤可供选择，用户也可自行上传皮肤与图标，个性化装扮想换就换。

（4）多平台覆盖。安卓、苹果、塞班等手机客户端用户一个都不落下，使快速占领顾客市场成为可能。

2. 国内移动电子务平台

随着物联网的发展，我国的移动电子商务平台也犹如雨后春笋，呈现爆发性增长。表 9-1 所示为 2017 年的移动电子商务平台排行榜以及当时火爆的移动电子商务新军。

表 9-1 　　　　　　　　2017 年最受欢迎的移动电子商务平台排行榜

排名	App 名称	排名	App 名称
1	淘宝	4	天猫
2	京东移动端	5	拼多多
3	唯品会	6	苏宁易购

排名	App 名称	排名	App 名称
7	闲鱼	12	转转
8	聚美优品	13	折 800
9	蘑菇街	14	华为商城
10	小红书海外购物神器	15	阿里巴巴
11	贝贝	16	小米商城官方版

（数据来源：中国产业研究院整理）

除了手机淘宝、京东、天猫、微店等大平台之外，还有一些小而有特色的移动电子商务平台。其中，发展快速而具有特色的新兴移动电商平台如下。

（1）小红书：5 个月销售额达 2 亿元。小红书 CEO 毛文超透露，一线城市用户仍是小红书的主流，占 50%。而在特征上，"小红薯"（指小红书的用户）们的年龄分布在 18～30 岁，以学生、白领居多，其中女性占到 70%～80%，因此，社区讨论更多集中在护肤美妆、包包、保健品等女性话题上，而数码、户外等商品的讨论则相对冷门。

（2）达令礼物：重复购买率 40%～50%。据达令礼物店副总裁王西介绍，达令礼物的商品，售价多数为几十元到二三百元之间，最贵的会达到两三千元。用户的下单速度为五十几秒；重复购买率比较高，在 40%～50%。

（3）楚楚街：年交易额超过 20 亿元。原名"欢乐淘"、以"9 块 9 包邮"起家的楚楚街，正在成为不少三四线城市"90 后"的新宠。根据楚楚街的官方数据，其目前拥有超过 7 000 万的安装用户，覆盖全国 2 568 个县市；2015 年电子商务交易额超过 50 亿元，日均订单数达到 20 余万，日均流量 300 万，月活跃用户 2 000 万。2017 年客单价 60 元左右。

（4）折 800：员工人数超过 1 200 人。以低价折扣起家的折 800，正在成为一些商家不可忽视的流量渠道。有唯品会特卖模式的成功模板，折 800 也在不断向特卖商城模式靠拢。利用这种模式，折 800 一方面可以抓住三四线品牌或白牌商家的需求，另一方面也可以摆脱对淘宝天猫的依赖。

（5）明星衣橱：大刀阔斧投资 5 亿元抢市场。在 2015 年的"520 女神节"期间，仅一小时，明星衣橱全平台销售额就突破 800 万元，当天销售总额则达到 8 000 万元。

3. 移动支付

目前比较被认可的移动支付的定义是：移动支付（Mobile Payment）也称为手机支付，是一种支付方式，是指交易双方为了某种货物或者服务，使用移动终端设备载体，通过移动通信网络实现的商业交易。移动支付所使用的移动终端可以是手机、PDA、移动 PC 等。

（1）移动支付的应用。移动支付主要分为近场支付和远程支付两种。所谓近场支付是指通过具有近距离无线通信技术的移动终端实现本地化通信，进行货币资金转移的支付方式，也就是用手机刷卡的方式坐车、买东西等，很便利。远程支付是指通过移动网络，利用短信、GPRS 等空中接口，与后台支付系统建立连接，实现各种转账、消费等支付功能，也就是通过发送支付指令（如网银、电话银行、手机支付等）或借助支付工具进行的支付方式。

（2）移动支付的特点有以下几个。

① 移动性：移动支付消除了距离和地域的限制，使用户能随时随地获取所需要的服务、应用、信息和娱乐。

② 及时性：不受时间、地点的限制，信息获取更为及时，用户可随时对账户进行查询、转账或进行购物消费。

③ 定制化：基于先进的移动通信技术和简易的手机操作界面，用户可定制自己的消费方式和个性化服务，账户交易更加简单方便。

④ 集成性：以手机为载体，通过与终端读写器近距离识别进行的信息交互，运营商可以将移动通信卡、公交卡、地铁卡、银行卡等各类信息整合到以手机为平台的载体中进行集成管理，并搭建与之配套的网络体系，从而为用户提供十分方便的支付及身份认证渠道。

（3）支付方式。移动支付的支付方式有：短信支付、扫码支付、指纹支付、声波支付等。

移动支付的种类有：

① 按支付账户的性质，可以分为银行卡支付、第三方支付账户支付、通信代收费账户支付。

② 按支付的结算模式，可以分为及时支付和担保支付。及时支付是指支付服务提供商将交易资金从买家的账户及时划拨到商家的账户，如首信、yeepal、云网等。担保支付是指支付服务提供商先接收买家的货款，但并不马上支付给商家，而是通知商家货款已冻结，然后商家发货，买家收到货物并确认后，支付服务提供商再将货款划拨到商家的账户。这方面做得比较成功的是支付宝。

③ 按用户账户的存放模式，可分为在线支付和离线支付。在线支付是指用户账户存放在支付服务提供商的支付平台，用户消费时，系统直接在支付平台的用户账户中扣款。离线支付是指用户账户存放在智能卡中，用户消费时，系统直接通过 POS 机在用户智能卡的账户中扣款。

五、移动电子商务的发展趋势

1. 政策利好

2015 年 3 月 5 日，《政府工作报告》中首次提出"互联网+"行动计划，推动移动互联网、云计算、大数据、物联网等与现代制造业结合，促进电子商务、工业互联网和互联网金融健康发展。

2015 年 5 月 4 日，国务院印发《国务院关于大力发展电子商务加快培育经济新动力的意见》；6 月 16 日，国务院办公厅印发《国务院办公厅关于促进跨境电子商务健康快速发展的指导意见》。国务院及相关部委密集出台文件，鼓励和规范电子商务行业的发展，为消除行业发展的各种束缚提供了政策性指引，电子商务行业或将迎来新一轮的发展高峰期。

2. 移动电子商务的竞争

（1）移动电子商务"造节"。2015 年"双十一全球狂欢节"这天，天猫全天的交易额达 912.17 亿元，其中移动端交易额为 626.42 亿元，占比 68.67%。京东商城交易额超百亿元，其中移动端占比 74%。移动端成交额大幅度上涨，移动电子商务成为发展热点。

2015 年"双十一"活动结束后，马云便迫不及待地宣布推出首届淘宝年货节。除此之外，还有"618 购物狂欢节""双十二"等人造节日，甚至"黑色星期五"等"洋节"也来凑热闹。在国内电子商务平台数量不断增长、竞争仍然激烈的现阶段，"造节"热一时半会还很难退烧（见表 9-2）。

表 9-2   2017 年中国主流电商造物节汇总表

序号	发起主体	平台形式	节日主题	日期	首届年份	届数
1	阿里巴巴	网站+App	双十一	11.11	2009	8
2	阿里巴巴	网站+App	双十二	12.12	2012	5
3	阿里巴巴	网站+App	周年庆	9.9	2016	1
4	京东	网站+App	蝴蝶结	2.28	2014	4
5	京东	网站+App	狂欢节	6.18	2010	7
6	京东	网站+App	周年庆	8.15	2012	6
7	聚美优品	网站+App	周年庆	3.1	2012	6
8	聚美优品	网站+App	半周年庆	8.1	2011	7
9	苏宁易购	网站+App	店庆日	8.18	2010	8
10	唯品会	网站+App	年中大促	6.16	2016	2
11	唯品会	网站+App	撒娇节	8.13	2014	4
12	小红书	App	周年庆	6.6	2014	4

（2）移动电子商务合并。2015 年 8 月 10 日，阿里巴巴宣布投资入股苏宁云商，成为苏宁第二大股东。当年 10 月 18 日，苏宁高层提出全线商品价格要比京东低，且大量爆品的价格要比京东再低 20%，业内号称"平京战役"。

2015 年 10 月 19 日，京东和腾讯宣布推出"京腾计划"。双方将集合优势资源共同打造名为"品商"的生意平台，将共同向品牌商家提供一套建立品牌、提升营销效果和客户体验的完整解决方案。

移动电子商务的合并案例有：滴滴打车和快的打车合并（2015 年 2 月 14 日）、58 和赶集合并（2015 年 4 月 17 日）、美团和大众点评合并（2015 年 10 月 8 日）、优酷土豆和阿里巴巴合并（2016 年 4 月 6 日）。随着行业发展成熟度和市场集中度的逐渐提高，未来 O2O 行业或许有更多的合并出现。从目前的发展态势来看，垂直 O2O 的发展正呈现出平台崛起、细分领域赢家通吃的态势。

3. 移动支付习惯养成

2015 年以来，以支付宝、微信支付为代表的移动端支付方式利用多种优惠补贴，鼓励用户去线下实体店用移动端进行消费，以强化移动消费习惯。目前，移动支付基本覆盖餐饮、超市、便利店、外卖、商圈、机场、美容美发、电影院等主要线下场景。

相关数据显示，2015 年，在用户曾经进行购物的应用中，手机淘宝以 74.2% 的占比遥遥领先，京东商城以 46.0% 的占比位居第二。移动购物用户浏览移动购物（服务）应用的主要原因是有购物需求（57.3%）和有促销优惠（54.8%），在移动端进行消费的习惯正在形成，如图 9-1 所示。

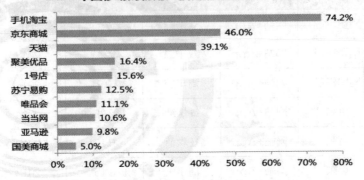

图 9-1 中国移动购物用户使用的移动购物服务数据

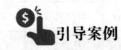引导案例

亚马逊中国：有所为有所不为

亚马逊中国的前身是卓越亚马逊，2011 年 10 月 27 日正式更名为亚马逊中国，是全球最大的电子商务公司亚马逊在中国的网站。

2004 年卓越被亚马逊收购以后，公司重新定位，卓越原来的"小而精"和亚马逊"大而全"的售货模式的磨合时间超过了两年。"电子商务企业，在我看来实际上真的就是一个服务行业，你的利润也不在于低买高卖，关键在服务。顾客要什么，你就提供什么。"继王汉华之后进来的郭朝晖，已经能完全接受"大而全"的做法，他负责消费电子等硬线产品类，几乎从零品类做起。

2007 年，贝索斯到华，问王汉华的第一个问题是：你的用户 Happy 吗？几年来，挂在王汉华嘴边的总是"最全选品，最优价格，最佳用户体验"三个很概念化的说辞。

刚刚过去的 2011 年 8 月，由亚马逊全球海外市场副总裁带队的代表团，在北京与王汉华他们讨论明年的计划，"每次座谈，依然是这些事情，就是选品、价格、服务"。

不过，如果仅是将亚马逊的做法简单地全盘照搬，那么卓越亚马逊势必成为败笔，也有违贝索斯的愿望——他希望亚马逊成为这个星球上在"客户为导向"上做得最极致的公司。

毫无疑问，中国市场与美国的参数不尽相同，真正践行"以客户为导向"，那么亚马逊在不同市场必须有不同的策略。

自建物流团队，可以被视为卓越亚马逊的独特策略之一。王汉华如今身兼电子商务、IT、物流三大职责，这在亚马逊所有的海外公司中独树一帜。

借助 UPS 的配送服务，曾是亚马逊快速崛起的原因之一。因为美国所有城市的物流系统水准统一，当亚马逊进入一个局部市场时，可以完全借助第三方物流公司，一口气延展到所有城市，成本是可控的。但在中国，地方的物流体系各异，物流服务能力有待改善，因此收购后不久，卓越亚马逊保留了其在全国 15 个城市的物流团队。此后，鉴于成本和交易量，物流团队缩减到了北京、上海、广州、天津 4 个城市，因为这些地方的订单集中度比较高。

和亚马逊全球不一致的地方，还远远不止这些。如今的卓越亚马逊，已经完成后台系统与总部的对接，高管们也言必称"客户体验"；更为重要的是它背靠的是一家年收入 191 亿美元、净收入 6 亿美元、高达 61 倍的市盈率（谷歌是 34 倍）的明星公司。

从 2004 年到现在，亚马逊在中国走过了 13 个年头。在 13 年的发展过程中，亚马逊在各个方面不断地创新和更改适应当地发展的策略，实现规模化运营，开放物流平台 FBA，利用信息化手段优化运营效率。为了进一步提高物流中心的运营效率，节约人力成本，亚马逊开始启用机器人计划和无人机计划。如今的亚马逊中国，收购前的老员工已不到 10 位。工作语言是英语，中高层们每周和美国总部开电话会议，一年去几次西雅图。负责物流的副总裁是新加坡人，IT 部门等绝大部分员工是外国人。为客户提供音乐、影视、手机数码、家电、家居、玩具、健康、美容化妆、钟表首饰、服饰箱包、鞋靴、运动、食品、母婴、户外和休闲等 28 大类、超过 150 万种产品。

思考题：根据亚马逊中国的案例，你认为未来跨境电子商务的发展方向是怎样的？

第二节　跨境电子商务

一、跨境电子商务概述

1. 什么是跨境电子商务

跨境电子商务是指分属不同关境的交易主体，通过电子商务平台达成交易、进行支付结算，并通过跨境物流送达商品、完成交易的一种国际商业活动。

由于互联网具有全球性和非中心化的特征，随着互联网，特别是无线网络的发展，任何互联网用户只要具备一定的技术手段，在任何时候、任何地方都可以让信息进入网络，可以把产品尤其是高附加值产品和服务提交到全球任何商业市场进行交易，而不需要考虑跨越国界的各种纷繁复杂的手续。

2. 跨境电子商务的特点

"国家电子商务示范城市"创建工作专家、咨询委员会专家组组长柴跃廷认为，跨境电子商务具备"多边化""直接化""小批量""高频度"和"数字化"等特点。

"多边化"是指与跨境电子商务贸易过程相关的信息流、商流、物流、资金流已由传统的双边逐步向多边的方向演进，呈网状结构。跨境电子商务可以通过 A 国的交易平台、B 国的支付结算平台、C 国的物流平台，实现不同国家（地区）间的直接贸易。而传统的国际贸易主要表现为两国（地区）之间的双边贸易，即使有多边贸易，也是通过多个双边贸易实现的，呈线状结构。

"直接化"是指跨境电子商务可以通过电子商务交易与服务平台，实现多国（地区）企业之间、企业与最终顾客之间的直接交易。与传统的国际贸易相比，进出口环节少、时间短、成本低、效率高。

"小批量"是指跨境电子商务相对于传统贸易而言，单笔订单大多是小批量，甚至是单件。柴跃廷指出，这是由于跨境电子商务实现了单个企业之间或单个企业与单个顾客之间的交易。

"高频度"是指跨境电子商务实现了单个企业或顾客能够即时按需采购、销售或消费，因此相对于传统贸易而言，交易双方的交易频率大幅提高。

"数字化"是指随着信息网络技术的深化应用，数字化产品（软件、影视作品、游戏等）的品类和贸易量快速增长，且通过跨境电子商务进行销售或消费的趋势更加明显。与之相比，传统的国际贸易主要存在于实物产品或服务之间。

3. 跨境电子商务贸易的模式

跨境电子商务分为出口跨境电子商务和进口跨境电子商务。我国跨境电子商务主要分为企业对企业（即 B2B）和企业对顾客（即 B2C）的贸易模式。在 B2B 模式下，企业成交和通关流程基本在线下完成，本质上仍属传统贸易，已纳入海关一般贸易统计。在 B2C 模式下，我国企业直接面对境外顾客，以销售个人消费品为主，物流方面主要采用航空小包、邮寄、快递等方式，其报关主体是邮政或快递公司，目前大多未纳入海关登记。

二、跨境电子商务平台

跨境电子商务作为推动经济一体化、贸易全球化的技术基础，具有非常重要的战略意义。跨境电子商务不仅冲破了国家（地区）间的障碍，使国际贸易走向无国界贸易，同时它也正在引起世界经济贸易的巨大变革。

跨境电商以开放、多维、立体的多边经贸合作模式拓宽了企业进入国际市场的路径。跨境电子商务有效降低了产品价格，使顾客拥有更大的选择自由，不再受地域的限制。此外，与之相关联的物流配送、电子支付、电子认证、IT 服务、网络营销等现代服务业内容的优势，都大大促进了跨境电子商务的高速发展。一些跨境电子商务平台展现出了自己的特色和特点，在跨境电子商务的发展洪流中脱颖而出。

全球主流移动电子商务平台

（1）阿里巴巴。阿里巴巴平台有三种主要跨境网购业务——全球速卖通、天猫国际和一淘网。全球速卖通的商户主要是一些中小代购商。天猫国际则引进 140 多家海外店铺和数千个海外品牌，全部商品从海外直邮，并且提供本地退换货服务。一淘网则推出海淘代购业务，通过整合国际物流和支付链，为国内顾客提供"一站式"海淘服务。阿里巴巴在进口购物方面采取海外直邮、集货直邮、保税三种模式。

① 全球速卖通。全球速卖通（AliExpress）正式上线于 2010 年 4 月，是阿里巴巴旗下唯一面向全球市场打造的在线交易平台，被广大商家称为"国际版淘宝"。全球速卖通面向海外买家，通过支付宝国际账户进行担保交易，并使用国际快递发货。全球速卖通是全球第三大英文在线购物网站。

全球速卖通是阿里巴巴帮助中小企业接触终端批发零售商、小批量多批次快速销售、拓展利润空间而全力打造的融订单、支付、物流于一体的外贸在线交易平台。

② 天猫国际。天猫国际是阿里巴巴集团在 2014 年 2 月 19 日宣布正式上线的。天猫国际主要为国内顾客直供海外原装进口商品。入驻天猫国际的商家均为中国大陆以外的公司实体，具有海外零售资质；销售的商品均原产于或销售于海外，通过国际物流经中国海关正规入关。所有的天猫国际入驻商家都将为其店铺配备旺旺中文咨询，并提供国内的售后服务，顾客可以像在淘宝购物一样使用支付宝买到海外进口商品。而在物流方面，天猫国际要求商家在 120 小时内完成发货、14 个工作日内到达，并保证物流信息全程可跟踪。以前国内顾客"海淘"操作流程相当复杂，需要懂英语、持有外币信用卡，购买商品后必须通过转运公司寄回国内，而且往往要等上 30 天至 45 天。天猫国际上线后，大大降低了购买海外商品的操作难度。

（2）亚马逊。亚马逊公司（Amazon，简称亚马逊）是美国最大的一家网络电子商务公司，总部位于华盛顿州的西雅图。亚马逊是网络上最早开始经营电子商务的公司之一。亚马逊成立于 1995 年，一开始只经营网络的书籍销售业务，现在已成为全球商品网上零售商巨头。在公司名下，也包括了 AlexaInternet、a9、lab126 和互联网电影数据库（Internet Movie Database, IMDB）等子公司。

亚马逊中国推出"海外购·闪购"模式，依托保税区和自贸区的创新模式，主打自营进口爆款，这也是亚马逊在我国的跨境电商战略从 1.0 时代跨入 2.0 时代的开端。亚马逊推出了三项升级举措，即"一号通中美""一车载全球"和"一卡刷世界"，以实现与本地网购无差别的海外购物，包括各种方便的本地化支付方式、本地客户服务以及本地退货政策。亚马逊中国的海外购包括三种模式：直邮、直采和闪购。此外，"海外购"进一步拓展了选品覆盖的国家和地区，包括欧洲多个国家和日本等。同时，针对中国用户推出了"黑色星期五"海外购物节。

（3）eBay。eBay（中文名又叫电子湾、亿贝、易贝）是一个可让全球民众上网买卖物品的线上拍卖及购物网站。

eBay 于 1995 年 9 月 4 日由 Pierre Omidyar 以 Auctionweb 的名称创立于美国加利福尼亚州圣荷西。当时 Omidyar 的女朋友酷爱 Pez 糖果盒，却为找不到同道中人交流而苦恼。于是 Omidyar 建立了一个拍卖网站，希望能帮助女友和全美的 Pez 糖果盒爱好者进行交流，这就是 eBay。令 Omidyar 没有想到的是，eBay 非常受欢迎，很快网站就被收集 Pez 糖果盒、芭比娃娃等物品的爱好者挤爆。2017 年 6 月 6 日，"2017 年 BrandZ 最具价值全球品牌 100 强"公布，eBay 名列第 86 位。

如今，eBay 已有 1.471 亿注册用户，有来自全球 29 个国家和地区的商家，每天都有涉及几千个分类的几百万件商品在售。eBay 成为世界上最大的电子集市。2003 年的交易额为 238 亿美元，净收入 22 亿美元。

（4）Wish。Wish 与以上三大平台都不同。Wish 是一款根据用户喜好，通过精确的算法推荐技术将商品信息推送给感兴趣用户的移动优先购物 App。Wish 致力于让商家简单，让买家也简单。对商家来说，不需要太多的优化，不需要买流量，不需要复杂的客服和售后，不需要详细的描述，只需做几件事：描述准确、图片美观、物流快速。

Wish 针对中国商户的平台入驻版本已经上线，对商户信息审核的时间仅 30 秒。对买家来说，不需要搜索，不需要纠结售后。不满意基本上都能全额退款。不需要面对复杂的主页，买家面对的就是满屏幕的图片，点进去之后就只有标题、价格和商品的简单描述，简洁明了。

Wish 不涉及关键词流量。虽然 Wish 的主体用户群集中在欧美地区，但是中国商户的销售额占比的增长却十分迅速。

（5）敦煌网。敦煌网是全球领先的在线外贸交易平台，其 CEO 王树彤是中国最早的电子商务行动者之一。1999 年王树彤参与创立卓越网并出任第一任 CEO，2004 年创立敦煌网。

敦煌网致力于帮助中国的中小企业通过跨境电子商务平台走向全球市场，开辟一条全新的国际贸易通道，让在线交易变得更加简单、安全、高效。

敦煌网是国内首个为中小企业提供 B2B 网上交易服务的网站。它采取佣金制，免注册费，只在买卖双方交易成功后收取费用。

作为中小额 B2B 海外电子商务的创新者，敦煌网采用 EDM（电子邮件营销）的营销模式，低成本高效率地拓展海外市场。自建的 DHgate 平台为海外用户提供了高质量的商品信息，用户可以自由订阅英文 EDM 商品信息，第一时间了解市场最新的供应情况。

2013 年，敦煌网推出的外贸开放平台实质上是一个外贸服务开放平台，而敦煌网此举是在试探外贸 B2B "中大额" 交易，通过开放的服务吸引中大型的制造企业，最终引导它们在线上交易。

（6）易唐网。易唐网是一个综合性、快捷高效的 B2B 电子商务企业。自 2007 年成立以来，它以出口为导向，集合了国内外电子商务成功的商业模式。易唐网采用先进的互联网技术整合销售渠道，为开展国际贸易的中小企业提供专业有效的信息流、安全可靠的资金流、快捷简便的物流等服务，满足国外的中小企业买家及顾客的需求。易唐网提供多种有效的市场推广途径并协助供货商向遍布整个欧美地区的买家推销产品。易唐网提供的商品涵盖服装、车载产品、数码电子产品、化妆品、户外体育用品、家居等多个领域。通过整合其行业资源，易唐网把中国制造产品的供应链优势与国外消费需求市场完美结合，打造新型全球化营销平台的核心竞争力。易唐网提供的不仅仅是平台上的服务，更是庞大的信息能源行业内的主流电子商贸平台。易唐网不仅仅是买卖平台，而且是将买家与商家、厂商和合作伙伴紧密结合在一起的平台，因而消除了时间与空间带来的障碍。

（7）京东全球购。京东全球购采用 B2C 和 B2B2C 自营与 POP 商家入驻这两种模式，提供定制化的配套服务。其中，自营模式是京东自主采购，由保税区内的专业服务商提供支持。平台模式则是通过跨境电商模式引入海外的品牌商品，销售的主体直接就是海外的公司。京东与法国、韩国、俄罗斯等国开通了 "国家馆" 的跨境电商业务，保证境外产品、物流配送和营销推广的官方资源支持。

京东通过主打全品类高品质产品、品质为低价护航、微信朋友圈营销玩起来、全平台生态链联动出击等策略，意图将 "黑五" 打造成由京东全球购引领的跨境电子商务狂欢购物节。而京东具备很强的供应链整合能力以及强大的物流配送体系，在正品与低价方面都有保障，从而为塑造用户口碑创造了基础条件。京东全球购在移动端还拥有着微信和 QQ 的渠道及流量入口，但整体优势并未显现。

（8）小红书。小红书主要包括两个板块：海外购物分享社区和跨境电子商务 "福利社"。

① 海外购物分享社区。小红书是从社区起家的，海外购物分享社区已经成为小红书的壁垒。小红书通过口碑营销形成了一个真实的用户口碑分享社区，能在结构化数据下进行选品，积累了成百万上千万用户的行为数据，以保证采购来的商品能深受用户推崇。

② "福利社"。小红书 "福利社" 采用 B2C 自营模式，直接与海外品牌商或大型贸易商合作，通

过保税仓和海外直邮的方式给用户发货。大批量同时运货也能节省跨境运费，摊薄成本，从而降低了顾客购买一件商品实际付出的价钱。

小红书的优势是：在市场仍旧存在空缺、又有市场需求的大环境下，将更重分享、更重交流的跨境电子商务融入了社交因素。

（9）洋码头。洋码头是一家面向中国顾客的跨境电子商务第三方交易平台，该平台上的商家可以分为两类：C2C 的个人买手和 M2C 的商户。洋码头通过平台模式整合供应链，提供直邮+报关清关服务，帮助境外的零售产业与中国顾客对接，实现"直销、直购、直邮"，而且洋码头 PC 端和移动端的产品及运营模式有明显的区别。

① PC 端——B2C 限时闪购，SKU 全部由海外零售商提供，零售商家的供应链及服务体系相对更加完善，更适合喜好"一站式"购物的用户。

② 移动端——C2C 实时直播。洋码头移动 App "扫货神器"，主要由个人买手实时直播海外打折商品，呈献给买家的是不断更新的 SKU。

三、跨境电子商务的发展趋势

1. 商品品类和销售市场更加多元化

随着跨境电子商务的发展，跨境电子商务交易的商品向多品类延伸，交易对象向多区域拓展。从销售的商品品类看，跨境电子商务销售的商品品类主要为服装服饰、电子商品、计算机及配件、家居园艺、珠宝、汽车配件、食品药品等方便运输的商品。不断拓展销售品类已成为跨境电子商务扩张业务的重要手段。品类的不断拓展，不仅使"中国商品"与全球顾客的日常生活联系得更加紧密，而且也有助于跨境电子商务抓住最具消费力的全球跨境网购群体。

从销售目标市场看，以美国、英国、德国、澳大利亚为代表的成熟市场，由于跨境网购观念普及、消费习惯成熟、整体商业文明规范程度较高、物流配套设施完善等优势，在未来仍是跨境电子商务零售出口产业的主要目标市场，且将持续保持快速增长。与此同时，不断崛起的新兴市场正成为跨境电子商务零售出口产业增长的新动力：俄罗斯、巴西、印度等国家的本土企业并不发达，但消费需求旺盛，中国制造的商品物美价廉，在这些国家的市场上优势巨大。在中东欧、拉丁美洲、中东和非洲等地区，电子商务的渗透率依然较低，有望在未来获得较大的突破。

2. 交易结构上，B2C 占比提高，B2B 和 B2C 协同发展

跨境电子商务 B2C 这种业务模式逐渐受到企业的重视，近两年出现了爆发式增长。究其原因，主要是跨境电子商务 B2C 具有一些明显的优势。相对于传统的跨境模式，B2C 模式可以跳过传统贸易的所有中间环节，打造从工厂到商品的最短路径，从而赚取高额利润。在 B2C 模式下，企业直接面对终端顾客，有利于更好地把握市场需求，为客户提供个性化的定制服务。与传统的商品和市场单一的大额贸易相比，小额的 B2C 贸易更为灵活，商品销售不受地域限制，可以面向全球 200 多个国家和地区，可以有效地降低单一市场的竞争压力，市场空间巨大。

3. 交易渠道上，移动端成为跨境电子商务发展的重要推动力

移动技术的进步使线上与线下商务之间的界限逐渐模糊，以互联、无缝、多屏为核心的"全渠道"

购物方式将快速发展。从 B2C 方面看，移动端购物使顾客能够随时、随地、随心购物，极大地拉动了市场需求，增加了跨境零售出口电商企业的机会。从 B2B 方面看，全球贸易小额、碎片化发展的趋势明显，移动技术可以让跨国交易无缝完成，商家可随时随地做生意。基于移动端媒介，买卖双方的沟通变得非常便捷。

4．在大数据时代，产业生态更为完善，各环节协同发展

跨境电子商务涵盖商检、税务、海关、银行、保险、运输各个部门，产生物流、信息流、资金流、单据流等数据，在大数据时代，这些都是可利用的信息。企业通过对数据的分析，为信用、融资、决策提供了依据。随着跨国电子商务经济的不断发展，软件公司、代运营公司、在线支付公司、物流公司等配套企业都开始围绕跨境电子商务进行集聚，其服务内容涵盖网店装修、图片翻译描述、网站运营、营销、物流、售后服务、金融服务、质量检验、保险等，整个行业的生态体系越来越健全，分工更清晰，并逐渐呈现出生态化的特征。

 思考与实践

一、复习思考题

1．请对比一下国内移动电子商务和国外移动电子商务的异同点。
2．你认为移动电子商务 App 技术的未来发展前景如何？
3．请举例说明移动电子商务和跨境电子商务商业发展之间的关系。

二、实践题

实践题目： 作为敦煌网的商户在手机 App 上发布婚纱产品

依据教师所给材料或者自选材料（包括产品图片、物流报价单、产品详情等资料），根据产品特性对物流的要求，计算好产品的价格和运费，运费模板统一设置为"新手运费模板"，在教师要求的任意一个移动电子商务平台上完成一款包含高质量产品信息的优质产品的发布。

实践要求：

1．高质量的产品信息应具备的要求：标题专业；图片丰富；属性完整；描述详尽；价格分级；包装信息准确、物流费用设置合理；计价单位、计价货币准确；备货及时。
2．按照提供的产品数据包和物流报价单核算产品成本。
3．产品定价须在 80% 折扣的基础上，确保至少 20% 的毛利润。

评价标准：

1．产品类目的准确性；
2．产品属性填写的完整性；

3. 产品标题的编写是否规范；

4. 上传的产品图片是否丰富；

5. 描述是否详尽；

6. 包装信息是否准确；

7. 价格分级是否合理；

8. 物流费用设置是否合理；

9. 备货是否及时；

10. 有效期是否合理。